Im Reich der Winde

In der Presse und anderen Medien kamen immer wieder Berichte über eine kleine Gemeinschaft im Norden Schottlands namens Findhorn, wo Menschen mit erstaunlichen Erfolgen zu Pflanzen sprächen – Schilderungen von Blumen- und Gemüsegärten, beseelt von engelhaften Wesen, wo man Pans Flötenspiel im Winde hören könne – Pflanzen, die in Wachstum und Ertrag Unglaubliches vollbrächten: Vierzig-Pfund-Kohlköpfe, zweieinhalb Meter hoher Rittersporn, Rosen, die im Schnee blühen – das alles im nördlichsten Schottland – es klingt wie Tolkien und Don Juan zusammen: Pflanzen- und Tierreich arbeiten zusammen mit Feen, Elfen, und Gnomen und schaffen ein Stück Land, wo nichts unmöglich ist, wo alte Märchen wieder zum Leben erwachen. Menschen sprechen zwanglos mit Pflanzen und Engelwesen; wo früher höchstens Stechginster und Strandgras gediehen, entsteht ein Garten Eden … auf einer kalten, windgepeitschten Nordsee-Halbinsel, so sandig, ausgelaugt und unfruchtbar wie jeder andere Strand auf der Welt. Man sagt, diese Gemeinschaft würde geleitet und getragen von Botschaften, die Gott durch Eileen Caddy gäbe, die Frau des Gründers Peter Caddy.

Mit solch vagen und unglaublichen Schilderungen verließ ich die Vereinigten Staaten und fuhr nach Findhorn, um diese Gärten selbst in Augenschein zu nehmen. Was ich fand, scheint noch größer als ein Vierzig-Pfund-Kohl; Feen und Elfen wurden harmlos, verglichen mit dem, was ich dort erlebte. Findhorn ist entweder die Offenbarung eines Lichts, einer Kraft, die unseren Planeten innerhalb eines Menschenlebens völlig umwandeln könnte – oder eine Illusion, ein Schaumbläschen auf den aufgewühlten Wassern unserer Zivilisation, dazu verurteilt zu platzen, ohne eine Spur zu hinterlassen. Als geborener Skeptiker gebe ich zu, daß vieles von dem, was Sie hier lesen werden, unannehmbar und unglaublich scheint. Ich bitte Sie auch nicht, nur auf Grund dieser Schilderung einfach zu glauben, denn sie ist notwendigerweise aus der Sicht und Perspektive eines einzelnen Menschen entstanden, alles in der Schöpfung aber besitzt so viele Aspekte der Wirklichkeit wie Betrachter. Die unfaßbare Schönheit eines Herbstmondes zeigt sich einer Million betrachtender Augenpaare als eine Million verschiedener Bilder – und doch wiederum eins; so ist es auch mit Findhorn. Peter Caddy sagte einmal: »Du kannst Findhorn nicht beschreiben – die Menschen müssen es selbst erleben, um es zu verstehen.«

»Zweites Essen, letzter Aufruf!«, der Steward eilt durch den 2. Klasse-Wagen des vollbesetzten Zuges nach Inverness. Im nordwärts fahrenden *Royal Highlander* hatte man eine zusätzliche Mahlzeit einrichten müssen, um all der sonnengebräunten Schotten Herr zu werden, die aus ihrem Spätsommer-Urlaub nach Hause fuhren. Die drei älteren Mitfahrer in meinem Abteil strebten hungrig in Richtung Speisewagen und überließen mich der Betrachtung der verschwommen vor den regengepeitschten Fenstern vorbeiziehenden Hügel und Felder.

Die kleinen Parzellen mit jungen Sprößlingen, Rüben oder Stoppeln, von bemoosten Steinmäuerchen eingegrenzt, zogen sich unregelmäßig die Hänge hinauf; das Fehlen von Bäumen und Sträuchern gab ihnen einen Hauch von Einfachheit und Dürftigkeit – nichts schien vergeudet, nichts war unüberlegt, alles wurde gebraucht. Ein müde aussehender Landarbeiter, zerschlissene Tücher über abgetragener, ausgebeulter Kleidung, ging gebeugt die steinerne Umgrenzung seines Haferfeldes entlang.

Ich hatte angenommen, daß die Briten ein müdes Volk wären, erschöpft in einer langen Geschichte unnützer Welteroberung, ein Volk, das sich nun in dem weglosen Labyrinth kulturellen Niedergangs zurechtzufinden sucht; der Kleinbauer, der langsam, gebückt zwischen dem Steinmäuerchen und dem nur spärlich gewachsenen Hafer entlangging, den Kopf gesenkt, schien die ganze Erschöpfung seines Heimatlandes auf den Schultern zu tragen. Der ständige Anbau von Hafer und Gerste hatte die Brüste des Landes leergesogen; die Erschöpfung eines ehemaligen Weltreiches spiegelte sich wider in den glasigen Augen des Bauern, in seinem kleinen Stück ausgelaugten Bodens, der so wenig herzugeben imstande schien wie die vertrockneten Brüste einer Greisin.

Diese Gedanken über ein »totes« Weltreich waren schnell zur Hand, sie hatten Nahrung und Halt im Bodensatz einer chauvinistischen amerikanischen Nachkriegs-Erziehung gefunden. Sie mußten jedoch schwer zu begreifenden Schilderungen und Aussage-Fetzen weichen, die seltsam lebendig von diesem Britannien sprachen. Die Bücher von John Michell und Alfred Watkins entdecken ihren Lesern eine geheime hierophantische Schrift von »Feldlinien«, die sich über das britische Inselreich erstreckten – Hinweise auf Kräfte und Energie-Felder, die die vorgeschichtlichen Observatorien von Stonehenge und Avebury mit Hunderten von Steinkreisen, Dolmen, Steinmalen, Stein-Alleen,

Tempeln und Kultstätten verbinden. Ich hatte das ältere Werk von Evans-Wentz gelesen, in dem er eine keltische Kultur der Carnac-Zeit beschreibt, der es gelungen wäre, bis ins zwanzigste Jahrhundert hinein zu überleben, eine Kultur, die noch heute Verbindung mit Feen und Elfenwesen aufnehmen und sich mit ihnen verständigen könnte. Fiona Macleod's Buch berichtete über die Prophezeiungen von Iona und Schilderungen verborgener Priester, die das Wissen und Sagengut der Druiden über die Jahrhunderte hinweg in geheimen Schulen weitergegeben und bewahrt hätten.

Aber all das war nicht Anlaß für mich, zurückzukehren ins Land meiner Vorfahren, sondern daß ein weitläufiger Bekannter mir – gerade als ich meine Sachen zusammenpackte, um eine Stelle aufzugeben, in der ich sieben Jahre lang gearbeitet hatte – eine grausam gedruckte Schrift auf den Tisch warf und meinte, ich hätte vielleicht Interesse daran: »Der Findhorn-Garten – Ein Experiment in der Zusammenarbeit dreier Reiche«.

Der Name Findhorn war mir im vorausgegangenen Jahr schon einige Male untergekommen. Da ich viele Jahre im Naturkost- und Gemüseanbau-Geschäft tätig gewesen war, kam früher oder später eigentlich alles über meinen Schreibtisch, was in den Medien über alternative Anbau-Methoden veröffentlicht wurde. Ich erinnere mich noch an einen Artikel von Peter Tompkins im *Harper's,* der auch die Findhorn-Community erwähnte. Er schrieb von einer kleinen Gruppe von Leuten, die – isoliert auf einer kalten, windumheulten Halbinsel in Schottland – einen der phantastischsten Gärten der Welt bebauten, ohne auf eine andere Quelle zurückzugreifen als auf Scheffel von Liebe und die Verbindung mit einer anderen Bewußtseins-Dimension, mit dem sogenannten Reich der Devas und der Naturgeister.

Es kam mir damals so vor wie eine jener Geschichten, die das Bollwerk unserer Ratio einfach zu durchbrechen scheinen – sei es nun, weil das Geschilderte so unerhört war oder weil es viele Sagen und Märchen eines sehr alten Inselreiches geradezu plastisch mit neuem Leben zu erfüllen schien. Was auch immer ich von Britannien gelesen hatte, spielte in der Vergangenheit, aber in der Geschichte von Findhorn mit seinen übernatürlichen Gärten und der Verbundenheit mit der Welt der Naturgeister war es, als ob die alte druidische Kultur wiedererstanden wäre – so plötzlich wie der Stab von Joseph von Arimathia der Dorn von Glastonbury geworden ist.

Die Lektüre des journalistisch recht konservativen *Harper's* ließ mir keine Wahl, ich war sprachlos. Von meinem schäbigen, vollgestopften Büro im alten Industrieviertel von Boston aus sah ich nicht nur die Müllhalden städtischen Verfalls, sondern da kam auf einmal ein großes mythisches Wesen allmählich zum Leben; es zerrte an Stricken sauberer, wohlgeordneter Gedanken und lockerte mit leuchtenden Augen die Riemen überlieferten, angenehmen »Wissens«, die die Erde gefesselt hielten. Es streckte sich langsam nach einem langen Schlummer, gleich einer in den Tiefen des Raumes vergessenen kosmischen Kraft, die ihren Winterschlaf beendet hatte. Es war der Mythos der Schöpfung, die Urkraft, die mit allen Kräften des Lebens hervortrat, um die einseitigen, dummen Theorien von den grünen Tischen der Wissenschaft zum Kampfe herauszufordern. Unzählige Geschöpfe aus tausend Märchen – Feen, Sylphen, Dryaden, Elfen, Gnomen und der Gott Pan selbst – umtanzten die Szene; sie erwachen in Findhorn zu neuem Leben, an jenem Ort, wo die Zeit stehen zu bleiben schien, wo sie ihre Abgründe nicht verbirgt, Tiefen, in denen »Gesetze« und »Regeln« wie ein Nichts verschwinden.

Fotokopien des Artikels von Tompkins schickte ich an Freunde, Farmer und Landwirtschafts-Fachleute; mit wenigen Ausnahmen schienen sie ihn zu ignorieren oder nicht zu beachten. Es wäre nicht möglich, sagten sie. Man brauchte doch Mutter-Boden, meinten meine Freunde, ganz gleich, welche Methode angewandt würde, und diese Leute in Schottland hätten ja nicht einmal Erde – sie pflanzten einfach in Sand!

Ich hatte selbst jahrelang mit der Erde gearbeitet und habe schon phantastische Erfolge im Gartenbau kennengelernt – aber nichts davon reicht an das heran, was hier über Findhorn berichtet wurde: Ein Garten aus Sand und Kälte, in dem fünfundsechzig verschiedene Gemüsearten gedeihen, zweiundvierzig Kräuter und einundzwanzig Obstsorten. Selbst wenn das in einem solchen Klima überhaupt möglich wäre – die Berichte über 42-Pfund-Kohlköpfe und 60-Pfund-Broccoli machten es geradezu unglaublich. Peter Caddy, der Gründer der Gemeinschaft, wußte angeblich kaum etwas von der Gärtnerei, hatte nie etwas selbst ausgesät oder gepflanzt gehabt; bevor er seinen Garten in den Dünen anzulegen begann, doch hier gediehen Pflanzen in nie dagewesenen Dimensionen entgegen allen Grundregeln des Gartenbaus. Peter Caddy hätte leicht seine Erfolge auf eine geniale Düngetechnik zurückführen können, stattdessen aber war ich mit dem Inbegriff eines ehemaligen Majors der Royal Air Force konfrontiert, der höflich und nüchtern sein gärtnerisches Meisterwerk der Kommunikation und Zusammenarbeit mit devischen Weisheiten zuschreibt, Naturgeistern, Feen, Elfen und der sagenhaften Gottheit Pan.

Der Zug fuhr weiter Richtung Norden. Die Pflanzen wurden immer kleiner, sie zogen sich gleichsam in denBoden zurück, schüchtern und demütig. Magere Bäume suchten sich gegenseitig Halt zu geben vor den Stürmen des Winters, der sich schon anzukündigen schien; verbogene, bizarre Gestalten vom Winde geboren, gaben sie ein fremdartiges Bild. Unterwürfig zeugten sie von ihrem Herrn, wie wohl auch knorrige Zwerge vor ihrem König liegen würden. Nirgendwo Blumen, Blüten oder Obstbäume, und doch waren es angeblich in Findhorn so viele, und mehr! Laut dem Zeitungsartikel hatte Peter Caddy jahrelang in einem endlos erscheinenden unfruchtbaren Sandstreifen gearbeitet, wo sonst nur hartes Strandgras gedeiht, um dieses gärtnerische Wunder zu schaffen. Seine Antwort auf die Frage staunender Besucher und Nachbarn nach seinem Geheimnis war so schlicht wie rätselhaft – »Liebe«. An sich kein aufsehenerregender Schluß, die Resultate waren es aber offensichtlich. Ich hatte mich halb auf eine Enttäuschung vorbereitet, da ich weiß, wie Geschichten in Umlauf kommen und mit wachsender Entfernung vom Ursprungsort an Umfang zunehmen können. Der Mensch ist immer auf der Suche nach etwas, woran er seinen Glauben hängen kann wie einen Hut. – Würde auch Findhorn sich als eine dieser aufgeblasenen Geschichten entpuppen? War es nur ein Gerücht, geboren aus den Zweifeln und Frustrationen der Siebziger Jahre? Diese Gedanken drängten sich mir gleichsam auf, als ich zum Abteilfenster hinausschaute und diese fast unfruchtbaren Landstückchen an mir vorüberziehen sah.

Ich hatte die Muster-Farmen und -Gärten der Vereinigten Staaten besucht und hatte recht lebhafte Vorstellungen von üppigem Wachstum und Erträgen, die man bei der Kargheit der rauhen Umgebung kaum zu erhoffen gewagt hatte. Zweifel und Unglaube kam in mir auf und wuchs. Wie könnten diese märchenhaften Geschichten über Findhorn wahr sein?

Der Zug fuhr weiter nach Norden, er sollte mich an einen Ort auf der Breite von Juneau in Alaska bringen. Von Meile zu Meile wurde mir die Sache unwahrscheinlicher, immer näher kamen Geister der Entmutigung, immer spärlicher wurde die Vegetation. Diese Landschaft schien das Schicksal von Findhorn endgültig zu besiegeln, und das unbehagliche Gefühl, der Dumme zu sein, streckte seine Arme nach mir aus und nahm mein Denken gefangen. Nur auf Grund eines Zeitungsartikels und eines hektographierten Heftchens war ich über den Atlantik herüber gekommen; jetzt suchte ich passende Ausreden für meine Rückreise. Bei strahlendem Sommerwetter hatte ich die Vereinigten Staaten verlassen, und hier in Schottland hatte es nun den Anschein, als ob nächste Woche der Winter kommen würde. Die Kälte sickerte in den Wagen und das Frösteln ließ mir kaum eine Möglichkeit, mich mit meiner Aufgabe etwas mehr anzufreunden.

Dunkelheit senkte sich hernieder. In der Ferne wurde ein großes, abgeerntetes Feld abgebrannt. Gegen die hellen Flammen stand, von grauem Rauch eingehüllt, eine dunkle Gestalt mit einer Heugabel. Der Bauer starrte vor sich in ins Feuer, die Zeiten waren hart: Niemand wollte sein Stroh, und so brannte er seine Felder ab, um es auf diese Weise loszuwerden. Was er wohl dachte, als er da bewegungslos stand und vor sich hin brütete, in die Flammen starrte, die das Erbe seiner Vorfahren in Rauch verwandelten? Alleine, isoliert durch sein Tun, stand er da, dachte über sein Schicksal nach und beobachtete, wie die schwarzen Rauchwolken in die Abenddämmerung emporstiegen. Ein armer Kleinbauer, der seine Existenz von einem steinigen Hang kratzte und aus Bequemlichkeit seine Felder abbrannte, denn es war ja sinnlos, etwas anderes zu tun; er kannte es nicht anders aus altüberlieferter Unwissenheit und Beschränktheit des eigenen Denkens. – Was er wohl über Devas und Naturgeister sagen würde?

Als der letzte Wagen an ihm vorüber war, wandte er sich langsam dem Zug zu. Seine dunklen Augen trafen die meinen, müde von Reise und Zweifel. Der geschwärzte Boden, das hell lodernde Ritualfeuer qualmten in den Regen; verirrte Elementarkräfte zehrten an den lebenswichtigen Organen der Erde, überwacht von einem heugabel-bewaffneten Bauern der Dunkelheit.

Er verschwand in der Dämmerung, als die Lichter im Zug eingeschaltet wurden. Inverness, unser Bestimmungsort wurde angesagt.

Schottland ist durch eine große Verwerfung scharf in zwei Teile geschnitten. Sie beginnt im Südwesten mit dem Loch Linnhe, das sich im »Spalt« des Great Glen nach Nordosten fortsetzt. Durch den Glen geht der Kaledonische Kanal, der schließlich in den berühmten Loch Ness übergeht, einen schmalen, 42 Kilometer langen See mit eisigem Wasser, wo man angeblich prähistorische Amphibien sichten kann, die sich vor den Ruinen des Urquhart-Schlosses tummeln. Im Nordosten verläßt der Fluß Ness den Loch und mündet schließlich in den Moray Firth bei Inverness, der Hauptstadt des schottischen Hochlandes.

Südöstlich der Mündung des Firth erheben sich die Cairngorms, die »blauen Berge«, eiszeitliche Felsblöcke mit tiefen Tälern und Schluchten, die in karges Heideland und Torfmoore auslaufen. Die Bergkuppen sind kahl, abgesehen von Moos und spärlichem Farnbewuchs. Gewöhnlich sind sie den Blicken durch dichte Wolkenmassen entzogen, die sich sehr schnell bilden, wenn warme Luftströme von Süden auf die kalte Bergluft treffen.

Das ist das Reich des Windes. Das nie endende, ununterbrochene Stöhnen und Heulen spricht zu den Menschen dieses Landes; die diese Stimmen verstehen können, sagen, hier würden die Winde geboren. »Einwohner« im Reiche des Windes sind endlose Herden von Wolken, die das weite blaue Land in Mäntel von Gold hüllen können, aber auch bedecken mit düsterem Grau, mit nichtendenwollendem Regen. Auf den Höhen der Berge bringen sie mit sich, wie als Symbol ihrer Herrschergewalt, den eisigen Stempel des grimmig kalten Sturmes; tief in den Schluchten unter dichtem, schweren Nebel knabbern Rotwild und Kaninchen an den jungen Knospen des Heidekrauts. Weite Hochmoore umgeben die Berge, vom Regen ausgelaugt, saurer Torf, der nur verkrüppelten Zwergsträchern Nahrung gibt. Der Mangel an Sauerstoff, der aeroben Bakterien keine Lebenschance läßt, macht das Gebiet weitgehend steril und unfruchtbar; man findet kaum Pflanzen außer bescheidenem Heidekraut, Krähenbeeren und gelegentlich insektenfressenden Sonnentau oder Fettkraut.

Von den Cairngorms herab kommt der Nethy-Fluß, der im Spey-Tal im Laufe der Jahrtausende einen fruchtbaren Schwemmboden abgelagert hat; reiche Gehöfte und fettes Vieh geben Zeugnis vom plötzlichen Wechsel des Bodens. Östlich von Inverness erstreckt sich der Laigh, die Moray-Niederung, ein fruchtbarer, über vierzig Kilometer langer Landstreifen entlang der Küste; der rötliche Sandstein ist ein guter Boden für die Gerste für Schottlands Brennereien. Wenn Schottland früher von einer Hungersnot heimgesucht wurde, waren es die Bewohner des Laigh, die aus großen Kesseln mit Haferbrei den verhungernden Wanderern zu essen gaben. Nachdem der Wohlstand in diesem Landstrich Einzug gehalten hatte, stieg das Dorf Findhorn an der Spitze einer Halbinsel, die sich in die Förde hinausstreckt, vom verschlafenen Fischerdorf zu einem größeren Hafenstädtchen auf. Schiffe aus Findhorn – gebaut aus dem Holz der Eichen und Lärchen dieser Gegend – fuhren in die Nordsee hinaus, beladen mit Malz, Lachs und Fellen, und kehrten zurück mit Wein, Gewürzen, Tabak und Seide. Der große Regen von 1829 ließ den Findhorn-Fluß zu einem mächtigen Sturzbach anschwellen, der das Dorf mit sich ins Meer hinaus riß. Es wurde wieder aufgebaut, aber als dann die Eisenbahnen kamen, verlor es seine Bedeutung als Handelsplatz und wurde wieder das kleine Fischerdorf von einst.

Das heutige Dorf ist etwa drei Kilometer vom ursprünglichen Ort entfernt auf eine Sandbank gebaut, die jedes Jahr auf Grund der Strömungsverhältnisse in der benachbarten Burghead-Bay ungefähr einen Meter in den Firth hinauswächst. Auf der anderen Seite des Dorfes ist die Findhorn-Bay, die heute allerdings verschlammt ist, nicht zuletzt wegen der nachlässigen Anbau- und Forst-Gewohnheiten der Hochland-Bewohner. Im Sommer kann man dort noch kleine Segelboote sehen, aber die 100-Tonnen-Schoner von früher existieren nur noch in den Erinnerungen der Alten oder auf verblaßten Bildern im Wirtshaus. Es ist erst einige Jahre her, daß rund um die abgenutzten Bänke an der Anlegestelle die Luft erzitterte von den Geschichten und dem Seemannsgarn der letzten Männer, die auf jenen Schonern noch gefahren waren und nun ihre Erinnerungen hervorholten und das Rad der Zeit zurückdrehten; gerne nahmen sie die englischen Touristen auf den Arm, die ihnen dumme Fragen über früher stellten.

Heute sind die Bänke leer, aber in der Nähe der Anlegestelle – so erinnert sich der letzte Bootsbauer – lebt sein Onkel, nun über Neunzig; er ist der letzte, der noch auf den Schonern in der Bucht gesegelt ist. Frank Whyte hält in seiner ungeheizten Werkstatt am Ufer unverdrossen die Tradition aufrecht; mit angeborener Geschicklichkeit und einfachen Werkzeugen baut er die Fischerboote. Er weiß, daß er der letzte ist. Die Jungen sind nach Glasgow gezogen, und die Zeiten sind schlecht, so daß er manchen Nachmittag nichts zu tun hat; dann erzählt er gerne die alten Geschichten vom Firth, von den Männern und Schiffen, die ihn einst befuhren.

Ich war per Anhalter von Inverness gekommen und erreichte am Nachmittag den Ort Findhorn, ohne zu wissen, daß ich an der Findhorn-Community vorbeigefahren war – gleichen Namens zwar, liegen sie doch ein ganzes Stück voneinander entfernt. Ich lernte Frank kennen, der gerade vor seinem Geschäft lehnte und fragte ihn nach dem Weg. Er wies mit der Pfeife die Straße hinunter, die ich gekommen war, musterte mich und betrachtete dann den Himmel.

»Kommt ein schöner Sturm auf, heute Abend« – Bevor ich wußte, wie mir geschah, redete er los, berstend fast vor Heiterkeit; fröhlich zwinkerte er und fuchtelte mit seiner Pfeife in der Luft herum.

»Paul heißen Sie, ja? Na, Sie haben sich ein schönes Ziel ausgesucht, wirklich. Hier gibt es drei Monate schlechtes Wetter und neun Monate nur Wind.« Er lachte schnell und warf einen verstohlenen Blick zum Himmel, als würde er mich anschwindeln. Hier stand ein Mann vor mir, dessen Leben eng verflochten war mit dem Himmel und dem Wind, und sein Kommentar zum Wetter klang mehr wie eine Liebkosung als nach nüchterner Wetterbeobachtung.

»Aber verstehen Sie mich nicht falsch: Wir sind glücklich und zufrieden hier aufgewachsen. Mein Leben ist das Meer; entweder baue ich Boote, um sie draufzustellen oder ich fahre selber raus. – Von Amerika kommen Sie? Ist ein riesen Land, habe ich gehört. Verglichen mit Ihrem Land ist Britannien grad ein kleines Inselchen, wo man rüber spucken kann.«

Dröhnend lachte er wieder. Er mochte seine eigenen Witze am liebsten, das stand fest.

»Im Krieg kannte ich zwei Schwarze; die waren so groß, da hätte man zwei Ruder nehmen können und einen Stiefel von denen und damit übers Meer schippern! Je, das muß ein riesiges Land sein, wo Ihr da wohnt!«

Sein Lachen war bestimmt einen Block weiter noch zu hören. Frank versprühte die Lebenskraft der frischen Seeluft um sich; wenn man mit ihm sprach, hatte man das Gefühl, sie wehe einem direkt ins Gesicht.

»Sind jetzt viele Engländer hier oben, die reden miteinander im Royal Yacht Club, als ob sie heiße Kartoffeln im Mund hätten. Die sagen hier zu einer steifen Prise »Windstärke vier« und schauen dauernd auf ihre Uhren und Tabellen. Ich brauche die Uhren alle nicht – ob Ebbe ist oder Flut, ob das Wasser rausgeht oder rein, das interessiert mich, sonst nichts.« Er lehnte sich mit schelmischem Grinsen herüber: »Dort im Club stellen sie eine brennende Kerze raus; wenn es die ausbläst, ist der Wind zu stark um hinauszufahren, brennt die Kerze weiter, dann ist nicht genug Wind, sich ranzumachen. – Ich mache meinen Finger naß und dann ist es entweder nur ein winziger Hauch oder es bläst überhaupt nicht.«

Eine wahre Explosion von Heiterkeit und Spucke warf mich einen Augenblick zurück.

»Mein Leben hier ist die See, aber ich bin eigentlich nie rausgefahren außer zum Fischen oder Segeln. Hätte ich das getan – und ich wollte es früher einmal – dann wäre mir das jetzt über, und ich würde mich nun in meinem Alter irgendwo anständig zur Ruhe setzen wollen. Ins Binnenland ginge ich, und – was meinen Sie, Paul, wie ich wohl merkte, wann ich weit genug weg bin vom Meer? – Ich würde zwei Ruder auf der Schulter tragen, und wenn ich so weit ins Binnenland gekommen bin, daß mich die Leute fragen, wofür die Dinger gut wären, dann wüßte ich, daß ich weit genug weg bin vom Meer.«

Und wieder ein schallendes Lachen. Frank blickte die Straße hinab Richtung Findhorn-Community.

»Ich war einige Zeit mit den Leuten da hinten zusammen. Das sind die großartigsten Menschen, die Sie je kennenlernen werden. Die leben und lassen leben, in vollkommener Harmonie. Das ist eine winzige Siedlung, wissen Sie, und man hört alle möglichen Geschichten, ein Gerücht hier, ein bißchen Geschwätz dort – aber so ist es eben, wenn etwas immer weiter erzählt wird: es wird verdreht. Eine Dame sagte mal, das wäre ein »Haufen von Verrückten«, andere sind ängstlich, weil sie so wohlerzogen sind und meinen, ihre Kleinen könnten irgendwelchen Einflüssen ausgesetzt sein. Sie erzählen etwas von Nacktbaden und so. Du liebe Güte, ich mache das selbst ab und zu, vom Boot aus – natürlich nicht gerade hier, direkt an der Anlegestelle, wo die Stadtmenschen herschauen könnten, klar – aber das machen die ja auch nicht.

Ja, da gab es anfangs viele Geschichten, aber es wurden mit der Zeit immer weniger. Ich nehme sie, wie sie sind. Man kann nicht immer nur an dem kleben, was andere sagen. Dort in dem kleinen Flecken kommt mehr Geschicklichkeit zusammen als auf der ganzen Strecke bis Forres zusammengerechnet. Diese Leute wissen wirklich, was sie tun; wir kommen gut miteinander aus, wirklich, und das ist doch das Wichtigste.«

Frank Whyte lernte Peter Caddy vor fünfzehn Jahren kennen, als Peter der Manager des Cluny Hill Hotels war, damals das einzige Vier-Sterne-Hotel in dieser Gegend.

»Manchmal kam ich bei einer Segelpartie zum Hotel und nahm einen kleinen Schluck zu mir; er kam immer heraus und begrüßte mich. Das ist ein Kerl, dachte ich dann. Immer heiter und ein freundliches Wort auf den Lippen – er schien einfach jeden mit Namen zu kennen. Später hörte ich dann, daß er da so Dinger sah, fliegende Untertassen und Raumschiffe und so. Nun, man kann nicht beurteilen, was ein anderer sieht. Ich habe Nächte draußen auf der See verbracht, wo es schwarz war wie die Weste vom Fürsten der Hölle, und ich habe da draußen Sachen gesehen, von denen ich keine Ahnung habe. Viele Dinge, ich kann sie nicht erklären; vielleicht weiß ich sogar, was Peter meinte – vielleicht war es etwas anderes.«

Frank hatte recht gehabt mit dem Sturm. In der Zwischenzeit bedeckten Wolken den Himmel, so weit man sehen konnte, und ein kalter Regen kam von Südwesten. Ich verließ ihn – mit seiner Pfeife in einer Hand und dem Pfeifenstopfer in der anderen – und machte mich auf den Weg die Straße entlang der Findhorn-Bay in Richtung Wohnwagen-Park.

Nach Franks Schilderungen und einigen Geschichten, die ich in London gehört hatte, begann mir zu dämmern, daß Findhorn nicht nur ein paar Leute waren, die auf einer Düne isoliert lebten, sondern eine große und vielgestaltige Gemeinschaft mit religiösem Hintergrund. Frank hatte überhaupt nichts über ihre Gärten gesagt, obwohl er ihre Geschicklichkeit im Zimmern und Bauen erwähnte – das lag ihm wohl mehr. Selbst nach Abzug seiner kräftigen Zusätze blieb mir bei Frank ein seltsames Gefühl hinsichtlich Findhorns zurück, wie es wohl auch anderen im Ort ging, die mit ihm sprachen. Wenn der Name Findhorn-Community sonst irgendwo aufkam, konnte man eine Änderung beobachten: Der Blick wurde leer, die Gesichter zeigten Unverständnis, man schien sich innerlich von Frage und Fragendem zurückzuziehen. Für die meisten Menschen war die Gemeinschaft eben nicht ein Gegenstand, über den man sprach, und die es dennoch taten, murmelten etwas von »dem Caddy«, seinen Frauen und Wohnwagen; er wäre aus dem Hotel gefeuert worden, weil er die Kasse geplündert hätte. Frank Whyte war der einzige Mensch, der die Community wirklich besucht und kennengelernt hatte. Die anderen Dorfbewohner waren argwöhnisch und mißtrauisch; sie trauten sich gar nicht erst hinzugehen.

Außerhalb des Dorfes sah ich zu meiner Linken ein weites Heideland, trockenen, steinigen Sandboden; hier und da überragte Stechoder Besenginster das Heidekraut, insgesamt machte es einen recht verlassenen, leblosen Eindruck. Rechts war die Findhorn-Bay, während der Ebbe eine große Fläche von Schlamm und trocknendem Seegras. Vor mir, jenseits der Findhorn-Community, liegt der Kinloss-Fliegerhorst der Royal Air Force, wo große Flugzeuge aus den Wolken herunterkamen und landeten. Auf der anderen Seite des Wohnwagen-Parks war ein Bomben- und Torpedo-Lager, umgeben von Maschendrahtzäunen mit einigen Reihen Stacheldraht darüber, das bewacht wurde von Schäferhunden und Landrovern, die von Gewehrläufen nur so starrten. Kein Fleckchen Garten weit und breit – der letzte Ort, um eine Gemeinschaft des »Neuen Zeitalters« zu gründen! Was ich vom Zug aus gesehen hatte, schien im Vergleich fast paradiesisch, denn hier sah es aus, als ob eine Brandbombe erst wenige Jahre zuvor alles verwüstet hätte und jetzt erst allmählich wieder ein bißchen Leben zaghaft zum Vorschein käme.

Ein Autofahrer rettete mich vor dem Regen und sezte mich vor dem Wohnwagenpark ab, einem Konglomerat alter und neuer Modelle, die – jeweils drei nebeneinander – längs eines verlassenen Flugfeldes abgestellt waren. Ich betrat das Büro des Platzes, wo drei ziemlich streng und offiziell aussehende Männer mich anstarrten, naß und tropfend, wie ich hereingekommen war. Ich möchte zu Peter Caddy, sagte ich und hoffte, daß er keiner von ihnen wäre. Einer der Herren wies mich schweigend zur nächsten Tür beim Lebensmittelgeschäft. Hinter dem Schalter dort fand ich ein schmächtiges Mädchen, offensichtlich Amerikanerin, die mir einen Bungalow zeigte, der – etwa fünfzig Meter entfernt – an der Kreuzung der Hauptstraße mit einer schmaleren, asphaltierten Querstraße lag. Sie meinte, sie würde Peter anklingeln und ihm sagen, daß ich auf dem Weg zu ihm wäre.

Der Regen hatte aufgehört, und ich ging langsam und versuchte, irgendetwas mit dem Blick zu erhaschen, worauf in etwa die Schilderungen des Findhorn-Gartens paßten, aber ich sah nichts zu meiner Rechten als geparkte Wohnwagen. An der Kreuzung kam um die Ecke eines Zedernholz-Bungalows ein großer, athletisch gebauter Mann Mitte Fünfzig. Er trug einen riesigen dicken Sweater, aus dem ein allmählich erkahlender, braungebrannter Schädel strahlend herausragte; irgendwie kam er mir vor wie eine riesige Rote Rübe. In seinen Khakihosen und schwarzen Schuhen schien er den höchsten Grad der Autorität vorzustellen; er verkörperte alles, was ich bisher als Chef, Pfadfinderführer, Direktor oder Polizist kennengelernt hatte. Er strahlte eine natürliche Autorität aus und schien alles zu überschauen; Dieser Eindruck wurde nicht im geringsten abgeschwächt, als er mich mit dröhnender Stimme begrüßte. Hier stand ein Mann vor mir, der so vollkommen Meister seines Schicksals war, daß jedes Detail seines Lebens sich so entwickeln mußte, wie es geplant war – ich selbst hatte in diesem Augenblick das Gefühl, eines dieser Details zu sein. Kein Haar auf seinem Kopf war verrutscht, und man hatte unwillkürlich den Eindruck, daß das zeit seines Lebens nicht anders gewesen war. Das Bild des sensiblen Gärtners, der in inniger Verbindung mit seinen Blumen und Naturgeistern wirkte, war damit jedenfalls überhaupt nicht in Einklang zu bringen. Ich weiß nicht, was ich damals erwartete, aber Peter Caddy rief in mir genauso wenig die Vorstellung eines Gärtners wach wie General Patton. Als ich mit ihm zu seinem Bungalow ging oder vielmehr lief, konnte ich etwas vom Garten entdecken. Die Sonne war gerade einen Augenblick herausgekommen, und ich konnte große Beete mit roten, orangen und gelben Rosen sehen – in der Tat merkwürdig, wenn man bedenkt, daß sie in Sand gepflanzt und gewachsen waren.

Wenn Peter General Patton war, dann mußte seine Frau Eileen etwas zwischen Spring Byington und Frau Rockefeller sein. Sie hatte gerade den Wasserkessel in der Hand, um einen Tee zu bereiten, als wir hereinkamen. Fröhlich und mit Anmut bewegte sie sich durch die kleine Wohnung und erkundigte sich nach meiner Reise, während sie Tassen und Gebäck brachte und den Teewärmer über die Kanne stülpte. Ich hatte in »*The Findhorn Garden*« gelesen, daß die ganze Gemeinschaft Grundlage und Führung in den Durchgaben hätte, die Eileen von »Gott« empfinge, aber wie auch bei ihrem Mann hatte ich Schwierigkeiten, mir sie in dieser Rolle vorzustellen. Kleiner, aber bestimmt nicht weniger kräftig als Peter erschien sie mir eher wie meine silberhaarige Tante aus Bethesda, als wie eine Mystikerin, die mit Gott sprach.

»Warum sind Sie hierher gekommen?« wollte Peter wissen. Er nahm einen großen Schluck Tee und wartete auf meine Antwort.

Ich wiederholte die Gründe, die ich ihm früher schon in einem Brief genannt hatte – daß ich an alternativen Anbau-Methoden interessiert wäre und auch die Möglichkeit hätte, einen Artikel in einer amerikanischen Zeitschrift zu veröffentlichen.

Er nickte so beiläufig, als wäre es nicht mehr als normal, daß Menschen sechseinhalbtausend Kilometer reisten, um ihn kennenzulernen, steckte einen Keks in den Mund, kaute, nahm noch einen großen Zug Tee und fragte: »Und was wollen Sie wissen?«

Seine kompromißlose Offenheit verwirrte mich. Ich weiß nicht mehr, was ich antwortete; ich glaube, ich murmelte etwas von dem Leben auf diesem Planeten und von Bewußtsein. Was auch immer ich sagte, ich glaube nicht, daß es ihn sehr beeindruckte, denn im nächsten Augenblick stand er auf und hieß mich zu folgen, er wollte mir meine Unterkunft zeigen. Er erklärte mir, daß wegen einer Konferenz und der Feier des Michaelstages wenig Platz wäre, stellte mich dem für die Unterbringung Zuständigen vor und wünschte mir noch einen schönen Tag.

Der Unterkunfts-Zuweiser war ein tüchtiges, rosawangiges, schwedisches Mädchen mit etwas plumpem, aber sauber betontem Englisch. Alice war sehr geschäftig und ebenso sehr besorgt, daß auch jeder erfuhr, daß sie »schrecklich viel zu tun« hatte. Sie ging mit mir über die Straße zu einem anderen Bungalow namens »Universal Foundation«, der in absentia dem ehemaligen Weißen Radschah von Savarak gehörte, und zeigte mir auf einem kleinen Plan das schwarze Rechteck mit der Nummer 117, ein paar hundert Meter entfernt. Das wäre mein Wohnwagen, Seife und Handtücher lägen dort, Milch und Cornflakes könnte man im Community Center bekommen – damit entschwand sie und ließ mich stehen.

Die Gegend, in die ich gewiesen war, hieß Pineridge, ein junger Seitentrieb der ständig wachsenden Gemeinschaft. Die Stellplätze für die Wohnwagen waren erst kürzlich angelegt worden; ansonsten hatte man hier nur sehr wenig getan, da das Land von einem Monat auf den anderen gemietet worden war. In gartenbaulicher Hinsicht war es trist und schmucklos; es gab einem ein gutes Bild davon, wie Findhorn ursprünglich ausgesehen haben mußte. Hier wuchs wirklich kaum etwas außer Strandgras, Stechginster und Heidekraut, und selbst das machte keinen allzu glücklichen Eindruck. Am anderen Ende dieser Sandfläche stand eine ältliche, etwa 2,5 × 6 Meter große Blechkiste auf Rädern; ihre blaue Farbe blätterte in den Sand. »Nr. 117« stand am Ende eines schmutzigen Weges, der entlang des Stacheldrahtzauns führte; auf dessen anderer Seite waren arktische Kiefern angepflanzt, die eben flügge geworden schienen. Zur Rechten war ein verzinkter Kohleverschlag und weiter weg eine andere Metallkiste auf Rädern, dasselbe Modell, aber eine andere Farbe.

Um gerecht zu sein, muß ich sagen, daß dies einer der am meisten deprimierenden und trostlosen Ausblicke war, die ich je genossen hatte. Es mußte scheußlich sein, hier zu wohnen, selbst für eine einzige Übernachtung; aber hier ständig zu leben – dieser Gedanke war geradezu abstoßend. Das Innere des Wohnwagens war mir auch keine Erlösung, denn hier war alles durcheinander: Esoterische und spirituelle Bücher lagen verstreut, Poster, Flugblätter, Heftchen und ein ziemlich vollständiges Sammelsurium von Gebrauchsgegenständen und Errungenschaften der Subkultur in heillosem Durcheinander. Der Umstand, daß es außer einem kleinen elektrischen Öfchen keine Heizung gab, wurde kaum erträglicher durch die kleinen, lukenartigen Fenster, die nicht ganz schlossen. Mir fielen Geschichten von tibetanischen Jugendlichen ein, die, wenn sie in die Klöster aufgenommen werden wollten, erst mit ihrer Bettelschale in Eiseskälte schweigend vor den Toren warten mußten, um so die Ernsthaftigkeit ihres Entschlusses unter Beweis zu stellen. Aber ich hatte nicht die geringste Lust, in die Gemeinschaft einzutreten oder mich prüfen zu lassen; ich wollte lediglich den Garten sehen. Der Wind begann nun in Böen durch die Vorhänge herein zu blasen; ich fror und kam mir recht überflüssig vor. Welche Tollheit hatte mich hierher gebracht? Ich war so weit gereist, um nach Findhorn zu kommen, und beschloß nun, um hier nicht meine Zeit zu vergeuden, meinen ursprünglich für eine Woche geplanten Aufenthalt auf zwei Tage zu verkürzen.

Da noch eine Stunde Zeit war bis zum Abendessen, verließ ich den Wohnwagen und ging einem schmalen Weg nach die eine Meile zum Strand hinunter. In Schottland wurde einem der Wind zum Gefährten, ich begann mich an seine ständige Gegenwart zu gewöhnen. Er blies in Böen, heftiger als zuvor. Kaninchen schossen über den Weg und verschwanden in runden Löchern unter dem Stechginster. Ein Kiesstreifen nach dem andern zeigte an, daß hier früher der Strand gewesen sein mußte. Auf der dem Wind abgewandten Seite des letzten Streifens wuchsen Büschel von Strandhafer und Quecken, halb vom Treibsand zugedeckt. Kleine Mulden zwischen den Dünen waren bedeckt von einem Teppich dichten, schwammigen Grases mit einzelnen, schwärzlichen Zwergformen des Heidekrauts.

Als ich über die letzte Sanddüne kletterte, traf mich eine heftige Windbö, peitschte mir gegen den Parka und klatschte die Kaputze gegen meinen Kopf. Die Brandung hämmerte gegen eine Reihe von Betonblöcken und Bunkertrümmern, Kriegsrelikte, die hier als Panzersperren dienen sollten, um den Fliegerhorst vor einer Invasion von der Seeseite her zu schützen. Ausgehöhlt und abgeschliffen von Wasser und Wind, säumten sie den Strand meilenweit, eine befremdende Anhäufung alter Paranoia, die da ins Meer zerbröckelte.

Die eigenartige Ursprünglichkeit Schottlands empfand ich besonders intensiv, als ich über das dunkelgraue Wasser hinüber zum Morven-Berg sah, dessen Umrisse sich jenseits der Förde abzeichneten. Auf meiner Reise hatte ich die dünne Tünche des Wohlstandes kennengelernt, die erst vor kurzer Zeit bis hier in den Norden vorgedrungen war und eine lange Geschichte voll Mühen und Hunger nur unvollkommen überdecken konnte. Schottland war ein Land, wo wilde Bäche von wilden Bergen stürzen und wo die Milch so dünn floß, daß man lebende Frösche in die Butterfässer setzen mußte, um jene ölige Soße herzustellen, die man hier Butter nennt. Wie die Torfstecher der Inseln des Westens, die in Hütten aus Stechginster und Heidekraut lebten und sich am Tage nur eine Mahlzeit aus Hafermehlfladen, Algen und Kartoffeln machen konnten, hatten auch die, die zwischen Meer und Felsen das Reich der Winde bewohnten, nie ein leichtes Leben gekannt.

Der Wind sprang um und schob ungeheure Wolken mit Amboß-Köpfen über den Himmel, die im Licht der untergehenden Sonne wie Feuer brannten; Regenschauer gingen im Nordwesten nieder. Die Wolkenlandschaft war bei weitem atemberaubender als die irdische Umgebung – ein weites Meer von Gold, von dem aus übernatürliche Buttermilch-Berge majestätisch emporwuchsen und auf die schwindende Sonne zuwogten. Wohin die Sonnenstrahlen nicht mehr gelangten, wandelten sich Silber und Gold des Horizonts in Purpur und Violett, ein malvenfarbenes Zwischenreich, über dem eine letzte Wolke noch das Licht des sterbenden Tages einzufangen suchte. Hoch oben, weit über den anderen Wolken, versuchte sie noch, die letzten Strahlen zu erhaschen, bis sie verdunkelt wurde vom Tod des Tagesgestirns. Langsam ging ich zurück zum Wohnwagen-Park.

Schwirren und Glühen

B armherziger Gott!!! Das Ende der Welt ist da!!! Ein großes, rotes Beil sauste in mein vor Schrecken gelähmtes Gehirn. Heulende Wirbelstürme toben noch in meinen Ohren.

»Das Ende ist da!« rufe ich, springe aus meinem Schlafsack und habe noch den Lärm des Sonniger-Morgen-Starts eines Vulcan-Bombers in den Ohren, der seine Turbinen eine Meile weg über Johnny Bichan's Gerstenfeld aufheulen ließ. Es ist ein nervenzerfetzendes Titanium-stahl-Heulen, ein donnernder, glühendheißer Plasma-Ton, der mein Gehirn versengt und wie einen angebrannten Hafermehl-Fladen zurückläßt, rauchend und verkohlt.

Guten, frostigen Findhorn-Morgen! Royal Air Force ist erwacht und hinterläßt zwei Minuten totale Denkblockade. Ich schaue auf die Uhr: Es ist 07.53 Uhr, gerade noch genügend Zeit für Tee, Toast und Sanctuary (Meditations-Raum).

Mein Mitbewohner ist schon auf: Ein Amerikaner aus London, rollt er sorgfältig Virginia-Tabak in Rizla Green, stopft die Enden mit Streichhölzern nach, schaut an den Seiten entlang wie an einem Gewehrlauf und legt die Zigarette dann beiseite, säuberlich zu den anderen wie ein Kreidestück. Er zwinkert aus dem Augenwinkel herüber und faltet dann bedächtig ein neues Papier auf.

»Schönen guten Morgen, Bruder! Das war 'n Vogel, hm?« Golden sieht nicht von seiner Arbeit auf, sondern fährt fort: »Hat mich fast weggeblasen. Wußte nicht, daß die hier so große Vögel haben.« Er kichert leise über seinen Witz, als ob das ein großer Vogel wäre – wart' nur, bis du die Pflanzen im Garten gesehen hast!

Mein Goldener Virginier macht Tee und Toast, während ich mir kaltes, braunes Wasser ins Gesicht spritze.

»Die haben hier wirklich was los. Hast Du schon gemerkt?« Golden wandte sich herüber mit seinen blauen Schlitzaugen, blinzelte in eine nicht vorhandene Sonne und erinnert sich dann, daß ich erst am Abend zuvor aufgetaucht war, was seine Frage eigentlich hinreichend beantwortete. Ich weiß überhaupt nichts, wie auch Golden.

Wir setzten uns zum Frühstück: braunes Brot, Heidehonig und Kamillentee. Golden redet von irgendetwas, aber ich bin in Gedanken noch beim gestrigen Abendessen im Community Center.

Ich hatte Craig Gibsone aus Australien kennengelernt; er ist schon länger hier. Während des Essens hatte er viel über die Anfänge Findhorns erzählt. Nach seinen Angaben fing das Ganze mit einem einzigen Caravan auf einem gemieteten Abstellplatz am Rande des Wohnwagenparks an. Er stand in der Nähe der Müllhalde und war infolgedessen von den anderen Wagen recht isoliert. Aus diesem einen Caravan wäre Findhorn gewachsen, jedes Jahr seien mehr und mehr dazugekommen, bis das Ganze nun vierzig Wohnwagen und vierzehn Bungalows umfaßte, die hundertdreißig Mitglieder und vierzig Gäste beherbergten. Einige der Caravans und Bungalows gehörten der Gemeinschaft, die meisten jedoch Einzelpersonen; es schien sich hier über Eigentum so oder so keiner viel Gedanken zu machen. Das war ein erfreulicher Unterschied zu Kommunen, die ich in Amerika besucht hatte, wo man erst sein gesamtes Eigentum der Gemeinschaft überschreiben mußte, bevor man als Mitglied aufgenommen wurde. Hier sah man materiellen Besitz nur als »Aufhänger«, von dem loszukommen die Gemeinschaft dem Individuum gerne helfen würde. Aber gewöhnlich ging es dann so, daß die »Fessel« materiellen Besitzes einfach dem größeren Ganzen übertragen wurde, wie es auch mit dem Individuum geschah, nicht vergleichbar mit Waren oder Geldbeträgen. In Findhorn liegt die Betonung auf dem Bewußtsein dessen, der die Mitgliedschaft anstrebt; materielle Leistungen über den monatlichen Beitrag hinaus sind kein Kriterium.

Dennoch wunderte ich mich, daß alles auf gepachtetem Land gebaut wurde – noch dazu bei einem kurzfristigen Pachtverhältnis! Die Gärten, die Bungalows, das Sanctuary, und das neugebaute Community Center, wo wir saßen – alles war auf Land gebaut, das Findhorn gar nicht gehörte! War das gläubiges Vertrauen oder Torheit? Ich hätte es zu gerne gewußt, wagte aber nicht zu fragen. Pineridge war noch nicht einmal gepachtet, obwohl sie – bisher ohne Erfolg – versuchten, einen Vertrag dafür zu bekommen. Hier hielt jeder an seinem Land fest wie an seinem Leben, weil man erwartete, der Nordsee-Öl-Boom würde auch diese Gegend treffen, und die Preise der Grundstücke, die zum Verkauf standen, gingen auf astronomische 50 000 $ pro Hektar. 50 Riesen für Sand und Kies!

Ich fragte, warum die Community nicht an einen anderen Ort umzöge, der etwas vorteilhafter für ihre Entwicklung wäre. Craig erwiderte, Findhorn läge auf einem Kraftzentrum, einem kosmischen Kraft-Punkt, deshalb sei ein sehr hohes Maß an Energie in Findhorn konzentriert. Ich hielt das doch für eine recht obskure und leichtfertige Behauptung, aber dieser Gedanke ging mir kaum aus dem Kopf, bis mir etwas Seltsames im Speisesaal auffiel. Als ich heringekommen war, hatte ich zuerst den Eindruck von einer großen, glücklichen Familie, die in einem Touristenhotel zu Abend aß; achtzig bis neunzig Menschen waren es ungefähr. Das bernsteingelbe Licht wurde warm von den aschgrauen Tischen und korkfarbenen Kacheln widergespiegelt. Aber dann begann von einem Augenblick zum anderen der ganze Saal zu »schwirren«. Das war kein Geräusch, sondern eine Schwingung, die den ganzen Raum durchdrang. Es war fühlbar, zwischen Sätzen, Gemurmel, Wortfetzen und Lachen im Saal, und dieses Gefühl wurde stärker und stärker. Ich sah auf, und sah geradewegs in die blauen Augen von Alexis, der mich intensiv anblickte. Der 40jährige Ex-Schauspieler aus New York beschäftigte sich seit fünf Jahren in Findhorn mit astrologischen Studien. Er schien mich festzunageln mit seinem Blick und sah dann wieder zurück auf die vegetarische Schäfer-Mahlzeit vor sich. Es war, als ob er meine Gedanken gelesen hätte, und nun schweigend fragte: *Nun, fühlst du es? Das sind nicht die Gärten, die Gebäude oder gar die Worte, die hier gesprochen werden. Das ist es. Fühlst du es jetzt? Das ist es, worüber wir wirklich reden.* Ich schaute hinüber zu Craig, und er sah mich haargenauso an wie Alexis. Jesus! Ich blickte auf mein vegetarisches Essen und fühlte mich von alledem leicht verunsichert.

O.k., irgendetwas ging da vor, aber »mein Name war Hase« und ich wußte wirklich nicht, was das war. Evans-Wentz schreibt über Carnac in seinem Buch *Fairy Faith in Celtic Countries:* »... da scheint es bestimmte, besonders günstige Plätze auf der Erde zu geben, wo ihre magnetischen oder noch feineren Kräfte höchst mächtig sind und von Menschen, die für solche Dinge empfänglich sind, sehr leicht wahrgenommen werden können ...« Ich blickte noch einmal um mich, und es schien, als ob jeder meiner Essens-Gefährten diese gleiche Intensität des Blickes hatte wie Alexis und Craig – doch damit nicht genug: Sie alle *glühten von innen heraus.* Nun, dieses »Glühen« war dann das einzige Gemeinsame und Vereinende, das ich ausmachen konnte. Eine noch heterogenere Gruppe von Menschen hätte ich mir in einer Gemeinschaft lebend nicht vorstellen können.

Da waren matronenhafte Typen, steif, in gestärkten Leinenkleidern, mit Chiffon-Schals und braunen, groben Pumps, die beim Gehen quietschten; sie erinnerten mich an die Frauen, die man bei den Veranstaltungen der Bostoner Theosophischen Gesellschaft immer in der ersten Reihe sitzen sah.

Dreißig bis vierzig Amerikaner waren auch da, die meisten im Alter zwischen zwanzig und dreißig Jahren, etwas lauter in Stimme und Kleidung als die übrigen Essenden. Die meisten waren, was man gewöhnlich »Ausgeflippte« nennt. Alle sind sie irgendwo ausgestiegen, manche sogar aus dem Ausgeflipptsein. Was ihnen dieses Glühen gab, war auch die ausgesprochene Reinheit von Körper und Sinn. Freaks waren sie, ja, aber nicht mit diesem Untergrund-Treibgut von zerrissener Kleidung, langen Haarmatten und verdorbenem Gesicht. Alle strahlten sie irgendwie.

Craig deutete zu einem Tisch, wo eine äußerst lebhafte, deutschenglische Unterhaltung im Gange war. Dort saßen die Malerin Mary Bauermeister-Stockhausen – die Frau des Komponisten Karlheinz Stockhausen – und ein deutscher Bauern-Hellseher namens Joseph Giebel. Sie war Übersetzerin für den Rest der Runde: Jeff, ein amerikanischer Arzt, Ganga, ein jüdischer Joga-Lehrer aus Los Angeles mit seiner Frau Radha, und Jill Pierce, eine atemberaubend hübsche englische Schriftstellerin, die ganz bestimmt »das Glühen« hatte. Die ganze Gruppe war aus Deutschland gekommen, um an einer Konferenz mit dem Thema *Education in the New Age* teilzunehmen.

Ich hatte erwartet, in einer abgelegenen »New Age«-Gemeinschaft, die sich auf die Kommunikation mit Pflanzen über unsichtbare Naturreiche spezialisiert hatte, ein entsprechend enges und eher gleichermaßen spezialisiertes Spektrum der Menschheit vorzufinden. Doch jeder, den ich hier traf, war ein anderer Typ von Persönlichkeit, so daß ich bald alles über Typen und Interessengruppen vergessen konnte. Sie mit Rollen zu belegen, half auch nicht weiter, den Grund zu finden, warum sie hierher gekommen waren. Dieser Umstand unterstrich die Tatsache, daß Findhorn eine Anziehungskraft besaß, die quer durch alle Altersgruppen, Nationalitäten und Gesellschaftsschichten ging. Die einzige Gemeinsamkeit war tatsächlich das Glühen. Das war es auch, was ich am Morgen noch am deutlichsten in Erinnerung hatte – und das Schwirren.

Golden zündete eine seiner dicken Golden Virginias an, und Wolken blauen Rauches füllten den kleinen Raum. Vor dem Fenster stieg Dampf von den sonnenbeschienen Flecken im Sand auf, während im Schatten noch der Reif lag. Ein feiner Duft von Kohlenrauch erfüllte die Luft, als die Wohnwagen, Wohnmobile, Caravans und Bungalows nach und nach zum Leben erwachten. Im frühmorgendlichen Sonnenlicht glich es eher einem Flüchtlingslager oder einer Spielzeugstadt, die hier Wurzeln gefaßt und sich ausgebreitet hatte. Hölzerne Anbauten vergrößerten die Wohnwagen, die – platte Reifen und verrostete Achsen – die Straße wohl nie wieder sehen würden. Endstation für ältere Wohnwagen – doch jeder schien gepflegt und frisch gestrichen;

alle machten das Beste aus ihrer Behausung. Hatte mir meine unmittelbare Umgebung erst Anlaß zu trübsinnigen Betrachtungen gegeben, so schien den anderen Bewohnern nicht das geringste auszumachen.

Golden erzählte mir, wie »mächtig fein und stolz« die Frauen hier wären – wieder eine seiner Cowboy-aus-New-Jersey-Beobachtungen. Als er gebannt über meine Schultern aus dem Fenster hinausstarrte, drehte ich mich um, um zu sehen, was seine Aufmerksamkeit dort wohl so fesselte. Da öffneten sich die Türen gegenüber, Vorhänge flatterten in der morgendlichen Brise, und eine hochgewachsene, üppige Blondine ging dort in ihren Räumen hin und her, wischte ab, staubte ab und sang dabei. Golden seufzte, wandte sich wieder zurück und sah auf seinen Schoß.

Dort in seinen Händen war ein Buch: *Revelation: The Birth of a New Age (New Age, die Geburt eines Neuen Zeitalters)*. Er wand das Buch fast verlegen hin und her. Während er in den Seiten blätterte, schien er wie in Gedanken verloren; so still war er den ganzen Morgen noch nicht gewesen. Schließlich blickte er auf.

»Weißt du, ich habe hier jemanden gefragt, welches Buch ich lesen sollte, um Findhorn zu verstehen, und das haben sie mir dann gegeben: *Revelation*, von David Spangler. Von einem Kind geschrieben, hörte ich. Das ist vielleicht ein schweres Buch, je! Ich kann nie mehr als eine Seite darin lesen. Nee, Mann, das ist ein schweres Zeug!« Und wieder versank er in Schweigen.

Ich hatte in der vergangenen Nacht auch in diesem Buch lesen wollen, aber ohne viel mehr Erfolg. Als ich circa zwanzig Seiten weit vorgedrungen war, stellte ich fest, daß ich mich auch nicht einmal an ein Wort von den ersten zwei Seiten erinnerte. David Spangler empfängt angeblich Durchgaben von einem Wesen namens »Grenzenlose Liebe und Wahrheit«, die er aufschreibt. Das Buch war ein Kommentar zu Botschaften, die er 1970 empfing. Ich erinnere mich noch an ein Zitat von Christopher Fry im Vorwort von Sir George Trevelyan: »Die Dinge haben jetzt Seelenformat./Das Unternehmen heißt,/ Gott erforschen...«

»Nun, ich denke, es ist Zeit, daß wir hinüber zum Andachtsraum gehen,« meinte Golden und wir machten uns auf.

Als wir aus unserem Blech-Kühlfach steigen, stellt die strahlende Blondine von nebenan ihren Besen weg, schnappt sich ihre Jacke und springt heraus, um sich uns anzuschließen. Sie stürzt sich auf Golden und wirft sich ihm um den Hals, legt dann die Arme um uns und wir gehen den Kiesweg hinüber Richtung Zentrum. – Joy! Joy Drake gesellt sich zu uns, mit dickem, wollenem Mantel, den Kragen bis an die

Ohren, die enorm strahlenden Augen gerade noch zu sehen unter dem 10 cm-Haarschnitt. Sie wünscht uns allen herzlich einen »Guten Morgen!« in sehr ordentlichem Englisch, und wir vier marschieren nun Arm in Arm und im Gleichschritt zum Sanctuary. – Dann noch Sarah; Sarah, silberhaarige, schüchterne Sarah! Heraus kommt sie aus ihrem Caravan, wedelt wie ein junger Hund, der gerade mit einem Wurstzipfel belohnt wurde und geht mit uns um die Pineridge-Kurve. Nun sind wir auf asphaltiertem Weg angelangt, und Don Zontine, ein breitschultriger, schnurr- und vollbärtiger Italo-Amerikaner, wirft ein unbekümmertes, herrliches Tom Bambadill-Lachen in die frische Morgenluft. Gleich hinter Don humpelt behende der kleine, bebrillte Hans Poulsen an – schwarze Stiefel und Fliegerjacke mit Pelzkragen – hält vor unserem Sextett, grinst unter seiner hellen Kappe hervor, winkt aufgeregt wie auf der Bühne und ruft mit dickem, australischem Akzent »Hei, Leute!« – nun sind wir sieben, die lachend und kichernd durch und über Schlaglöcher, Pfützen und Kies marschieren, vorbei an Elsie, Hiltons, der Töpferei, dem Park ...

»PSSST !!!« Joy legt einen Finger auf ihre gespitzten roten Lippen, der lustige Morgenmarsch ist zuende. Wir gehen nacheinander in einen kleinen Raum, legen Mantel und Schuhe ab und betreten einen größeren Saal, wo ca. 65 gepolsterte Stühle in zwei konzentrischen Kreisen aufgestellt sind. Als schließlich alle Plätze besetzt waren, setzte man sich in den freien Raum in der Mitte auf den Boden.

Regungslos sitzt an einer Seite Eileen Caddy; die 100 Watt-Verbindung eingeschaltet, verstrahlte sie Licht aus jedem silbrigen Schimmer ihres Haars, vom Sanctuary hinaus in den Raum – wie durch ein Wunder ging ihr Stuhl dabei nicht in Flammen auf.

Peter steigt über die Sitzenden herein, sieht auf seine Uhr und dann über die zwölf Dutzend Augenpaare einer bunten Mischung von Teenagern, Großmüttern, Wuschelbärten, Kahlköpfen und seligen Jungfrauen aus zehn Ländern, die auf einen unsichtbaren Punkt in der Mitte des Raumes zu blicken scheinen. PLOP! Peter setzt sich, raschelt mit ein paar Papieren, und dann hört man nichts mehr außer den Spatzen, die draußen vor dem Fenster im Strandhafer picken.

Kommunion.

Vereinigung in der Stille.

Das morgendliche Gewebe.

Eileen die Spinnerin, Peter der Weber, Anscheren und Einschießen, die Zuhörerin und der Diener, Kontemplation und Aktion. Eileen war schon zwei Stunden dort gesessen; Peter sieht aus, als ob er es auf einem Stuhl nicht länger als zehn Minuten aushalten könnte. Seine Augenlider zittern, der Tag muß weitergehen. Geist und Seele aller Anwesenden verknüpfen sich, das Netz wird dicht, in ätherische Maschen schlängeln sich Individualitäten ein. Absolute Stille.

Langsam klingt dann schließlich das verzaubernde Vibrato von Jenny Walker aus. 79 in Gebet und Anbetung verbrachte Jahre klingen so klar durch die Schwingungen, daß jede Silbe das Gewicht von fünf hat. Bei dieser klangvollen schottischen Stimme hat man das Gefühl, als ob ein gemütliches Torffeuer seine ganze, leuchtende Wärme in den Raum strahlte.

VAA-TER-RU-N-NS-SER-R – dann eine Pause, die kein Ende zu haben scheint. Mein Sinn ist überrascht von der Eindringlichkeit dieser kraftvollen Stimme und taumelt in der nachfolgenden Stille, verliert seinen Halt und beginnt, mit dem schwindenden Ton wegzutreiben ... DE-ER D-U B-I-S-T-T IM H-I-M-M-E-L-L ... Himmel, ja, hier in diesem Raum. Das Schwirren, der Zauber, sie sind fühlbar, greifbar um uns. Paß auf, das wird ein Vater Unser, wie du noch nie eines gehört hast ... GE-HEI-LIG-T WER-DE DEIN NA-ME ... »Die Dinge haben jetzt Seelenformat ...« Warme Wogen von Frieden, Ruhe und Klarheit waschen das silbrig glänzende Rückenmark entlang. Schicht um Schicht enthüllt uns diese pulsierend-eindringliche Stimme neuen Sinn ... DEIN REICH KOMME ... Die Kraft wird stärker, nun ist jeder Empfänger auf dieselbe Wellenlänge eingestellt, das Signal ist stark, Bewußtsein geordnet und ausgerichtet im Raum wie Eisenfeilspäne um einen Magneten, diesen Magneten-Mund. ... DEIN ... WILLE ... GESCHEHE ... Eins-Sein, Einssein, wir kennen einander nun besser, besser denn je zuvor – jetzt! Jennys Stimme pocht ... AUF ... ERDEN ... Erde? Zurück zur Erde! Jener kleine blaue Himmelskörper dort drüben! Raumschiff Sanctuary ruft Erde! Könnt ihr mich aufnehmen, Erde? ... WIE ... IM ... HIMMEL ... »Wisse, wenn du gelernt hast, dich selbst zu verlieren, wirst du den Geliebten erreichen. Da gibt es kein Geheimnis, das du lernen müßtest, und mehr als das ist mir nicht bekannt ...« – Verschwunden ... Der ganze Raum ist verschwunden ... Das Gebet wird zu einer mantrischen Fürbitte in den Raum ... zurückstrahlend ... weiter ... und ... weiter, ... Sekunde ... um ... Sekunde, ... Minute ... für ... Minute ... in ... die ... stille ... goldene ... Wärme ... –

»Heute um fünf Uhr gibt es im »Universal Foundation«-Bungalow einen Tonbandvortrag von David Spangler für unsere Gäste.«

Wir sind gelandet, wieder zurück auf dem Boden.

Sanctuary ist vorbei, das zeigte Peters kurze Bekanntmachung an. Die Leute gehen hinaus, um im Vorraum ihre Schuhe wiederzufinden.

Alle lächeln sie, rosig, glücklich. Mit feuchten Augen drücken sie sich die Hände und benehmen sich allgemein so, als hätten sie sich monatelang nicht mehr gesehen. Da liegt eine Freude in der Luft, die die ganze Gemeinschaft durchdringt, sie spinnen und weben läßt für das große Werk.

Peter steht draußen, führt Fünfsekunden-Gespräche mit einem Dutzend Leute, setzt das Ganze in Bewegung, trifft letzte Entscheidungen, teilt häppchenweise Ideen und Gedanken mit, die ihm vielleicht im Sanctuary gekommen waren, spricht kurz vor dem Rennen noch einmal mit seinen Piloten ... –

Und weg sind sie!!! Vierzehn Gärtner, sechs Büroangestellte, eine Schar von Schreibkräften, sieben Zimmerleute, zehn Köche, ein paar Klempner, vier Weber, fünf Drucker, drei Kerzenzieher, zwei Tontechniker, sechs Ladeninhaber, zwölf Schauspieler und -innen und ein Prophet.

Nach der allgemeinen, großen Einstimmung im Sanctuary geht jeder zu seiner/ihrer Gruppe zur Gruppen-Einstimmung. In allen achtzehn Abteilungen faßt man sich dann an den Händen und meditiert kurz über die Gruppe, ihren Zweck, ihre Rolle und Funktion im größeren Ganzen und dann beginnt man mit der täglichen Arbeit.

Ich ging nach der Andacht durch die Community und den Garten und beobachtete die vielerlei Aktivitäten. Peter holte mich ein und erinnerte mich, ich sollte nicht den Zehn-Uhr-Rundgang versäumen, den er leiten würde. Ich sprach mit Leonard, einem der Gärtner, der gerade Blumen goß. Wir gingen zusammen um den Garten; während ich mir die Blumennamen und -arten notierte, beantwortete er meine Fragen. Er sprach sanft mit weichem Lancashire-Akzent, war mit allen Pflanzennamen vertraut – in Umgangssprache und Latein – und bewies ein profundes Wissen von der Gärtnerei. Die Wege, die wir entlanggingen, waren gesäumt von Ringelblumen, Steinkraut, Lobelien, Stiefmütterchen, Nemesien, rundblättriger Minze und Akelei. In den Beeten standen die Blumen dicht an dicht, in der hellen Morgensonne farbenfreudig wetteifernd: Petunien, Silberspieren, Astern, Michaels- und Livingstone-Gänseblümchen, Mohn, Glockenblumen, Fuchsien, Rittersporn, Clarkien, Strohblumen, Eisenhut, Kosmeen, Günsel, Natterkopf und viele andere. Es war eine erstaunlich vielfältige Palette, und jede Art schien selbst an diesem frischen Spätseptembertag in voller Blüte zu stehen.

Schließlich stießen wir auf Mathew, den Obergärtner. Peter arbeitet nicht mehr im Garten; seine Pflicht als »Aufseher« der Gemeinschaft nahm seine Zeit völlig in Anspruch. Er hatte die Arbeit mehrerer Gärtnern aus Blackpool übertragen, die innerhalb der Gemeinschaft »die Gnome« hießen. Sie sind alle gelernte Gärtner und haben von der erlernten Orthodoxie viel mit den Lektionen verbunden, die Peter in seinen acht Gärtner-Jahren empfangen hatte. Sie setzen Peters Werk fort, und der Garten wächst weiter, aber viele der phänomenalen Aspekte schwanden, nachdem sie die Arbeit übernommen hatten. Hier und da sind zwar noch immer einige ungewöhnlich große Pflanzen, aber seit Peter den Garten verlassen hat, wurde dieser in Bezug auf Größe, Dimension und Wachstum der Pflanzen »normaler«.

Ich fragte Mathew, warum die Pflanzen nun normaler seien.

»Das Wachstum war hier so phantastisch, um Peter Caddy und anderen zu zeigen, daß dies möglich ist. Nun wissen wir, daß die Zusammenarbeit mit dem Naturreich möglich ist, aber wir brauchen nicht länger den Beweis, indem wir Pflanzen hervorbringen, wie und wo sonst nichts wachsen würde. Daß hier einige Pflanzen mitten in Kälte und trockenem Sand wuchsen, heißt noch lange nicht, daß sie sich dabei besonders glücklich gefühlt hätten; sie waren aber da, um uns die Kraft und die Möglichkeiten dieser Zusammenarbeit vor Augen zu führen. Aber ohne daß wir uns sonderlich darum bemühen, haben wir noch immer, auch dieses Jahr, einige großartige Dinge gehabt: Die Rosen sind enorm gewachsen – ich weiß nicht, was in die gefahren ist – und auch auf anderen Gebieten gibt es noch ein paar erstaunlich große Sachen. Aber wenn wir den Leuten einen 40 Pfund-Kohl zeigen, dann sind die wie besessen auf ihrem 40 Pfund-Kohlkopf-Trip und denken nur noch in Begriffen von Größe, Wachstumsraten und Quantität. Das Wesen, das Bewußtsein hinter dem Kohlkopf halten sie gedankenlos für selbstverständlich, es fällt ganz unter den Tisch, keiner denkt darüber nach. Stattdessen ist alles, was sie sehen, nur Teil und Ausdruck davon – Größe, Schönheit, äußere Vollkommenheit.«

Ich muß gestehen, auch ich hatte gehofft, einen der legendären Kohlköpfe zu sehen.

Nichtsdestotrotz ist der Garten in meinen Augen noch immer berückend. Ich habe in meinem ganzen Leben noch nie so etwas gesehen. Das ist ein Reichtum von Farben und Arten, wohin man auch sieht. Jede Pflanze scheint ihre Vollkommenheit erreicht zu haben. Unkräuter sieht man kaum – andererseits ist dafür auch kaum Platz, so dicht und üppig ist der Garten bepflanzt. Es ist die letzte Woche im September, doch die Blumen leuchten in ihrer Farbenpracht – auf Breitengraden nördlich von Moskau und Teilen des US-Bundesstaats Alaska. Die Rosen stehen in voller Blüte, die Kosmeen 1,80 Meter hoch, und Hummeln, trunken von Nektar, taumeln um den purpurroten Mauerpfeffer – eine Orgie im Reich der Pflanzen. Fünfzig Meter weiter strecken der dornige Stechginster und Besenginster ihre zähen, faserigen Wurzeln aus auf der Suche nach Wasser und Nährstoffen. Hier im Garten sind die Blumen übergroß, strahlend und strotzend von Saft und Kraft. Die Bäume stehen aufrecht und stark, obwohl sie im weichen Sand wurzeln und von 100 km/h-Stürmen umtobt werden. Da finden wir die einheimischen Lärchen, Fichten und Kiefern, aber auch Hartriegel, Weißdorn, Goldregen, Eukalyptus, Berg-Eschen, Pappeln und Birken. Hinter den Blumenbeeten und zwischen den Bäumen wachsen Johanniskraut, Geißblatt, Hamamelis, Weigelie, Buddleia, Flieder, Kletterrosen, Stechpalmen, Schneeball, Tamarisken, Zwergheidekraut, Koniferengewächse und anderes mehr.

Als ich das erste Mal die Gärten sah, war ich überwältigt von dieser Farbenpracht. Aber die Zeit gestattet dem Auge herumzuwandern und alles eingehend zu betrachten. Wo auch immer ich meine Hand in den Boden steckte, stieß ich unter 5–8 cm Komposterde auf Sand – es war tatsächlich wie Gärtnern am Strand. Doch dann blickt dir aus leuchtenden Augen im Sonnenschein ein dichter, bunter Blumenstrauß entgegen. Er spottet rationaler Analyse; bisher war noch keine wissenschaftliche Autorität in der Lage, das Phänomen Findhorn zu erklären.

Ich fragte Mathew und Leonard über Naturgeister, und ob sie bei ihrer Arbeit mit ihnen regelrecht in Kontakt kämen. Beide sagten, sie könnten sie nicht direkt empfangen, fühlten aber, daß sie intuitiv von den Naturgeistern geführt würden. Leonard erzählte, wie er sich an einige tief verwurzelte Sträucher wandte, wenige Tage, bevor sie ausgegraben werden sollten, und ihnen ruhig erklärte, warum, wann und wohin sie verpflanzt werden mußten. Als der Tag dann gekommen war, konnte man sie leicht mit einer Hand aus dem Boden ziehen, so als ob sie völlig ihren »Halt« am Leben aufgegeben hätten. Zum Vergleich ging Leonard zu einem Strauch, der nicht versetzt werden sollte, und zog daran. Er gab nicht nach.

Wir setzen uns im Steingarten, der vor dem »College« um ein Becken mit Seerosen angelegt ist. Ein starker Südwestwind war inzwischen aufgekommen. Zwischen zwei Sätzen beugte sich der Ober-Gnom vor und nahm etwas süßen Thymian in den Mund. Es war von einem winzigen Pflänzchen, das da in einer Ritze zwischen den Steinplatten des Weges gewachsen war. Aber dies war kein Zufall: Mathew hatte es im Frühjahr geplant und das Gedeihen dort beobachtet. Leise sprach er über Pan.

»Pan ist der Kern in aller Lebenskraft, in allem das zeugt, in allem das stirbt, in allem das sich bewegt. Die landläufige Vorstellung von

Pan ist ein Zerrbild, wie auch bei Jesus: Die Menschen schlagen Jesus an ein Kreuz und lassen ihn dort hängen. Genauso hängen sie Pan Hufe und Hörner an. Für mich ist Pan ein bißchen wie in der Herbstsonne glitzernde Altweibersommer-Fäden, kleine Gräser, Farn, Moos, das zwischen den Steinplatten wächst. Das kleine Thymianpflänzchen da unten, von dem ich vorhin etwas genommen habe, ist ein Stückchen Pan. Pan ist der kleine Wurm, der auf dem Grunde des Meeres im Sand entlang kriecht, und er ist der große Blauwal, der daher kommt und ihn ißt. Pan ist so riesig und so dynamisch und doch so rein und sanft ... Hat Wordsworth nicht darüber geschrieben, als er sagte: »Zehntausend sah ich mit einem Blick ...«? Ein Jahrtausend lang hatten die Menschen mit Pan gelebt. Sie hatten ihn vielleicht nicht gekannt, aber ich bin sicher, jene Maler, die diese Waldlandschaften malten, wurden dabei – ohne es zu wissen – von Pan in den Hintern getreten. Wie könnte man es sonst erklären?«

Ich konnte nicht länger bleiben, um über diese Frage nachzudenken. Es war fünf Minuten vor zehn Uhr, und ich mußte zum Community Center, bevor der Rundgang begann. Denn worauf Peter größten Wert legte, war Pünktlichkeit. In Findhorn kam sie gleich hinter Gottesfurcht und Sauberkeit in der Rangordnung der Tugenden, und wurde ausgedrückt im oft zitierten Satz: »Eingestimmt zu sein, heißt am richtigen Ort zu sein, das richtige zu tun, und zur richtigen *Zeit!*«

»Ooohh, ist das schön!!!« Shoshana steht im Saal des Community Centers, den Kopf an die Wand zurückgelehnt und klatscht die Morgen-Post mit beiden Händen an die Brust. Eine überwältigende Freude steht über ihrem Siamkatzen-Gesicht. Mandeläugig, geschmeidig und anmutig läßt sie nach jeweils fünfzehn Sekunden ein weiteres »Ooohh, wie schöön!« ertönen zu einem Mädchen, das Shoshana seinen Traum aus der vergangenen Nacht erzählt.

»Wow! Das klingt ja, wie wenn du's wirklich geschafft hättest!!!« Sie hat einen abscheulichen, roten Poncho an, das lange, braune Haar über die Halsöffnung gebreitet.

»Das – das ist einfach zu viel!« ruft sie.

Die ganze Gemeinschaft »lief wie geschmiert«; Menschen schlüpfen in und aus Häusern oder Wohnwagen, winken und lächeln sich zu, halten manchmal an, um ein paar Worte zu wechseln.

»Ist das nicht unglaublich! Woww!« Shoshana schüttelte ungläubig den Kopf.

Die Unterhaltungen hier sind nicht die knapp wie von einer Abteilung zur anderen weitergereichten Notizen, sondern gewöhnlich Träume, Visionen oder inspirativ empfangene Gedanken.

»Ich kann's nicht fassen, yeahh!« Enthusiastisch nickt sie mit dem Kopf.

Da scheinen zwei Ebenen der Kommunikation gleichzeitig zu bestehen. Es sind alltägliche Mitteilungen wie »Wir brauchen einen Schraubenzieher oder eine neue Wasserpumpe«, nett eingepaßt in die Fugen zwischen Gesprächen über Geister, Pflanzen, Wetter und Leute oder irgendetwas anderes, worüber man sich unterhalten kann.

»Woww! Das klingt wirklich, wie wenn du eine andere Ebene erreicht hast!« Shoshanas freudestrahlende Miene ließ die Augenschlitze noch schmaler erscheinen.

Findhorn ist absolut sauber. Jeder Wohnwagen und Bungalow ist tadellos unterhalten. Das »Arbeitsprogramm« zeitigt ausgezeichnete Resultate, ohne Hetze und Geschiebe, ohne offensichtliche Anzeichen, daß Arbeit verrichtet wird.

Wie macht Shoshana das? Sie steht einfach da, nickt am hellen Morgen mit dem Kopf, schaut wahnsinnig glücklich aus – und so machen es alle. Wer verrichtet hier die Arbeit? Wo kommt das alles her?

»Ein Jahr lang hatte ich um ein Treibhaus gebetet; ich wußte, wir sollten eines bekommen. Eileen war es von der Stimme zugesagt worden, und ich konnte auch nicht verstehen, warum wir noch keines hatten!«

Die Zehn-Uhr-Besichtigung. Peter deutete auf *das* Gewächshaus, inzwischen einige Jahre alt, das neben dem Sanctuary stand. *Er* konnte es einfach nicht verstehen! *Er* hatte darum gebetet, und es kam und kam nicht! – Einige der Leute schauten Peter an wie einen Verrückten: *Was erwartest du denn? Du kriegst doch nicht einfach Dinge, nur weil du darum bittest! Du mußt hingehen, mußt dafür arbeiten ...*

»Und dann ging mir plötzlich auf, wo das Problem lag: Ich war zu ungenau gewesen. Ich ging dann her, maß den Platz aus und bat nun um ein Gewächshaus aus Zedernholz, 2,50 auf 3,70 m. – Nach einer Woche war es da!«

Die Besuchergruppe ist sich nun einig: Er ist verrückt. Sie starren Peter an; die Blicke drücken zugleich Ungläubigkeit, Ratlosigkeit und Befremden aus. Woher und wie soll den ein 2,50 × 3,70 m großes Zedernholz-Gewächshaus so einfach auftauchen? So etwas liegt doch nicht gerade auf Müllhalden herum!

»Die ganze Gemeinschaft lebt und arbeitet auf der Grundlage des Gesetzes der Manifestation! Der ganze Ablauf ist von diesen Prinzipien abhängig. Wir arbeiten in dem absoluten Vertrauen, daß uns mit allem geholfen wird, das wir brauchen!«

»Falls etwas nicht kommt, um das Sie gebeten haben – was ist dann?«
Ein bleicher Gelehrter mit Hornbrille genießt offensichtlich die Absurdität von Peters Behauptung und versucht in schönstem Oxford-Englisch, ihn in die Falle zu locken.

»Es kommt immer!« war die spontane Erwiderung. Peter sieht sich um, ob noch weitere Fragen wären, als ob diese Frage umfassend und zufriedenstellend beantwortet sei.

»Ja, das ist schön und gut. Aber gesetzt den Fall, es kommt nicht?« fragt es zurück. Der erstaunte Gelehrte versucht sich in äußerster Toleranz; er betont jedes Wort präzise und ruhig. Alles wendet sich wieder Peter zu.

Peter ist im Moment verblüfft. Trainiert im »positiven Denken«, gebraucht er nie das Wort »falls«. Es hat für ihn keine Bedeutung und war schon vor Jahren aus seinem Wortschatz verschwunden. Sprach dieses Wort ein anderer, hatte er nun Schwierigkeiten, es zu verstehen. Es heißt ›wenn‹, nicht ›falls‹ – ›wenn es manifest wird‹, nicht ›falls es sich manifestieren wird‹. ›Falls‹ ist negatives Denken, verunsichernd, demoralisierend, nichts nütze, es ist verbannt.

Vier große Regeln gibt es in Findhorn: Kein Rauschgift; kein Rauchen in Gemeinschaftsräumen; Peter darf jederzeit eine weitere Regel erlassen; kein negatives Denken! – Bitte: Geh zurück in die Stadt, wenn du so denkst, aber komme nicht hierher!

»In allen unseren Nöten und Bedürfnissen wird uns immer geholfen. So etwas ist noch nie vorgekommen,« stellt Peter sachlich fest.

Der Studierte kann es nicht glauben. Er schaut Peter an, als sei dieser total beschränkt, absurd, unlogisch. Er hatte doch nicht von dem gesprochen, was hier *war*, sondern von dem, was sein *könnte*. Sieht das dieser Einfaltspinsel von Peter denn nicht? Der anfängliche Zug hilfloser Bitterkeit auf dem Gesicht des Gelehrten macht schnell einem toleranten Lächeln Platz.

»Nein, lieber Herr, Sie verstehen mich nicht. Ich wollte Sie zu der Überlegung veranlassen, sich die Möglichkeit eines Tages in der Zukunft vorzustellen, wenn Sie, sagen wir, um einen Wagen bitten oder eine elektrische Lampe, und das Gewünschte nicht ›manifestiert wird‹, wie Sie es so schön ausdrückten!«

Peter schaut verwirrt und fragend über den Rest der Gruppe. Er würde zu gerne wissen, ob dieser Mann ernst zu nehmen sei – unsere Gesichter verraten ihm, daß dies höchst wahrscheinlich der Fall ist.

Peter wendet sich lächelnd wieder zu dem Studierten, strahlt wie ein Leuchtturm auf ihn herab, als wollte er etwas Licht in die Gedankengänge dieses verdunkelten kleinen Großhirns bringen, strahlt hinein, geradewegs in die Pupillen dieses klugen Menschen, und sagt: »DAS KOMMT NIE VOR!«

Noch immer sieht er ihm in die Augen, dachte, fühlte nur eins – JETZT! Lebe nicht in der Zukunft, lebe nicht in der Vergangenheit; sie existieren nicht. Lebe in der Gegenwart Gottes – jetzt, nicht eine Minute früher, nicht fünf Sekunden später – JETZT!

Peter war am Zuge gewesen. Der Gelehrte steht da, bekommt den Mund nicht mehr zu und ist im Innern beunruhigt über diese massive Energie, die da in ihn einströmt. Er weiß, er hat die Schlacht verloren, einfach weil Peter gar nicht erst gekämpft hatte.

Auch einige der Umstehenden sind jetzt überzeugt. Viel haben wir an diesem Morgen zu sehen bekommen: einen Zedernholz-Bungalow nach dem anderen, die Druckerei, Dunkelkammern, Studios, eine Töpferei, einen Laden, den Speisesaal, den Hörsaal und das Community Center (Versammlungsraum) – und mit jedem verband sich mindestens eine »Manifestations-Geschichte«. Für nichts, das er auf diese Weise empfangen hat, hatte Peter gearbeitet. Als sie hier anfingen, bekam er vom Staat wöchentlich acht Pfund Sozialhilfe. Alles andere – so Peter – kam von Gott. Peter hat nie eine Arbeit angenommen, seit er 1963 das Cluny Hill Hotel verließ. In diesen Jahren hatte Peter die Prinzipien des Gesetzes der Manifestation erfaßt, war der Führung durch Eileen mit jedem Schritt gefolgt, in absolutem, kindlichen Vertrauen, bis hin zu dem Augenblick, als er breit lächelnd dem Gelehrten in die Augen schaute – und der hat es nun auch geschluckt.

Das Leben in Findhorn verlangt eine Hingabe, die zugleich erschreckend wie ekstatisch ist. Um in Findhorn zu leben, mußt du – so Peter – deinen Eigenwillen völlig zugunsten eines größeren Willens aufgeben, der sich – wenn du ihm gehorchst – um alles kümmert, das du brauchst. Alles, das du wirklich brauchst zum Leben; das illustriert Peter mit Geschichten von früher, als Eileen, er und die drei Kinder zeitweise nichts zu essen hatten als Kartoffelsuppe und überreife Bananen. Sie blieben am Leben, die Not war gewendet, und so lernten sie auch, wie wenig sie eigentlich brauchten.

Peters Glaube ist unerschütterlich, »wie ein Felsen«, sagte der Gelehrte. Logik, Verstand, Intellekt werden nicht gefragt, es ist einfach Glauben. Die Absolutheit eines solchen Glaubens kann dramatisch sichtbar werden, wenn sie mit einem »Glaubenslosen« zusammenstößt, der noch an der Erde klebt. »Kirchenfromme« mit Pensionserwartung und Lebensversicherung stößt eine solche Absolutheit vor den Kopf, wenn sie nach Findhorn kommen. Freaks und Hippies, die nach Findhorn fahren und meinen, daß sie dort »auf den Putz hauen«

können, werden an die verschiedenen Fremdenzimmer im Ort verwiesen. Dies ist nicht der Platz, wo jeder Landstreicher einwandern und aufgrund seiner bloßen Anwesenheit »Rechte« geltend machen kann. Hier gibt es keine Rechte für Minderheiten. Hier gibt es auch nicht die »Minderheiten-Perspektive«, denn es gibt hier keine Minderheit. Hier gibt es nicht zwei Seiten eines Arguments, denn es wird nicht argumentiert. Was in den Ohren des einen wunderbar klingt, mag ein anderer für total abwegig halten. Wichtigere Entscheidungen werden nicht nach Versammlungen, Diskussionen oder einem Treffen eines Komitees gefällt. Hier entscheidet die geistige Führung, durch Eileen, durch die Intuition Peters oder eines anderen.

Hier gibt es keine festen Regelungen, keine Verordnungen, keine von außen angelegten Ketten. Hier zählt allein das Bewußtsein der Gruppe, die sich dauernd bemüht, das Bewußtsein des »Gott in mir« ständig wachzuhalten und zu festigen, und es in ihrem täglichen Leben zu zeigen. Man weiß also nicht, wer oder was in die Gemeinschaft kommen wird – und so gibt es auch keine Planung für die Zukunft. Fest ist allein der Glaube, der Glaube, daß zur rechten Zeit kommt, was not-wendig ist; bis heute war das immer so, und kein Anzeichen spricht dafür, daß sich dies künftig ändern könnte.

Das Gesetz der Manifestation wirkt wie Gebet rückwärts. Um nichts wird einfach nur gebetet. Zuerst erfahren die Caddys, daß sie etwas empfangen sollen, gewöhnlich durch Eileen oder Peters Intuition. Dann »beten« sie darum, indem sie es »in das Licht heben«.

Zwischen dem alten Wohnwagen am Rande einer Schutthalde vor elf Jahren und der überfließenden, blühenden Gemeinschaft von 130 Menschen liegen tausend Fälle von »Manifestation«, von denen Peter mit Freude und Vergnügen stundenlang erzählen könnte.

Interessanterweise erwähnt Peter die Gärten während des Rundgangs nur beiläufig. Stattdessen zeigte er uns materiellere »Manifestationen« entlang des Weges: einen Wohnwagen, eine Garage, ein paar Vorhänge, ein Bungalow, eine Druckerpresse – alles Dinge, die man ebensogut kaufen könnte, ganz alltägliche, »profane« Sachen. Peter erzählte, wie sie »wie durch ein Wunder erschienen« sind, während hinter ihm ein Garten liegt, der selbst ein »Wunder« ist, ein Garten, der Menschen aus der ganzen Welt herbeigelockt hat, die ihn sehen wollten. Peter scheint mehr fasziniert von Gebäuden und Gegenständen.

Nachdem wir die ganze Community besichtigt hatten, lud mich Peter in seinen Bungalow zum Kaffee ein. Eileen wartete schon wie das letzte Mal, in einer Hand das Bügeleisen, in der anderen den Wasserkessel.

Das Wohnzimmer der Caddys hat eine Allerwelts-Einrichtung: Fabrikteppich mit Blumenmuster, Polstergarnitur, Farbfernseher, Kohlenfeuer, Uhr auf dem Kaminsims, Schreibtisch und in der Mitte ein runder Kaffee-Tisch, überhäuft mit Post von ungefähr zwei Wochen. Peter klärte mich auf: das wären nur die Briefe von einigen Tagen.

»Meinst du, ich war zu hart zu ihm?« Peter fragte wegen des Gelehrten, gab sich die Antwort aber dann selbst:

»Es ist sehr wichtig, daß die Leute die Bedeutung von Findhorn erkennen. Wir demonstrieren hier in der Tat Gottes Plan, und zwar recht konkret. Wir erzählen nicht nur bändeweise schöne, erbauliche Geschichten über Seine Größe, und wie ein Leben im Glauben aussehen sollte. Wir geben dem Glauben Gestalt! Wir verkörpern, wir *leben* ihn! Es ist so wichtig, daß die Menschen sehen, daß das funktioniert, daß der Mensch alles, was er braucht, erhalten kann, wenn er nur bereit und willens ist, sein Leben Gott zu übergeben. Schau doch den Garten an. Wir haben jahrelang kein Wort gesagt über Devas, Elfen oder Pan. Wir behielten das für uns, da wir wußten, die Leute würden es nicht verstehen, bevor sie es nicht gesehen hätten. Erst nach Jahren des Erfolges, nachdem Experten aus der ganzen Welt diese Erfolge bestätigt hatten, konnten wir der Welt sagen: Seht, so haben wir es gemacht!«

Eileen goß Peter gleichviel dampfenden Kaffee und Milch ein.

»Ja, gut, Peter,« fiel sie ein. »Das ist wahr, aber du mußt doch auch zugeben, daß du diesen Weg schon jahrelang gelebt hattest. Du wurdest Schritt für Schritt eingeübt, durftest von diesen Dingen wissen – das ist dir wie eine zweite Natur geworden. Du kannst nicht erwarten, daß die Menschen, die hier hereinkommen, sofort alles verstehen. Das braucht Zeit.«

Peter zuckte leicht mit den Schultern, als sei er gerade von Mutter zurechtgewiesen worden. Er trinkt einen großen Schluck und grinst zufrieden zu mir herüber.

Eines ist offensichtlich: Peter hat Humor, er versteht eine Menge Spaß. Er rennt durch die ganze Community und feuert alle Gruppen an, verstrahlt einen schier unerschöpflichen Strom von Energie in den ganzen Betrieb und lebt jeden Augenblick, mit jeder Faser seines Wesens. Ich hatte erwartet, hier einen schottischen Luther Burbank kennen zu lernen, mit Stroh an den Stiefeln, Kompost in den Ärmelaufschlägen und Gänseblümchen in den Haaren, jemanden, der Zugang zu den Geheimnissen der Natur hatte und nun so weit war, daß die Kommunikation mit Menschen, gelinde gesagt, schwierig wäre. Stattdessen steht Peter am Steuer einer Gemeinschaft mit dem Image eines

Generaldirektors: absolute Präzision im Denken und Sprechen, dabei von einer Offenheit und Freimütigkeit, die dich einfach umwirft. Über seine Erfolge würde er in einem Gespräch mit der gleichen Selbstverständlichkeit, ohne falsche Bescheidenheit diskutieren, wie er über seine intimsten und erniedrigendsten Versager spricht. Das ist für ihn alles gleich; es ist sein Weg.

Peter ist seit Jahren auf diesem Weg, und er kennt ihn so gut, daß er alle Landkarten weggeworfen hat. Alles, was ihm begegnet, gehört zu seinem Wege.

»Fehler? – Ich habe so viele gemacht, daß ich sie nicht mehr zählen kann. Aber bei jedem wurde ich von Gott geführt, jeder enthielt eine Botschaft für mich, bei jedem gab es etwas zu lernen.

Ich leitete diese Gemeinschaft mit sehr fester Hand. Mit keinem beriet ich mich. Wenn ich zupacken wollte, packte ich zu. Kam die Inspiration dazu, wartete ich nicht darauf, ob irgendein Komitee es gutheißen würde. Gewöhnlich bekam ich die Bestätigung von Eileens Führung, aber das war auch alles.

Letztes Jahr lag ich mit einer Gallenstein-Operation einen Monat im Krankenhaus. – Warum? Ich mußte lernen, daß ich so nicht weitermachen könnte, und die Community mußte lernen, ohne mich zurechtzukommen. Wir gehen auf das Zeitalter des Gruppenbewußtseins zu, ich mußte lernen, mit einer Gruppe zu arbeiten, nicht als Individuum.«

Peter hält nichts zurück. Er sitzt vor dir wie ein aufgeschlagenes Buch. Was immer du wissen möchtest – frage ihn einfach. Er wird dir in die Augen blicken und antworten.

»Visionen? Ich habe nie Visionen gehabt. Ich empfange keine Durchgaben, ich sehe nichts und höre keine Stimmen – nichts! 1957 hatte ich den Höhepunkt jenes Trainings erreicht – eines spirituellen Trainings, wie du es wohl nennen würdest – einen Punkt, an dem ich eigentlich Stimmen hören und die Führung empfangen sollte, ähnlich wie Eileen. Wir waren eine kleine, sorgfältig ausgewählte Gruppe. Jeder hatte das Training erfolgreich absolviert – außer mir. Ich war der letzte. An einem vereinbarten Tag sollte ich mich stille hinsetzen und jene »leise, kleine Stimme im Innern« hören.

Ich wartete. Ich wartete den ganzen Tag lang. Am nächsten Tag setzte ich mich noch einmal acht Stunden. Ich konnte einfach nichts hören! Mein Lehrer kam dann am Nachmittag und fragte: ›Hörst du jetzt etwas? Hörst du es jetzt?‹ Und ich saß da und schüttelte den Kopf. Ich mußte sitzen bleiben. Ich kann wirklich nicht lange sitzen, aber ich tat es doch. Tag für Tag, Woche um Woche saß ich. Schließlich gaben sie mich auf. – Nichts also! Ich hörte kein Wort!

Was ich habe, sind Eingebungen, Intuition. Ich fühle im Moment, daß und wie etwas zu tun ist. Diese Eingebung stelle ich nie in Frage. Es ist immer richtig, wenn es mir manches Mal auch recht verrückt erscheint. Im nachhinein kann ich dann erkennen, wie sich die Dinge in meinem Leben entfalten. Sieh doch Findhorn an! Mitten im Winter kamen wir hier an; hier, am Rande einer Müllhalde, umgeben von schäbigen Wohnwagen – der helle Wahnsinn! Erst viel später wurde uns die tiefere Bedeutung enthüllt, die dem zugrunde lag. Damals, als wir hier ankamen, wußten wir überhaupt nichts. Hätten wir geahnt, was vor uns lag, wären wir vermutlich bleich geworden vor Schrecken über die Arbeit, die da zu tun war. Der liebe Gott läßt dich immer nur ein bißchen wissen; mehr würde dein Nervensystem doch nicht verkraften.

Eileen bekam durch, daß Tausende von Menschen zu diesem »Meinem Zentrum des Lichts« hingezogen würden. Nun, wie sollten wir das verstehen? Tausende, die zu einer Müllhalde an der Nordsee pilgern? Eine lustige Vorstellung … aber jetzt kommen sie.«

Und in der Tat, wie Motten zum Licht, kamen sie aus der ganzen Welt nach Findhorn; es ist wie eine Wallfahrt. Was erwarten sie hier? – Die meisten wissen es nicht. Sie werden »hierher gezogen« und wissen nicht, warum. Sie kommen, um verschiedene Lektionen zu lernen, und um später einmal zu erkennen, wozu. Sie kommen nicht, um einem Meister zu huldigen, oder um von einem verschleierten Fast-Heiligen eine Kleinigkeit geschenkt zu bekommen, noch um das Fleisch abzutöten zugunsten des Geistes durch strenge Meditations-Übungen oder Diät-Systeme. Sie kommen einfach! Peters Job ist es dann herauszufinden, was ein jeder für die Gemeinschaft Brauchbares mitgebracht hat. Er sieht jeden, der kommt, als jemanden, der hier ist, um mit irgendetwas dem Ganzen beizusteuern; nur wissen sie es im allgemeinen selbst nicht. Peter hilft jedem, dies herauszufinden.

Skeptiker und Kritiker, die brummig durch die Tore kommen, werden in die Gemeinschaft hineingezogen, bevor sie merken, wie ihnen geschieht. Wenn danach von ihrer Kritiklust noch etwas übrig ist – auch gut! Aber nun sind sie Teil des Ganzen, der großen Familie – und Mitglieder einer anderen Familie zu kritisieren ist leichter, als die der »eigenen«. Wie es hier keine »Wenn und Aber« gibt, so gibt es auch kein »Kritisieren«. Du »teilst« mit einem Menschen, aber du kritisierst ihn nicht. Das ist Kritik plus Mitgefühl, Mit-Tragen. Da gibt es keine offenen Angriffe, keine »Das kann mir alles egal sein« – Ausbrüche und Explosionen wie »Ich hasse dich, du gelber Bastard, schleichst dich einfach hier rein und klaust mein Ayn Rand-Buch, du Miststück!« –

Nein, nein, nein. Versuche es so: »Seit du das einzige Exemplar der *Revelation* aus diesem Raum weg-manifestiert hast, ohne dies mir gegenüber zu erwähnen, fühle ich irgendwie ... dies ... etwas zwischen uns, und daran möchte ich dich gerne teilhaben lassen.« Da fühlt sich dein Herz wohler, und die Leute kommen einfach wieder. Und sie kommen; jedes Jahr sind es mehr.

Wer ist dieser Mann, der der Mittelpunkt von all dem zu sein scheint? Was macht er wirklich? In vielerlei Hinsicht scheint er ganz normal zu sein. Eigentlich ist er der Mensch, den man sich am wenigsten als »Türhüter« einer New Age-Gemeinschaft vorstellt. Da ist nichts Guruhaftes oder Heiliges um ihn, Peter Caddy ist nicht der Meister mit der sanften Stimme, der die Kinder zu seinen Füßen schart. Oft sieht die Wirklichkeit doch ganz anders aus. Peter ist dem Aussehen nach der typische Bürger, ein fast pedantischer Engländer, pedantisch, wenn es um Details von Form und Anstand geht, durch und durch der Ex-Major, der Befehle brüllt. Aber man sieht, daß er im Inneren ein äußerst sensibler Mensch ist. Die Sufis warnen davor, auf der Suche nach einem Lehrer nach dem Äußeren zu urteilen. Es gibt zahllose Geschichten von zerlumpten, schmutzigen Bettlern, die aus der Wüste oder Einöde kommen und in Wirklichkeit Heilige oder Weise waren. Wir leben im zwanzigsten Jahrhundert. Wie steht es mit einem ordentlichen, ehemaligen RAF-Offizier in den Fünfzigern, der mit drei Kindern und einer hübschen Frau mit dauergewelltem Haar auf einem Wohnwagenplatz inmitten von Rittersporn und Ringelblumen lebt?

Untadelig in Sprache und Benehmen, spricht Peter den sauberen, dialektfreien Stil des Militärs. Immer drückt er sich klar aus. Er hat einen großen Vorrat an Aphorismen und Redewendungen, die hier jeder auswendig kennt, da er sie dauernd und jedem gegenüber wiederholt. Hauptsache ist, daß du bist, was du denkst, daß du wirst, was du denkst, und daß Realität wird, was du denkst. Deshalb wird hier Wert gelegt auf positives, schöpferisches Denken. Peter ist die Verkörperung dieses Prinzips. Er strahlt ein überwältigendes Vertrauen und Selbstsicherheit aus, aber er ist nicht arrogant. Abgesehen von seiner etwas dogmatisch schonungslosen Einstellung zum Leben, könnte man bei ihm nicht das kleinste bißchen Selbstherrlichkeit finden – ja, er wirkt manchmal sogar etwas schüchtern.

Peter fühlt, daß dieses und alle vorigen Leben ein Training waren für das, was jetzt in Findhorn geschieht. Hinter allem liegt die Vorbereitung – das einzige, worüber Peter nicht groß spricht. Alle Fragen sind gut fundiert und abgesichert. Da gibt es Geschichten von tibetanischen Ringen, Einweihungen durch Ben Macdhui, Aureolis, Dr. Sullivan, Graf von Saint-Germain, Shambala, Meister Rakoczi und die Rosenkreuzer. Die Widersprüchlichkeit dieses Menschen schreit dir geradezu entgegen. Die Mittelschicht-Illusion kann durch einen Wasserfall von okkulten und esoterischen Termini zerstört werden: Peter hat all das er-lebt und gewonnen in einem Leben, das jetzt so sorgfältig programmiert scheint. Aber es drängt sich einem sehr stark das Gefühl auf, daß – wenn überhaupt – das nicht Peters, sondern der Plan eines Anderen ist – was nun die Frage nach dem Wer und Wozu des Planes aufwirft. Manchmal scheint Peter eher der Ausführende als der Meister zu sein.

Wie unerhört auch klingen mag, was er sagt – man muß ihm einfach glauben. Dieser Mensch kann nicht lügen. Der Grundstein heißt Wahrhaftigkeit; alles ruht auf ihm. Die Aufrichtigkeit ist Peter geradezu in das Gesicht geschrieben. Wenn er dir erzählt, seine Kohlköpfe würden so groß wie Strandbälle, weißt du: es ist wahr. Wenn er dir erzählt, er würde von einem Meister vom Siebenten Strahl überschattet, glaubst du ihm, auch wenn du keine Ahnung hast, was es mit diesem Siebenten Strahl auf sich hat. Und wenn er sagt, er hätte dieses lebenslange Training bekommen, damit Gottes Willen auf die Erde heruntergebracht werde, um mit der Menschheit zu verschmelzen, damit gerade hier in Findhorn ein neuer Sprung in ihrer Evolution seinen Anfang nähme, würdest du antworten: »Ja, warum nicht?«

Wie auch immer die vorgefaßten Meinungen ausgesehen haben, die den Weg hierher nach Findhorn fanden: Sie werden fortgeweht, wie ein Löwenzahn-Samen vom Wind. Du bleibst zurück, staunend und beschämt, vor einem der ungewöhnlichsten Menschen, die du je kennenlernen kannst. Er sitzt ruhig in seinem Zedernholz-Bungalow, umgeben von einer Auslese der leuchtendsten Blumen und Pflanzen, die du je zu sehen bekommen hast.

Wie erklären wir uns dies wohl, Herr Schulmeister?

Peter Caddy (PC)

*W*ir sind von den Höheren gesandt, den Plan und den Weg zu offenbaren. Alles auf Eurer Ebene des Seins ist uns bekannt.

Peter fühlte, wie es ihm kalt den Rücken hinauf- und hinunterlief. Jede Silbe schwebte noch eine volle Sekunde im Raum, bevor sie langsam in die Stille hinüberglitt, gleich einer schillernden Seifenblase, die lautlos durch den Raum schwebte und dann über der Gruppe zerplatzte, das eingefangene Licht, ihren Sinn, versprühend.

Meine Kinder ... aus höheren Sphären kommen wir hernieder .... auf Euren Erdenplan ... mit gött-li-cher Ein-ge-bung und Auf-klärung!

Was war das für eine Kraft? Was war das, das den Raum füllte wie dicke Brühe? Die rauhe Stimme kam von Lucille Rutterby, einer Freundin der Familie, die mit Peters Vater sonntags die Lieder vom Chor der Methodisten-Kirche in Ruislip, Middlessex, herunterschmetterte. Es war eigentlich schon Schlafenszeit für einen Zehnjährigen, aber heute Abend war Peter noch auf und durfte dabeisein, als Mrs. Rutterby Kundgaben an den »Spirituellen Zirkel« übermittelte, dem sein Vater Frederick angehörte.

Der große Geist ist in Euch. Erkennt das, und Ihr könnt Euren Weg in der Welt der Materie leicht und sicher gehen.

Der Lebensweg in der Welt der Materie war es, der Frederick Caddy zu Lucille Rutterby's nächtlichen Sitzungen geführt hatte, denn er war mit einem sehr schmerzhaften chronischen Gelenkrheumatismus geschlagen. Für Frederick Caddy, einen eifrigen Reformköstler und Anhänger des naturgemäßen Lebens, war Krankheit ein Fluch, ein Pfahl im Fleische. Entschlossen, sich so schnell wie möglich davon zu befreien, ging er zu allen erdenklichen Ärzten und Heilern im Süden Englands, zu Osteopathen, Chiropraktikern, Naturheilkundigen, Irisdiagnostikern, Phytotherapeuten und Homöopathen. Die Heilung wurde immer aussichtsloser, ein Extrem jagte das andere: zwei sechzigtägige Fastenkuren, Kampferdampf-Anwendungen in speziellen Räumen, wo Peter voller Staunen all die ausgetrockneten, verdörrten alten Menschen beobachtete, die sich andächtig Salben und Öle auftrugen, deren einzige offensichtliche Wirkung ein schauerlich-übler Geruch war.

Enttäuscht von immer häufigeren und allmählich immer offensichtlicheren therapeutischen Fehlschlägen wandte sich Frederick der geheimnisumwitterten Medizin von Lucille Rutterby zu, einer »Geistheilerin« mit der Gabe, mit jenen »auf der anderen Seite« in Verbindung zu treten und sie um Hilfe zu bitten. Ihr Mann, Plato Rutterby, war mit ihr und den Caddys in einem Freundeskreis, der einmal in der Woche zusammenkam, um die Botschaften des großen »Silberner Hirsch« zu empfangen, eines ehemaligen nordamerikanischen Indianerhäuptlings, der die übrige Woche unter den Himmlischen weilte und freitagabends auf den Erdenplan herniederkam, hinein in diese lebhafte Mittdreißigerin, die für Peter irgendwie eine Ähnlichkeit mit einem frisch gekochten Knödel in Wollzeug hatte.

Als die Durchgabe begann, saß das Dickerchen kerzengerade, die Arme über dem wogenden Busen verschränkt, mit imposanter, strenger Miene über den weichen Gesichtszügen, und die Worte posaunten heraus, sorgfältig instrumentiert und A-U-S-GE-SPR-R-O-CH-E-N. Die normalerweise piepsige Stimme war eine Oktave tiefer gerutscht und wurde zu der langsamen, sonor vibrierenden Stimme eines kräftigen Mannes.

Ihr habt die Grenze nun überschritten!

Aus einer Ecke des Zimmers floß eine beruhigende Melodie in Moll aus dem Grammophon, eine Schallplatte voller Violinen, Kontrabässen, Harfenklängen und Kratzern. Die Promenadenmischung von Hund, die zu Peters Füßen geschlafen hatte, saß nun unbeweglich und starrte zu einer Quelle der fremden Stimme, den Kopf hingewandt wie bei dem EMI-Hündchen auf den Schallplattenhüllen, das His Master's Voice, der Stimme seines Herrn, lauscht. Ob es dort in der Leere über Lucille Rutterby's Haupt den Kopfputz des Häuptlings sehen konnte?

Habt Ihr irgendwelche Fragen? dröhnte Silberner Hirsch Rutterby aus den Gefilden des Lichts.

»Wie gewinne ich morgen den Boxkampf in der Schule?« wagte Peter zu fragen.

Unterdrücktes Lachen im Zimmer.

Sieh ihm in die Augen, erscholl die Antwort, *und du wirst wissen, wann er dich schlagen will!*

Peter blieb für den Rest des Abends still. Mögen die anderen gelacht haben – ihm war es ernst gewesen. Peter wußte: Er hatte den richtigen Rat bekommen, er hatte den morgigen Sieg in der Hand. Am nächsten Tag marschierte er in die Schule, die Worte von Silberner Hirsch noch in den Ohren, schlug seinem Gegner die Nase ein und gewann den Schulpokal. Nach weiteren Sitzungen und Erfolgen war Peter überzeugt, daß es Wesenheiten jenseits der physischen Welt gibt, lebendige, wirkliche Geister, die bereit wären, ihm zu helfen, wenn er sie darum bäte. Der Zehnjährige, für den es keinen Zweifel an der Realität von »Silberner Hirsch« gab, hatte »die Grenze überschritten« und lebte einen jugendlichen Okkultismus äußerst pragmatischer und wirklichkeitsbezogener Art.

Frederick Caddy aber konnte nach vielen Sitzungen mit Silberner Hirsch keinerlei Veränderung seines Gesundheitszustandes feststellen und wandte sich wieder an seinen Hausarzt, der Nierensteine diagnostizierte. Nach ihrer Entfernung waren die Schmerzen verschwunden, um nie mehr wiederzukehren.

Torheit? Eine anfängliche Fehldiagnose? Ein dummer Fehler?

Nein! Das war göttliche Führung!

Peter hätte gesagt, aus Schmerzen und Leid seines Vaters erwuchs Gutes, denn sie brachten den Sohn zu seinem ersten Medium.

Göttliche Führung! Es gab keine Fehler in Peters Leben. Alles ist göttliche Führung. Irrtümer sind nur so lange Irrtümer, bis der göttliche Gedanke hinter ihnen herausgefunden ist. Die schmutzigen Windeln des Lebens kamen gereinigt, gebleicht und säuberlich gefaltet aus der Caddy-Wäsche – makellos. Notlagen sind Geschenke Gottes, persönliches Mißgeschick nur einer der Trittsteine auf dem engen Pfade der Einweihung, über den alle gehen müssen, wenn auch nur wenige sie erkennen. Durch diese Einsicht gewann Peter die Energie und die Entschlossenheit, immer weiter voran zu springen, während der Rest der Menschheit sich auf seinem Weg nur kriechend fortbewegte und sich noch gegenseitig auf die Füße trat. Viele schätzen Peter falsch ein, weil sie von weit hinten nur seinen Kondensstreifen sehen, aber seine Geschwindigkeit hinterläßt eben diese Spuren, seine Schnelligkeit im Denken, Handeln und Lösen von Problemen, seine blitzartige Intuition. Sogar Irrtümer begeht er schnell – aber gibt es denn Irrtümer?

Göttliche Führung ist »Jungianische Synchronizität« gemischt mit einem Schuß Bucky Fuller: »Gott schafft mehr mit weniger – gleichzeitig.« Da gibt es keine Zufälle oder Zufälligkeiten. Das Leben ist voller Sinn, zum Platzen voll wie ein Kartoffelsack. Die geringste Änderung und Erweiterung der Wahrnehmung zieht eine Schnur aus diesem Rupfensack, und die Kartoffeln rollen einem vor die Füße wie verängstigte Kobolde. Und jede Kartoffel kann man kochen und mit Butter genießen, wenn man Appetit danach hat – und Peter hat einen enormen Appetit! Da blieb keine Kartoffel liegen, jeder Sack voll Geschehnissen wurde noch kräftig ausgeschüttelt, bis auch das letzte Stückchen Sinn herausgefallen war. Peter läuft geradezu über von Geschichten, die die göttliche Führung illustrieren und bestätigen, Geschehnisse, die einen so festen und sicheren Pakt mit dem Schicksal demonstrieren, daß wirklich jeder Augenblick in Peters Leben magisch und gesegnet erscheint – alles entwickelt sich ganz genau so, wie es der Plan will. Peter freut sich darüber, er glänzt in diesem Plan, liebt ihn und ist immer wieder von neuem erstaunt und entzückt, voller Dankbarkeit, daß er sich darauf verlassen kann. *Siehst Du das denn nicht???* fragt Peter. Wenn andere von einem bloßen Zufall sprachen, lachte er nur laut hinaus. Nein, das gab es einfach nicht, etwas Kleines, Zufälliges. Es ist der nächste Zug Gottes in einem Spiel, das keine Konkurrenten kannte. Kosmisches Spiel: Wer hat am schnellsten alles verloren? Peter verströmt sein ganzes Herz und Wesen hinaus an das Leben, gibt alles, was er hat – und Gott hat einfach seine Freude daran, und gibt es ihm dreifach wieder zurück.

Du bist wieder am Zug, Peter!

Lucille Rutterby mag wohl ein »normales« Medium gewesen sein, aber Peter sollte nie ein normaler »Suchender« sein. Er wuchs heran, wurde kräftig wie ein Stier und leistete der Zehn-Gebote-Rechtgläubigkeit seines Vaters erbitterten Widerstand. Trotz seiner Seitensprünge in die geistige Welt blieb Frederick Caddy ein treuer Methodist, streng und dogmatisch in seinem Verhältnis zu Gott. Kirche war zweimal am Sonntag und noch ein paar Besuche nebenher über die restliche Woche verteilt. Peter hatte da andere Vorstellungen.

Mit siebzehn Jahren sollte sich Peter dem Betriebsdirektor von J. Lyons & Co. Ltd. vorstellen, dem größten Catering-Unternehmen der Welt. Man schloß einen Vertrag für eine fünfjährige Ausbildung zum Hotelkaufmann. Peter sollte im ersten Jahr im Regent Palace Hotel in der Küche beginnen, wo er alles kennenlernen würde vom Bedienen bis zum Kuchenbacken, von den Cadby Hall-Fabriken bis zum Coventry Street Corner House.

Während dieses ersten Jahres in der Küche brachte ihn ein »Zufall« mit seinem späteren Schwager zusammen, der ihn in eine Gruppe der ursprünglichen Christian Rosenkreutz-Rosenkreuzer einführte – nicht die Leute von AMORC aus San Jose, die immer in Zeitschriften annoncieren, sondern deren älterer, europäischer Ast, unverwässert, quasi Originalabfüllung. Peter wurde als Mitglied aufgenommen. Wenn seine Kontakte mit Silberner Hirsch seinerzeit die Saat eines pragmatischen Okkultismus gelegt hatten, dann wurde dieser durch die Studien in der Crotona-Gemeinschaft unter der Anleitung eines Dr. Sullivan entscheidend gefördert. Tagsüber war Peter der Koch mit der weißen Schürze, der Fisch briet und Kartoffeln röstete, während er abends in eine Welt alter Mysterien eintauchte, eine Zeitreise in die Bruderschaft, die Fraternitas Rosae Crucis. In dieser Welt verstand man genau das Gesetz von Ursache und Wirkung, wo der Wille mit der Imagination verschmilzt, um die Idee zu formen, die im Geist Verlangen wird und schließlich physische Wirklichkeit. – Sieben Welten: Gott, Reine Geister, Göttliche Geister, Lebens-Geister, Denken, Verlangen, Physische Welt – das Sieben-Prinzip von Schöpfung und Evolution. Abgeschlossen von der exoterischen Welt und an strenge Regeln gebunden, erkannten sich die Mitglieder der Bruderschaft leicht; Außenstehenden wäre es unmöglich gewesen, unentdeckt hinein zu gelangen. Im Verborgenen wurde geheimnisvoll der Kern uralter Weisheit weitergegeben, deren Spuren man bis ins alte Ägypten zurückverfolgen könnte. Rosenkreuzer-Symbolik enthalten die Werke von Shakespeare, Goethe und Bacon; der Eingeweihte erkennt sie, wenn er zwischen und hinter den Zeilen liest, um die verborgenen Weisheiten zu entdecken. Heute redet Peter nicht viel davon.

Als der Krieg ausbrach, gab Dr. Sullivan dem zweiundzwanzigjährigen PC einen letzten Rat mit auf den Weg: »Alles wird gut werden, aber melde dich zu nichts freiwillig.« Peter hielt sich daran. Der Krieg bedeutete für PC nicht Schützengräben, Bomben oder Arbeitsdienst, sondern Offizierskasinos, Tanzen, Tenniskleidung, Besprechungen und viele Flüge, die ihn überall herum brachten. Als Verpflegungs-Offizier bekam er nie einen Gefallenen zu sehen oder einen Schuß zu hören. Wenn es überhaupt einen Krieg gab, so maß Peter ihn in Orangen, Äpfeln und Vorträgen für die Flieger, in denen er sie von der Notwendigkeit und Richtigkeit von Soja-Würstchen überzeugen sollte, die er selbst abscheulich fand und nur äußerst selten aß.

Als jüngster Major im Verpflegungswesen der Royal Air Force genoß Peter die Privilegien eines obersten Proviantmeisters an der breitesten Front während des Krieges, im Burma-Feldzug. Der »Playboy des Ostens«, wie ihn manche nannten, – aufrecht, muskulös, goldbrauner Nachmittags-Tennis-Teint, starker Kiefer und helle Eichhörnchen-Augen – machte seinen Aufstieg zielstrebig und schnell, in der Hack- wie in der Knutsch-Ordnung. Krieg war für die, die Krieg haben wollten, der Kampf für die, die kämpfen wollten – für Peter war er ein Freifahrschein für die halbe Welt; bei jedem Militärtransport konnte er mitfliegen – zum Tanzen, Schwimmen und Bergsteigen, zu Pony-Trecks und anderen Möglichkeiten, zu denen ein Junge aus Ruislip einfach nicht Nein sagen konnte. Dieses schöne Leben kam zu einem unrühmlichen und schmerzlichen Ende – aber davon später.

Solange der Krieg währen sollte, tanzte sich Peter mit Höchstgeschwindigkeit durch alle gesellschaftlichen Annehmlichkeiten, mit denen Mutter England ihn beschenken konnte.

Peter nahm jede Gelegenheit wahr. Ein Offizier hatte in Kriegszeiten weitreichende Befugnisse, konnte sehr schnell Entscheidungen treffen, Anordnungen und Bestellisten im Handumdrehen abzeichnen. Mit anderen Worten: PC konnte die Flügel ausbreiten – und fliegen! Und das tat er denn auch. Er war der geheimnisvolle Milo Minderbinder des Ostens, der jede Gelegenheit beim Schopfe packte, sich an geschichtsträchtigen esoterischen Stätten zu versenken, um das Training nicht abreißen zu lassen.

An der Cawnpore-Airbase in Indien gründete Peter einen Bergsteiger-Club und unternahm mit anderen auf Jeeps mehrere Fahrten in den Himalaja. Er hatte die Bergsteigerbücher von Spencer Chapman gelesen und war besonders gefesselt vom Tal der Blumen und dem geheimnisvollen Mann, der dort in der Nähe leben sollte, dem Meister von Badrinath.

Die Fahrt zum Tal der Blumen ging steil auf- und abwärts, durch tiefe Schluchten und Täler. Du kannst dort die Bergspitzen sehen, die dein Ziel sind, aber bevor du dorthin gelangst, gilt es noch eine Kette niedriger Bergrücken nach der anderen zu überwinden. Am letzten Paß eröffnete sich schließlich ein strahlend weißes Panorama; die ewige, weiße Stille des Himalaja liegt vor dir wie ein Meer von Diamanten, schneeweiß unter tiefblauem Himmel. Zu deinen Füßen das Tal, ein farbiger Teppich von hundert Millionen Blüten: Vergißmeinnicht, blauer Mohn, purpurfarbene Astern, gelbe, rote und lila Primeln. Anemonen kleben an felsigen Hängen, wilde Iris bersten gleichsam aus den Sümpfen hervor, goldene Ringelblumen säumen die Ränder klarer Gebirgsbäche. Peter folgte alten, rituellen Wegen und verbrachte Tage mit dem Besuch verschiedener »heiliger Stätten«. Immer wieder hielt er Ausschau nach einem Zeichen des Meisters von Badrinath. Er hatte seinen Träger gebeten, voraus zu gehen und zu fragen, aber es war nichts zu entdecken.

Am letzten Tage des Zwei-Wochen-Trecks kam die Gruppe müde und erschöpft in ihrem von der Krone zur Verfügung gestellten Gästehaus an. Peter hatte die Hoffnung, jenen Meister zu treffen, schon aufgegeben, dem Spencer Chapman seinerzeit in fünfeinhalbtausend Meter Höhe begegnet war. Er trug Chapmans Bericht zufolge nicht mehr als ein Lendentuch, beherrschte die englische Sprache vollkommen und war mit den jüngsten Geschehnissen auf der Welt vertraut, die er, wie er sagte, »einfach aus der Luft pflückte«.

Die meisten waren schon eingeschlafen, als der normalerweise mürrische, streitsüchtige Führer der Gruppe, der noch ganz im einstigen Empire verwurzelt war – er sprach von den Eingeborenen kaum als von Indern, eher rechnete er sie den Tieren zu – in den Bungalow hereinstürzte und den müden Truppen etwas von einem »wunderbaren Inder« vorphantasierte, den er im Basar getroffen hätte. Peter war sehr erstaunt über den so plötzlichen Gesinnungswandel seines Führers den Indern gegenüber und fragte sich, wer dies wohl bewirkt haben könnte.

Zwei elegant gekleidete Träger tauchten auf und begannen ohne Umschweife, Wasser heiß zu machen. Jetzt war auch der letzte der dösenden, müden Flieger hellwach; sie äugten sehr neugierig zu den Dosen Brook Bond-Tee und Peak Frean-Keksen. Wo hatten diese Inder Sachen her, die nicht einmal der oberste Catering-Offizier auftreiben konnte?

Unterdessen scharte sich eine Gruppe heiliger Männer um das Haus und ließ sich nieder, lautlos, schweigend. Schließlich kam ein sehr alter Mann mit langem weißem Haar und Bart in den Raum. Mit einem breiten, gütigen Lächeln brachte er zugleich einen großen Schub Lebensenergie und ein weiteres Gefolge von Dienern herein. Glücklichkeit und Freude umgab ihn so greifbar, daß man geneigt war, sich ein Stück davon einzupacken und mitzunehmen.

Der Weißhaarige setzte sich und forderte die verblüfften Engländer auf, mit ihm Tee zu trinken. Bald saßen alle fröhlich zusammen und unterhielten sich mit dem heiligmäßigen Mann. Ein Offizier brachte einen Fotoapparat zum Vorschein, woraufhin jedoch der Fremde seine Hand hob und ihn freundlich zurückwies. Da wußte Peter mit Sicherheit, wer bei ihm zu Gast war: Ram Sareek Singh, der Meister von Badrinath. Die alten Geschichten fielen ihm wieder ein: Alle die versucht hatten, ein Bild vom Meister aufzunehmen, hatten hinterher einen leeren Film, oder die Kamera verschwand aus ihren Händen. Keinem war es je gelungen, ein Foto von ihm zu machen, nicht einmal seinem Freund Spencer Chapman, der es auch mehrere Male versucht hatte. – »Seht, liebe Freunde, da gibt es Menschen, die mein Bild nehmen und *dies* verehren würden anstatt Gott. Deshalb sollte es keine Bilder geben.«

Für Peter war die Gegenwart dieses Menschen eines der stärksten Erlebnisse seines Lebens. Hier endlich war ein wirklicher Heiliger, nicht einer, der in Sack und Asche Trübsal blies, im Unrat saß und bettelte. Ram Sareek Singh war ein Mensch voller Begeisterung, über neunzig Jahre alt; er hatte am Leben seine Freude und gab diese

Freude weiter, wo immer er hinkam. Er wirkte wie ein frischer Luftzug in der widerlichen, stickigen Verstaubtheit indischer Spiritualität, so lebendig und leuchtend wie das blütenübersäte Tal. Durch diesen fröhlichen, weisen Mann schien die Größe der von den ersten Strahlen der Sonne getroffenen Gipfel des Himalaja.

Ram Sareek Singh bestätigte Peter, was dieser schon seit Jahren gefühlt hatte: Wenn etwas ›richtig‹ ist, dann muß es auf allen Ebenen richtig sein. Es hat keinen Wert, über ›Liebe‹ zu sprechen, wenn sie nicht in jedem Augenblick deines Lebens widergespiegelt wird. Es hat keinen Sinn, über ›Spiritualität‹ zu sprechen, wenn du sie nicht durch dein Tun zeigen kannst. Es ist zwecklos, den Kopf in die Wolken zu stecken, wenn du den Himmel nicht herab in dein tägliches Leben bringen kannst. Als Peter von seinem Schwager erklärt bekam, daß es vieler Lebenszyklen bedürfe, um ein ›voll verwirklichter Mensch‹ zu werden, fragte er, ob das nicht auch in einem Leben zu schaffen wäre. Auf die Antwort, das wäre sehr schwierig, wenn nicht gar unmöglich, erwiderte Peter: »Ich *werde* das in einem Leben schaffen!« Er handelte nach dem Motto: »Alles oder nichts«. Ram Sareek Singh blieb ihm nach ihrer Begegnung ein Leitbild.

Peter widmete sich immer konsequenter seinem Vorhaben, ein ›voll verwirklichter Mensch‹ zu werden, ein Mensch, der in völliger Hingabe ausschließlich der Verwirklichung des Planes Gottes auf Erden lebte. Er wußte, daß er, um als Werkzeug in Gottes Hand dienen zu können, sich in Leib und Seele zu vervollkommnen hätte. Seine Lehrzeit bei Dr. Sullivan, besonders das positive Denken nach den Lehren von Aureolis, kam ihm dabei sehr zustatten und gab ihm Kraft in der Royal Air Force. Einen starken Willen hatte er schon als Kind entwickelt, um sich der Starrheit seines Vaters widersetzen zu können; in verschiedenen physischen Disziplinen und den Lehren der Rosenkreuzer hatte er ihn weiter ausgebildet und vervollkommnete ihn nun in den ungeheuren logistischen Anstrengungen, die nötig waren, um eine Million Männer in Kriegszeiten zu versorgen, noch dazu in Ländern, wo Lebensmittel chronisch knapp waren. Peter lief jeden Tag Meilen in der heißen Sonne, schwamm bei jeder sich bietenden Gelegenheit und unternahm schwierige Kletterpartien im Himalaja; so wurde sein Körper zu einem vielseitigen, kraftvollen Instrument seines eisernen Willens. Als äußerste Belastungsprobe für Willen und körperliches Durchhaltevermögen organisierte er am Ende des Krieges eine Expedition nach Tibet.

Mehr als jedes andere Land, mehr als jede andere Kultur war Tibet für Peter das alte spirituelle Zentrum der Welt. Immer wieder war ihm von seinen Vorgesetzten die Genehmigung verweigert worden, aber Peter konnte ein Nein als Antwort nicht akzeptieren. Alles, was er bei Dr. Sullivan und von Aureolis gelernt hatte, setzte er ein; verbissen und unermüdlich drang er auf seinen Kommandeur ein, bis dieser schließlich nachgab.

Sechzehn erfahrene Männer wurden ausgesucht, darunter ein Geistlicher und ein Arzt. Das Ziel der Expedition war Gyantse, eine heilige Kloster-Stadt über 500 Kilometer im Landesinnern. Seit Anfang des Krieges zwei Offiziere am Jelep La-Pass umgekommen waren, hatte ihn keiner aus dem Westen mehr überquert. Da die Zeit knapp bemessen war, hatten sie in Höhen zwischen viereinhalb und fünfeinhalb Tausend Metern und Temperaturen bis zu vierzig Grad unter Null pro Tag über fünfzig Kilometer zu marschieren.

Verpflegung und Ausrüstung wurden zusammengestellt, das Beste, das die Royal Air Force zu bieten hatte, einschließlich Pfirsichen und Sahne in Dosen. Flugzeuge wurden bestellt, die Männer und Lasten nach Kalkutta bringen sollten. Von dort waren sie auf Lastwagen zum Bahnhof zu schaffen, von wo aus ein Zug nach Kalimpong, ihrem Ausgangspunkt, fahren würde.

Im Flughafen von Kalkutta belud man zwei Lastzüge mit Ausrüstung und Vorräten, und die Männer fuhren zum Bahnhof.

Kalkutta! – Es war keine Stadt mehr. Kalkutta lag am Boden wie ein krankes Tier, wahnsinnig tobend vor Schmerzen und Hunger. Lebensmittel gab es nirgends mehr, die Preise schnellten in die Höhe, das Geld war wertlos geworden, und die Menschen machten Panikkäufe. Peter hatte gehört, daß es eventuell Tumulte geben könnte, aber das – es war Wahnsinn!

Helle, glänzende Augen hingen an den Wagen. Sie ließen nicht ab und stachen wie durstige Mücken. Männer und Vorräte kamen inmitten dieses Meeres von Wut, die unverhohlen aus unzähligen gelben Augäpfeln starrte, nur langsam voran; weiße Zähne blitzten unverständliche Flüche in den Himmel. Qualvoll wandten sich die zwei Lastzüge durch die Straßen, umgeben von einer Spezialeinheit von Wachtmeistern; jeder Soldat im oder am Wagen fingerte nervös am entsicherten Karabiner. Steine prasselten auf das Blech der Führerhäuser, ein Messer schlitzte die Wagenplane auf. Die Maschinen kamen kaum gegen den Druck der Menschenleiber an. Jeder Meter brachte noch mehr hungrige Mäuler, die mit einer Gier nach den Vorräten lechzten, daß man es nicht mitansehen konnte. *In den Steinwüsten der Berge gibt es einen seltsamen Markt, wo man den Wirbel des Lebens eintauschen kann gegen grenzenlose Glückseligkeit.*

Eine Kiste Pfirsiche fiel vom Wagen, dreihundert Menschen kämpften darum. Die Fahrer nutzten die Gelegenheit zum Beschleunigen und konnten sich von dem Mob befreien. Sie erreichten den Bahnhof, luden um und stiegen in den gedrängt vollen Zug Richtung Kalimpong, zu den einsamen Steinwüsten Tibets.

Unzählige Hindernisse galt es zu überwinden, doch Peters Glaube an das geistige Training, die Techniken von Aureolis, kannte keine Grenzen. Diese wirk-kräftige Magie war im Laufe der Kriegsjahre beständig gewachsen. Sie war angenehm wie eine unsichtbare Kletterpflanze, die sich schützend um ihn legte und gleichzeitig mit ihren tastenden Zweigen alles umschloß, was er berührte, Menschen auf diese Weise umwandelte und Wege erschloß.

Dieses Training war nicht ein Ding der Vergangenheit; es war immer im Jetzt, jeder Augenblick, *alles* war ein Teil des Trainings, alles war Teil der Vorbereitung.

Vorbereitung worauf? Wofür wurde Peter trainiert? Zu welchem Ziel hin wurden sein Körper und Geist gestählt und geschmiedet? Die Energien, die sich durch sein Leben und Tun ausdrückten, wurden immer mächtiger. Sein berechnender Verstand machte einem intuitiven Erfahren und Wissen immer mehr Platz, einem Wissen des Augenblicks. Pläne verloren mehr und mehr an Bedeutung, während der Sinn seines Lebens mehr und mehr ›geplant‹ schien. Alles schien zu irgendetwas hinzuführen, das fühlte er ganz deutlich, aber er konnte nichts entdecken, das ihm einen Hinweis gegeben hätte, was dieses Ziel sein würde. Das alles hatte seinen Sinn, darüber gab es keinen Zweifel; er würde ihm zur rechten Zeit sicherlich enthüllt werden.

Von Kalimpong stiegen die Treppen von Sikkim auf einer Strecke von vierzehneinhalb Kilometern um 3050 Meter bis auf die Paß-Höhe des Jelep La von 4386 Meter an. Peter und fünfzehn andere Offiziere und Flieger starteten in zwei Etappen, Peters Gruppe zuerst, und einen Tag später die andere. Der 2,75 Meter breite Weg war zum Teil mit Kopfsteinpflaster befestigt, um den sturzbachartigen Regenfällen wie auch der nicht abreißenden Folge von Karawanen und Packtieren widerstehen zu können.

Sie gelangten an den Rand des dichten Regenwaldes. Überall am Boden sah Peter kleine, schneckenartige Blutegel, die sich langsam auf ein Ziel zu bewegten: seine Füße. Bleistiftdünn, braun und schleimig krochen sie alle mit der gleichen Absicht auf seine Haut zu.

Die Maultiertreiber lachten über ihre Witze. Auch ihre Beine waren nackt, die anderen Männer jedoch waren bis zum Hals vermummt; sie trugen zwei Paar Socken, Gamaschen und Hosen, und hatten Ärmel und Kragen zugeknöpft. Sie schwitzten wie Schweine in der dampfenden Hitze, aber ihre Angst vor den Egeln war stärker.

80 Kisten waren auf 28 Maultiere verteilt worden. Die Tiere waren mit Bändern und Troddeln um Mähne und Schweif lustig geschmückt; Glöckchen am Hals klingelten sanft, während die Mulis geduldig auf die Fortsetzung des Marsches warteten. Zwei Treiber rückten die Lasten ihrer Tiere zurecht; gewandt stiegen sie mit ihren dicken Teppich-Schuhen zwischen den Maultieren herum, sprachen zu ihnen und miteinander, lockerten hier einen Riemen und machten dort einen Scherz, es schien kein Ende zu nehmen. Wenn sie lachten, leuchteten ihre weißen Zähne; sie warfen verstohlene Blicke zu den gut verpackten Engländern herüber und schienen sich zu amüsieren.

Peter blickte voraus nach Kanchenjunga, er kümmerte sich nicht um das Gekicher der Eingeborenen; im grauen Nebel, der die hohen Berggipfel einhüllte, verlor er sich in Gedanken ...

DEREN STUNDE GESCHLAGEN HAT ... DUNKEL WURDE DER RAUM ZWISCHEN DEN SPHÄREN ... DIE STUNDE DES OPFERS IST GEKOMMEN ... DIE ZEITLOSEN SIND IN DIE ZEIT EINGETRETEN ... UND SIEHE, DAS WERK GEHT VORAN ...

Kann man es beschreiben, jenes vollkommene Wissen? Den Zustand, wo jede Zelle weiß, mehr weiß als der Verstand je wissen kann – um die Vollkommenheit weiß, Gegenwart befreit und die absolute Bedeutung eines Augenblicks erfaßt? In unendliche Ebenen des Wissens finden wir uns geworfen. Ich weiß, daß Zeit wie ein unsichtbarer Punkt im Raume ist, den mein Geist durchbrechen kann wie ein Blitz – Ausdehnung im Sekundenbruchteil und Eintauchen in das wirkliche Leben. Ich weiß, daß das ist, wie es vorgesehen ist, geplant, ausgeführt, gelebt und nun neu gelebt, daß ich in jedem Punkt des Raumes bin, in jedem Augenblick der Zeit als ein Zeugnis für ein vollkommen verwirklichtes Schicksal. Schicksal – so greifbar, daß ich es wegbürsten könnte wie Spinnweben von meinem Ärmel. Ich weiß, das ist der Weg, der Weg ...

Der plötzliche Lärm der lauten Hufe, rollender Steine und scheppernder Glöckchen schreckte Peter aus seinen Gedanken auf; die Karawane brach auf zur nächsten Etappe.

Peter sah nach seinen sieben Gefährten und ging dann an die Spitze des Trupps; er gab das Marschtempo an, mit ruhigem, aber stetigem Schritt. Plötzliches, schnelles Hufgetrappel zeigte an, daß die Mulis unter ihren schweren Lasten auf den nassen Steinen ausglitten. Überall tropfte Wasser herunter, das Kondenswasser in einer überdimensionalen Filteranlage, dem riesigen Eintopf von schimmelnder Baumrinde, moderndem Laub, dicken, lederartigen Kletterpflanzen und den dicken Stämmen gedrungener, seltsam verdrehter Bäume, alles bedeckt von einem Teppich aus Farnen, Moosen und Flechten. Links am Weg lag ein schwarzer, verwesender Baum, zusammengebrochen, tot; eine Kruste leuchtend orangeroter Pilze klebte an seiner Flanke und zog sich hinaus in den modrigen Humus.

Alles schluckte, kaute, nagte, verdaute und erbrach wieder. Pflanzen nährten sich von Insekten, Insekten töteten Kleintiere, diese fraßen Pflanzen; und die Erde verschlang sie alle. Das war eine gute Ausgangsbasis für Peters Pilgerreise. Er war aufgebrochen, um ein Land kennenzulernen, das er für das heiligste aller Länder gehalten hatte, das Allerheiligste dieser Welt, das spirituelle Zentrum der Großen Bruderschaft, Shambala! Tibet, die eigentliche Achse, um die sich das irdische Rad des Lebens drehte, sich drehte durch die Litanei des Todes- das sogenannte Totenbuch -, die Welt der Illusion, die Vier Reiche, das Reich der Begierden und die Welt der Maya; die Habgier, Wollust und Überfütterung der Sinne in der Welt der Relativität waren ebenso aufbauend und zugleich zerstörerisch für den Geist wie für den Körper dieser modrige Regenwald-Dschungel, durch den die Treppen von Sikkim dem Himmel entgegen führten, hinauf auf das Dach der Welt.

Und weiter ging es, immer höher: abgemagerte Hunde, Pfirsiche und Offiziere. Klick, klick, klick – Trappeln der Maultierhufe durch den Regenwald. Weiter, über alpine Matten und durch Koniferen-Gehölze; man gewann an Höhe und Vertrautheit. Nach Jelep La wurde es kalt, die Luft war nun klar und trocken. Während des Aufstiegs zum 5182 m hohen Sebu La begann es zu schneien. Die knochentrockene Luft wurde immer dünner. Bei jedem Atemzug verloren die Männer Wasser. Die Luft war hier angereichert, nicht von Sauerstoff, nicht von Stickstoff oder Ozon, sondern von etwas, das nicht molekularer Beschaffenheit war: Es war der Atem der Götter, der in starken Böen in die Welt kam; er brachte Leben, Frische und eine nie dagewesene Klarheit des Geistes.

Nach Sebu La hetzten abwechselnd blindmachende Staubstürme und winterliche Schneegestöber die Offiziere voran. Proviant und Ausrüstung ging verloren, als verängstigte Maultiere durchgingen und ihre Last auf der weiten Hochebene verstreuten oder damit in tiefe Schluchten stürzten. Die Männer wurden schneeblind, manche brachen vor Erschöpfung zusammen. Aus der Romantik wurde Gereiztheit; Tibet war bittere Realität geworden, es ging nur noch ums Überleben. Nach einem weiteren Fünfzig-Kilometer-Marsch durch tiefen Schnee stellte man fest, daß ein Mann der Gruppe verloren gegangen war; die Gruppe wurde neu geordnet, der Mann mußte gefunden werden. Trotz der Warnung seines erschöpften Führers kehrte Peter um in das hungrige Maul des Sturmes und bahnte sich noch einmal fünfzig Kilometer durch den Schnee, bis er auf den vermißten Kameraden stieß.

Peter hatte seinen Körper vollkommen unter Kontrolle. Den anderen Mitgliedern seiner Gruppe kamen seine Kräfte und Ausdauer übernatürlich vor, aber er wußte, daß es nicht sein Körper war, sondern die Kraft seines Willens, die ihn sich untertan gemacht hatte.

Jeden Morgen weckte Peter die Gruppe um 3.30 Uhr, sodaß sie um 4 Uhr aufbrechen konnten. Sie marschierten ihre tägliche Etappe von fünfzig Kilometern, zogen sich für den Rest des Tages in die von der Krone bereitgestellte Unterkunft zurück und schliefen, während die gegen Abend einsetzenden grimmigen Stürme über die Hochebene fegten. So wurde es zur Routine: Früh morgens in der Dunkelheit auf, und vorwärts durch Staub und Kälte, die letzten Vagabunden, bei Dunkelheit unsichtbare Wanderer der Nacht.

In der Morgendämmerung konnten sie in der Ferne Gebetsfahnen sehen, die auf steinernen Malen im Winde flatterten. Im Laufe des Tages begegneten sie mehreren Karawanen, die mit Wolle beladen Richtung Indien zogen. Ab und zu lagen Felder am Rande der Straße, spärlich besät mit Gerste, Rüben oder Buchweizen. Nomaden kamen ihnen entgegen, dicke Schaffell-Mäntel um den Leib: Sie grinsten zu den Fremden herüber aus sonnenverbrannten, buttergeschmierten Gesichtern hinter dichten Bärten, als sie mit Frauen, Yaks und Kindern vorüberzogen.

Nach sieben Tagen wurde Phari am Horizont sichtbar; in der Ferne konnte man die Umrisse erkennen. Sie glichen denen einer mittelalterlichen Burg, einziges Zeichen der Zivilisation auf einer weiten, steinigen Ebene der Hoffnungslosigkeit. Durch die kristallklare Luft konnte man die Stadt schon aus gut dreißig Kilometern Entfernung sehen; Luftspiegelungen über der Hochebene schienen die Befestigung zu vergrößern, bis sie flimmernd über der Erde tanzte. Größer und größer hob sich der Ort vom Horizont ab.

Und plötzlich steht man dann davor, sieht hinauf an dicken Mauern; eine uneinnehmbare, aus dem Felsen gewachsene Festung. Sie gelangten durch ein Tor in die Stadt, auf Straßen voll Kot, und Gossen, in denen der Urin stand. Die Stadt, geschmückt mit Knochen und Kadavern, starrte ihnen mit herausfordernder Angst aus leeren Augen entgegen. Übelriechende Kinder zupften an ihren Mänteln, eiternde Geschwüre im Gesicht, im Mund braune, verrottende Zähne; die Haarmatte hing wie ein ölgetränkter Lappen am Kopf. Uringelbes Eis überzog die Abfallhaufen. Große, schwarze Raben saßen wie angewurzelt auf den Dächern; gelassen warteten sie darauf, daß der Geruch des Todes irgendwo aufstieg. Über allem lag der betäubende Gestank ranziger Yak-Butter, allgegenwärtig in Gassen und Wegen, so intensiv, daß man bald meinen konnte, jeder Stein, jeder Mensch, jedes Tier wäre damit getränkt.

Sie konnten nicht schnell genug wieder umkehren und marschierten ohne Unterbrechung weiter.

Nach zehn Tagen, nach 500 Kilometern, konnten sie am Horizont die goldenen Dächer des Rarkor Choide-Klosters in der Sonne glänzen sehen – seltsam futuristische Formen und Umrisse vor den blaß ockerfarbenen Hügeln; es glich von weitem einer Artur Clark-Siedlung der Zukunft, auf einem fernen, verlassenen Planeten. Verschiedene kleine Wege mündeten in eine breite Hauptstraße, die sie alle zur heiligen Stadt führte: die Hirten, Mönche, Pilger, Händler und acht braungebrannte Engländer.

Herzlich wurden sie in Gyantse vom Abt des Klosters willkommen geheißen, wo sie einen Tag ausruhten, bis die zweite Gruppe nachgekommen war. Am Abend wurde ihnen zu Ehren ein großes Festessen gegeben. Kleidungsstücke und Lieder wurden ausgetauscht und große Mengen von Gerstenbier getrunken. Die Gruppe richtete sich für einige Tage im Kloster ein.

Am dritten Tage wanderte Peter allein um den Klosterbezirk.

Warum war er nach Tibet gekommen? Ob er die Antwort irgendwie hier im Kloster erfahren würde?

Galt es, irgendeine Entdeckung zu machen? War das überhaupt möglich in dieser kurzen Zeit?

Er *wußte*, daß er nach Tibet kommen mußte, doch nun waren sie am Ende der Reise angelangt, und die Frage nach dem Sinn blieb immer noch unbeantwortet. Warum hatten sie diese Expedition unternommen?

Weiter ging er durch die großen Hallen und langen Gänge und grübelte. Dünne, kalte Luft zog durch die Korridore, durch und um Peter.

Überall in Tibet war ihm die Armut begegnet, Krankheit, Unglück und Schmutz. Hier war es anders. In Gyantse waren die Menschen sichtlich gesund und wohlhabend. Die Stimmen klangen freudig, immer schwang ein Singen mit, wie er es sonst nie in Tibet erlebt hatte. Aber Peter war klar, daß Gyantse nicht die Geburtsstätte des tibetanischen Bewußtseins war, sondern eine seiner letzten Fluchtburgen, ein Refugium, Anker einer Kultur, fest verwachsen in Felsen, Bergen und Ritualen.

Das Kloster war erfüllt von Geräuschen verschiedenster Art, Lebensfunktionen in einem riesigen Organismus. Dumpfe Schläge, Rasseln, fremdartige Instrumente drangen aus fernen Räumen und pflanzten sich fort in den langen Korridoren. Mächtige Wogen tiefer Töne kamen aus den wohlgenährten Bäuchen von tausend Mönchen. Schallwellen mischten sich mit dem stinkenden, stickigen Staub der Zeit, Räucherwerk und den Rauch der Dungfeuer. Das Licht der Butterlampen flackerte in seinen Augen, tiefe Trommelgeräusche signalisierten Nachrichten über die Hügel. Schreckenerregende Gottheiten starrten aus geschützten Nischen von alten Tankas herab, schreckliche kosmische Schwerter in der Hand, bereit, astralen Eindringlingen die Kehle zu durchschneiden. Aus ihren Augen drohten furchteinflößende Reisen zur Hölle; die Meister des Bösen reihten sich in den Galerien, um die Dunkelheit des Unterbewußtseins zu vertreiben.

Tibet feierte den Tod des Ego, doch dieses Ritual gewann noch eine weitere Dimension: Tibet beging seinen eigenen Tod.

Wie ein altersschwaches Tier, das seine Lebenskraft und die Kontrolle über sich selbst verloren hatte, lag Tibet hilflos auf dem Dach der Welt im Sterben. All die Töne schwangen ein in einen langen, schmerzlichen Klagegesang aus den Tiefen der Eingeweide der sterbenden Kreatur; ihr Atem ging langsam, hart und mühsam.

Die Mönche vollzogen die Bestattungsriten mit uhrwerkhafter Präzision: der kollektive Tod der Psyche als Vorbereitung für das Versinken der Erde im Wasser, des Feuers im Felsen, des Lebens in den Tod.

Tibet lag im Sterben. Eine 5000 Jahre alte Kultur zerbröckelte unter dem Ansturm neuer Zivilisationen. Die sorgfältig erarbeiteten Dogmen mußten eine Durchsetzung von noch größeren, noch geheimnisvolleren erleben; die in Jahrtausenden so behutsam gedrechselten Riten und Zeremonien waren nun altersschwach geworden und kränkelten. Erbarmungslos stürmten nun neue Kräfte über das Antlitz des Planeten. Weder Isolation noch Höhe, Sprache oder Brauchtum konnten den unentrinnbaren Veränderungen auf Dauer Widerstand leisten. Tibet lag alt und krank und wartete still auf den Tod. Bald würden die Chinesen über die Grenzen stürmen und ihm den Todesstoß geben.

O Edelgeborener, vergiß nicht diese Worte: Ach daß ich, wenn das ungewisse Erleben der Wirklichkeit mir hier dämmert, jeden Gedanken von Furcht und Schrecken oder Grauen beiseite gesetzt, was auch immer mir erscheinen mag, erkennen möge als die Spiegelbilder meines eigenen Bewußtseins ... daß ich nicht fürchte die Scharen der grimmenden Götter, meine eigenen Gedankenformen ...

Weißes Sonnenlicht ergoß sich in eine der Hallen, durchschnitt mit hellen Balken und Strahlen Rauch und Staub.

Peter war gekommen, um eine bedeutende spirituelle Hochkultur kennenzulernen, eine Rasse, deren Anfänge bis in die früheste Menschheitsgeschichte zurück reichten. Tibet wurde einst für das am höchsten entwickelte Beispiel eines Gottes-Staates auf Erden gehalten. Was Peter nun vorfand, war der letzte zitternde Rest einer Zivilisation, die ehemals Weltgeltung besaß. Diese Kultur würde bestimmt nicht das Reich Gottes zu den Menschen bringen. Sie würde ebenso sicher zugrunde gehen wie auch der Rest der Welt, der unter Luftangriffen und Bombenteppichen im Sterben lag. Dies war der Zusammenbruch alter Institutionen und Werte: die Energien zogen sich am Ende seiner Geschichte von diesem Ort zurück.

Peter war hier, um zu erkennen, daß keine Religion Gott zu den Menschen bringen, daß keine Rasse den Frieden auf Erden schaffen könnte, daß keine Kultur beispielhaft war für eine neue Weltkultur.

Alles müßte neu werden. Der Mensch müßte sich nun zu Gott hinwenden. Das Reich Gottes war im Innern, und alle Weisheit, alles Wissen müßte von Gott im Innern kommen, nicht von außen, sondern in jedem einzelnen wachsen. Es würde eine lange Entdeckungsreise, alles zu bergen, was so lange Zeit im Innern gewesen war. Nun, da Peter dies erkannt hatte, war die Rückreise schnell und leicht.

Peters Leben war bis Tibet rein nach außen orientiert gewesen: Arbeit, Vorwärtskommen, Autorität und Willenskraft. Ein von einem Unstern begleitetes Leben, das ihm alles gab, das er nur wünschte. Alles schien unheimlich einfach und leicht – wie magisch gesegnet. Er hatte alle Annehmlichkeiten einer erfolgreichen Karriere, eine hübsche Frau und Kinder zuhause, einen Sportwagen, Prestige, Ansehen und Geltung. Seine Tibet-Exkursion bereitete diesem ersten Abschnitt seines Lebens ein Ende.

In diesen 28 Jahren hatte er die Welt kennengelernt und soweit geändert, bis sie seinem Wollen und Wunsch entsprach. Am Gipfel seiner Karriere und Wünsche angelangt, ging hier im Rarkor Choide-Kloster seine Reise in der physischen Welt zu Ende. Wenn bis hierher sein Leben eine Erforschung der äußeren Welten gewesen war, so sollte Peter nach Tibet eine innere Reise in die Himmel und Höllen unternehmen, die in ihm lagen, bis er schließlich alles verlieren sollte, das er sein Eigen nannte: seine Hoffnungen, seine Stelle, sein Haus, seine Familie, seine Ideale und schließlich sogar sein Selbstvertrauen. Er sollte entblößt und Kräften ausgesetzt werden, die an ihm mit entnervender Gewalt und Heftigkeit rüttelten. Die bittersten Tiefen der Verzweiflung und Hoffnungslosigkeit sollte er erleben.

Sein Lebensweg sollte ihn um seltsame und bizarre Kurven und Windungen, über manche Kreuzung führen; Ereignisse, die jeden anderen zutiefst erschüttern würden, sollten mit erschreckender Häufigkeit und Regelmäßigkeit geschehen. Peter sollte nicht länger ein ›normales‹ Leben haben. Er hatte es ›in einem Leben schaffen‹ wollen; nun, nachdem dieses Gedankenbild gesetzt war, hatte er die Konsequenzen zu tragen. Er würde Schläge einstecken, er würde herumgestoßen werden, bis er schließlich – bar jeder Arroganz und Hybris des kecken Luftwaffen-Majors, der mit seinem Schicksal in der Tasche die Treppen von Sikkim hinaufmarschierte – sein Leben aufgeben würde, um nur noch Gott zu dienen, auf höchst ungewöhnliche Weise.

Wenige Tage nach seiner Rückkehr nach England lernte Peter im Zug Sheena Govan kennen, als er gerade nach Christchurch, Hampshire, zu seiner Familie heimfuhr. Sie wurde seine Lehrerin, Geliebte und Gattin; die nächsten fünf Jahre galt es, eine Lektion nach der anderen zu lernen, Ergebnis von Sheenas liebevoller, aber beharrlicher Analyse von Peters Schwächen.

Peter, der dynamische Major mit eisernem Willen, der vor Energie, Ideen und Schlachtplänen nur so sprühte, wurde sprachlos in Gegenwart dieser Frau. Eine andere Seite seines Wesens kam ans Licht, Mitgefühl und Liebe. Die Einsamkeit des Führer-Daseins, des an der Spitze Stehenden, des Erster-Seins, die Leere eines vom Dienstplan bestimmten, geordneten Lebens zerplatzte wie eine Seifenblase in der Unendlichkeit von Gefühlen und Liebe, einer Liebe, die die festgefügten Mauern bis in den Grund erschütterte und den engen Pfaden, denen Peter gefolgt war, eine nie gekannte Weite gab. Diese Liebe warf die wohl zurechtgelegten Pläne über den Haufen und überstieg alles, was Peter bisher an Gefühlen kennengelernt hatte.

Sheena Govan war eine Frau von strahlender Schönheit, tief religiös und strebte nur nach einem Ziel: Gott. Ihre Eltern hatten die weltweite evangelikale Glaubens-Mission begründet. Im Glauben geboren, genährt vom Dienst an der Menschheit und entwöhnt in vollkommener Hingabe an den Willen Gottes, führte sie ein Leben, das Gott allein gewidmet war.

Peter wurde nicht nur ihr Mann, sondern auch einer von vielen ›Schülern‹, die sich um geistigen Rat an Sheena wandten. Er lebte nun in einer Beziehung mit vertauschten Rollen. Sheenas Leben war mit der Betreuung von Hilfesuchenden völlig ausgefüllt. Sie war der dominierende Teil; Peter erkannte, daß ihr geistiges Format dem seinen weit überlegen war und fügte sich in die Rolle des Untergebenen. Der ranghöchste Catering-Offizier des Burma-Feldzuges bereitete nun den Tee und richtete Plätzchen für die, die um Sheenas Unterweisung kamen. Nach vielen Jahren des Führer-Seins sollte er nun die Rolle des

Dieners spielen. Er kochte das Essen, wusch ab, putzte die Wohnung und umsorgte Sheena. Ihre Worte und die Ratschläge, die sie ihren Schülern gab, wandelten ihn durch und durch.

Bis er Sheena kennenlernte, hatte Peter durch die esoterischen Lehren des Rosenkreuzer-Ordens Wissen und Erleuchtung zu erlangen gesucht. Nun wies ihm Sheena einen klassischen Weg der Einweihung über das Innewerden der Geburt des Christus im Innern. Peter ließ sich führen und befreite sich von all seinen Büchern über okkulte Mysterien. Sheena wurde ihm Helferin bei der Geburt des Christus-Bewußtseins im Innern. Sie leitete ihn in einem vollkommenen Gleichmaß von Liebe und Weisheit.

Lange war ich vorbereitet worden. Alles sollte verloren gehen oder weggenommen werden. Das begann mit der Aufgabe meines Willens. Durch die Unterweisung von Dr. Sullivan hatte ich gelernt, einen ungeheuer starken Willen zu entwickeln. In Tibet konnte ich ihn unter Beweis stellen, als ich allein durch meine Willenskraft imstande war, phantastische Leistungen an körperlichem Durchhaltevermögen zu erbringen. Als wir bei der Himalaja-Überquerung Richtung Yatung in Tibet unterwegs waren, ging einer der Männer in einem Schneesturm verloren, und ich mußte in fünfeinhalbtausend Meter Höhe noch einmal fünfzig Kilometer durch den Schnee zurückgehen, trotz der Warnung eines Einheimischen, unseres tibetanischen Führers. Diesen starken Willen hatte ich Gott zuerst zu opfern. Dann folgte die erste Stufe der Einweihung, die Aufgabe von allem, das ich auf der physischen Ebene mein Eigen nannte. Als meine erste Ehe zusammenbrach, nachdem ich Sheena kennengelernt hatte, verlor ich all meinen materiellen Besitz. Das sollte wieder und wieder geschehen, bis ich nicht mehr von ihm abhängig war, sondern mich wegen meines Unterhaltes nur noch an Gott wandte.

Der zweite Grad der Einweihung bedeutete, auf emotionaler Ebene alles aufzugeben. Während der Zeit mit Sheena wurde von mir verlangt, meine Frau aufzugeben, meine Liebe zu Gott über die Liebe zu ihr zu stellen. Die dritte Einweihung erforderte die totale Aufgabe auf der mentalen Ebene. Feste Begriffe, Intellekt und mein Weltbild mußte ich loslassen, um die Welt wieder mit neuen Augen und ganz offenem Sinn wie ein Kind sehen zu können.

Die vierte Einweihung ist die Kreuzigung, die völlige Entblößung von Hoffnungen, Idealen, Selbstachtung – von allem. Alle müssen dich verlassen, damit du verlassen bist, ganz allein gelassen mit Gott; dann erkennst du, daß du aus dir heraus nichts bist. Die Persönlichkeit, alles Ego wird gekreuzigt, und die Dunkelheit fällt über dich. Dann kommt die fünfte Station auf dem Einweihungs-Weg, die Auferstehung, wenn du erkennst: Mein Vater und ich sind eins.

Sheena zeigte mir den Weg, und er wurde mein Leben. Ich hatte gemeint, das Wasser in meinem Becken sei klar und rein, aber dann kam sie mit einem Stock, rührte in der Tiefe, und all der Schlamm, der sich am Boden abgesetzt hatte, wurde ans Tageslicht gebracht, das Verborgene, Unbekannte, konnte betrachtet, durchschaut und beseitigt werden.

Fünf lange Jahre lernte Peter bei Sheena. Er wurde als leitender Offizier an die Innsworth-Kochschule kommandiert. Seine dortigen Erfolge im Ankurbeln der Moral und der Ausübung seiner Befehlsgewalt brachten ihm in der Folge einen Platz im Royal Air Force Staff College ein. Nach einem Jahr auf der Akademie wurde er auf einen neu eingerichteten Posten im Mittleren Osten geschickt. Bevor er zu seiner Kommandierung abreiste, teilte Sheena ihm mit, daß ihr gezeigt worden wäre, daß sie nicht länger Mann und Frau sein sollten. Sie würden weiterhin eine enge Beziehung haben, aber die Ehe wäre – wie auch seine Lehrzeit bei ihr – zu Ende. Peter sollte ein neues Kapitel seines Lebens beginnen. Seine wahre Partnerin würde irgendwo auf der Welt auf ihn warten, um sich mit ihm zu verbinden. So fand die Mann-Frau-Beziehung zwischen Peter und Sheena ebenso dramatisch und plötzlich ein Ende, wie sie zusammengekommen waren, die Lehrer-Schüler-Beziehung aber blieb bestehen. Ziemlich erschüttert, aber auch voll Erwartung auf das, was kommen würde, fuhr Peter fort.

Während er in Irak auf dem großen Luftwaffen-Stützpunkt Habbaniya seinen Dienst versah, wurde Peter eines Tages von einem Oberstleutnant eingeladen, bei ihm zuhause mit seiner Familie zu Abend zu essen. Andrew Combe hatte Peters Aufsatz über militärische Führung im *RAF Quaterly*, der Vierteljahresschrift der Luftwaffe, gelesen und wollte den Verfasser persönlich kennenlernen. Peters ›gelenktes Leben‹ war ihm treu geblieben, denn an diesem Abend fühlte er, daß ihn etwas mit Andrews Frau Eileen verband. Es war nicht Liebe, Leidenschaft oder tiefe Gefühle, was er empfand, sondern intuitiv wurde ihm eingegeben, daß er und Eileen irgendwie miteinander zu tun hätten. Peter verwarf diesen Gedanken jedoch, und Wochen und Monate gingen vorüber.

Gelegentlich begegneten Peter und Eileen sich, manchmal auf dem Flugplatz-Gelände. Obwohl Peter rund um die Welt dienstlich unterwegs war, sahen sie sich gerade oft genug, um eine formelle Beziehung aufrecht zu erhalten.

Während eines Aufenthaltes in Jerusalem saß Peter auf einem der Hügel und blickte über die Stadt. Da glaubte er eine Stimme zu hören, die ihm sagte, Eileen sei seine andere Hälfte. Sofort wies er diese Vorstellung zurück: Eileen war verheiratet, hatte fünf Kinder, und sie liebten sich auch nicht. Nach dem, was Sheena ihm jedoch gesagt hatte, war er dieser Idee nicht ganz verschlossen und bat im Stillen um einen Hinweis, wenn das so sein sollte.

Peter wußte, daß zwischen Andrew und Eileen nicht alles zum Besten stand. Andrews Arbeit in der »Moralischen Aufrüstung« war Hauptquelle des Konflikts. Selten war er bei Eileen und den Kindern zuhause; meist war er unterwegs auf Vortragsreisen, wo er vier Tugenden propagierte: absolute Selbstlosigkeit, absolute Reinheit, absolute Liebe, absolute Ehrlichkeit. Während eines Aufenthalts in Habbaniya nahm ein gemeinsamer Freund Andrew beiseite und teilte ihm mit, daß er, wenn er nicht etwas von dieser absoluten Liebe und Selbstlosigkeit mit nach Hause brächte, in Gefahr wäre, seine Frau zu verlieren. Andrew erwiderte, die moralische Aufrüstung der Truppe wäre wichtiger als private Interessen. Als Peter das erfuhr, verstand er es als den erbetenen Fingerzeig.

So bald wie möglich suchte er Eileen auf und fand sie allein zu Hause. Er berichtete ihr von seinem Erlebnis, von der inneren Stimme, die er in Jerusalem gehört hatte, in allen Einzelheiten; sie saß am einen Ende der Couch, er am anderen. Sie wußte nicht, was sie von seinem kühnen und ziemlich direkten Vorstoß halten sollte. In einem Punkt jedoch stimmte sie mit Peter überein: Wenn sie tatsächlich zusammengebracht werden sollten, dann wäre es Gottes Tun, bestimmt nicht ihr Handeln. Eileen hatte von Peter den Eindruck eines sehr ernsthaften jungen Mannes. Oft sprach er über Dinge, von denen sie nie gehört hatte, ›okkultes Geschwafel‹, von Bruderschaft und Hierarchie, Seelenhälften und geistiger Partnerschaft – alles Dinge, von denen sie nichts verstand. Die meisten von Andrews Freunden aus der Moralischen Aufrüstung hielt sie für einen ziemlich angeberischen und selbstgerechten Haufen, und Peter schien da nicht grundlegend anders zu sein.

Peter flog weiterhin auf Dienstreisen um die Welt, kam gelegentlich nur nach Habbaniya, konnte aber nie lange bleiben. Ein Jahr, nachdem er sich Eileen geoffenbart hatte, wurden beide zurück nach London geschickt. Peter sollte dort an einer Konferenz teilnehmen, und Andrew hatte seine Frau sechs Wochen vor Ende seines Dienstes in Habbaniya nach England vorausgeschickt. Peter richtete es ein, daß er in Tripolis auf Eileens Flugzeug umsteigen konnte, und begleitete sie und die Kinder auf dem Heimflug nach London. Eileen fuhr weiter nach Hause aufs Land, Peter wohnte bei Freunden. In derselben Woche noch – anläßlich Eileens Geburtstag – hätte Sheena beide zum Dinner und Theaterbesuch treffen sollen; weil sie jedoch an jenem Tag durch Migräne verhindert war, gingen Peter und Eileen ohne sie aus. Nach einem schönen Abend brachte er Eileen nach Hause.

Dort fielen alle Barrieren, und was an Befangenheit noch zwischen ihnen gestanden war. Die Jahre, in denen Eileen pflichtgemäß ihre Funktion als Ehefrau und Kindergebärerin erfüllte, hatten von ihren Leidenschaften und Gefühlen nicht viel zurückgelassen; gleichmütig und stoisch stand sie inzwischen Ehe und Liebe gegenüber. Nie hatte sie daran gedacht, Andrew zu verlassen, denn in vielerlei Hinsicht war er ein guter Ehemann. Aber nun, fern von ihm, vom Militär und der Vergangenheit, lösten sich alle Frustration und Spannung der letzten Jahre in Peters liebevoller Wärme in Tränen auf.

Am nächsten Morgen schrieb Eileen Andrew einen Brief, die Tore der Hölle flogen auf. Unverzüglich kam Andrew nach London und nahm, als Peter und Eileen nicht im Hause waren, die Kinder mit sich fort. Eileen wußte, es war aus, die Kinder waren verloren. Kein Gericht würde sie ihr wieder zurückgeben. Sie war die Ehebrecherin, die Gesetzes-Übertreterin, die Sünderin, der Fluch auf Familie und Haus. Andrew sperrte die Kinder im Haus seiner Familie ein und verbat Eileen, auch nur in die Nähe zu kommen. Geschenke schickte er ungeöffnet zurück, Briefe wurden noch versiegelt retourniert, Telephongespräche wurden nicht zugelassen. Die Leere durch diesen Verlust dämpfte die Freude an der neuen Liebe.

Peter und Eileen beschlossen, London für einige Tage den Rücken zu kehren, um über alles nachzudenken. Sie fuhren nach Glastonbury und suchten in einem Andachtsraum für einige Minuten Stille. Ganz still saß Eileen und versuchte, ihre Gedanken zu beruhigen, die nach den Kindern schrieen.

Alles wurde still.

Kein Ton war mehr zu hören. Keine Vogelstimmen, keine Autos, keine Kinder, nichts. An Stelle der Schreie kehrte Stille ein, kostbarer als Gold, endlos wie der Raum. Die Sinne tasteten in eine neue Dimension.

Dann kam, langsam und vorsichtig, eine klare Stimme aus der Stille: »Sei still ... und erkenne, daß Ich Gott bin.«

Stille. Schweigen.

Niemand hatte gesprochen.

»Du hast einen sehr großen Schritt in deinem Leben getan. Höre auf Mich, und alles wird gut werden.«

Eileen öffnete die Augen und schaute um sich. Außer Peter war niemand im Raum. Sie schloß die Augen wieder.

»Erschrick nicht in deinem Herzen. Erkenne, wer Ich bin. Ich bin dir näher als dein Atem, näher als Hände und Füße. Vertraue auf Mich.«

Und so blieb Eileen sitzen und lauschte, während ein neuer Lebensabschnitt begann, der sie und Peter auf eine unglaubliche Reise führen würde, eine Reise in die Ebenen des Bewußtseins und des Handelns. Eileen sollte die Spinnerin sein, Peter der Weber.

Jeden Tag empfing sie Botschaften von jener klaren Stimme. So wurden sie Schritt für Schritt durch die verwickeltsten und kompliziertesten Lebensumstände begleitet. Dennoch hatte Eileen Schwierigkeiten, dieses Geschehen zu akzeptieren. Peter dagegen hatte absolutes Vertrauen in die Botschaften als Gottes Führung. Ungeachtet ihrer weiterhin bestehenden Zweifel schrieb Eileen alles nieder, was sie empfing, und Peter folgte den Anweisungen aufs genaueste.

Eileen wurde schwanger; Peter sollte noch im selben Jahr wieder zurück in den Mittleren Osten. Sheena war sehr krank geworden und hatte Peter um Hilfe gebeten. Eileen sorgte für sie, als Peter fort war, denn die Stimme hatte ihr gesagt, daß sie Peters Ex-Frau als Lehrerin annehmen sollte, als ihre Quelle der Weisheit.

Ihre Beziehung mit Sheena war gespannt, der Umgang mit ihr war Eileen unangenehm. Der Umstand, daß Peter sie immer noch als seine spirituelle Vorgesetzte sah, ließ in Eileen Unsicherheit aufkommen und das Gefühl, nur an zweiter Stelle zu stehen. Offiziell waren Peter und Sheena noch verheiratet, und Eileen fühlte sich, getrennt und abgeschnitten von ihrer Familie, schwach und unsicher. Der Kummer über den Verlust ihrer Kinder war geblieben und begleitete sie bei allem, was sie tat. Von Zeit zu Zeit hatte sie Verständnis, im nächsten Augenblick jedoch erschien ihr alles wieder so falsch und grausam.

Nach der Geburt ihres ersten Kindes schied Peter aus der Royal Air Force aus, da er das Gefühl hatte, die gelernten Lektionen wären jetzt abgeschlossen. Kurz darauf verlangte Sheena von ihm, sich für eine Weile von Eileen zu trennen, weil diese ihre Beziehung zu ihm über Gott stellen würde; die Zeit der Trennung würde ihnen bei ihrem Wachstum helfen. Peter sollte weggehen, Eileen bei Dorothy Maclean, einer Schülerin von Sheena leben.

Peter ging nach Irland, wo er nach einem kurzen Job als Landarbeiter eine Stelle als Salatier in einer kleinen Landgaststätte fand. Die Frau, die ihn dort einstellte, hatte keine Ahnung, daß Peter einst für die Verpflegung von einer Million Männer verantwortlich gewesen war, und er erzählte es ihr auch nicht. Sie sollte ihre Salate ›eben gerade so‹ bekommen; dauernd beschwerte sie sich und kritisierte ihren ehemaligen obersten Catering-Offizier. Je mehr Peter seine Arbeit haßte und unter der Trennung von Eileen litt, desto ernsthafter nahm er Sheenas Entscheidung an und arbeitete, ohne zu murren.

Eileen hatte nicht die Kraft, noch eine Trennung zu ertragen, noch hatte sie denselben Glauben an Sheenas Urteilssprüche wie Peter. Die Trennung war für sie unerträglich, und der alte Schmerz über den Verlust ihrer Kinder verdoppelte ihren Kummer. Sie wußte nicht, wo Peter sich aufhielt, noch wie sie mit ihm in Verbindung treten könnte.

Sheena bekam wohl mit, wie sehr Eileen litt, kritisierte sie aber und sagte, eine solche Schwäche zeigte einen Mangel geistiger Stärke an. Sheenas Migräneanfälle machten sie unwirsch und noch reizbarer. Welcher wahre Kern auch immer in ihrer Kritik verborgen war, auch er war durchdrungen von Schmerzen und dem Leid, das sie erfahren hatte. Eileen blieb halbe Nächte auf, tröstete Sheena, betete und meditierte für sie, um noch mehr Kränkungen und Kritik zu erfahren, wenn der nächste Morgen gekommen war.

Eileen war am Ende ihrer Kräfte angelangt. Als sie eines Tages auf dem Heimweg von Sheenas Wohnung zu Dorothy war, fühlte sie, wie sie das Bewußtsein verlor. In Nebel und feuchtem Wetter fiel sie um. Alles wurde schwarz um sie herum. Als sie schließlich das Haus erreichte und sich nach Mitleid und Trost von Dorothy sehnte, war niemand zuhause. Sie drehte den Gasherd an, legte ihren Kopf dagegen und schlief ein.

In diesem Augenblick kam ihr Bruder in die Wohnung, entdeckte sie und schlug sie ins Gesicht, daß sie wieder zu sich kam.

Er nahm Eileen mit auf seinen Hof, wo sie wieder mit ihren fünf Kindern vereint war. Erschreckt und verwirrt folgte sie. Die still gewordene, verbitterte Frau gab alles auf: Peter, das tägliche Geleit durch die Stimme, Gott, Sheena, alles. Es war vorbei. Es war durchgestanden, zu Ende, ein böser Traum.

Eileen war jenseits jedes und allen Gefühls.

Als Peter davon erfuhr, brach er zusammen. Er wußte, daß jeder Schritt seines Lebens, jedes Geschehen göttlich geführt und von Bedeutung war. Andere hielten ihn für hoffnungslos verrückt oder ichbezogen, weil sie nicht wissen konnten, wie sicher sich dieser Mann seines Schicksals war. Aber diese letzte Wendung erschütterte ihn bis ins Innerste. Irgendetwas mußte schief gegangen sein. Er ließ seine Arbeit liegen und wanderte ziellos umher. Nichts schien ihm mehr ›geführt‹ oder ›göttlich geplant‹ zu sein. Irgendwie hatte er oder es versagt. Der kraftvolle Körper, der den Himalaja überwunden hatte, blieb nicht mehr der alte. In einem Monat verlor Peter vierzehn Kilo, sein Haar wurde grau; er war abgemagert und schwach.

Das war eine Zeit in Irland, als ich nichts sehen konnte; ich war im Dunkel. Was um mich geschah, konnte ich nicht mehr wahrnehmen, und manchmal hatte

hatte ich das Gefühl, meine Kreuzigung wäre gekommen. Du siehst, Eileen und ich waren uns bewußt, daß wir für Gott Grundsteine für das Neue Zeitalter wären. Zu diesem Zweck waren wir zusammengebracht worden. Wir sollten einer der Pfeiler werden, auf die das New Age gebaut würde. Doch diese Aufgabe konnten wir nur gemeinsam erfüllen. Ich wußte um Gottes Plan, aber dies verstand ich nicht. Ohne Eileen wäre ich nichts nütze. Ich bin nur die eine Hälfte, ich könnte Gottes Plan allein nicht dienen. Dieser Plan war eng verbunden mit unserer Einheit, und nun hatte Eileen mich verlassen. Ich konnte nachts nicht mehr schlafen. Ich wollte nichts mehr zu essen. Ich konnte niemanden mehr sehen. Ich war völlig beherrscht von diesem bedrückenden, vernichtenden Gefühl, versagt zu haben. Meine Gesundheit war nicht mehr, die Arbeit verloren, Hoffnungen, Ideale, Pläne – alles war verloren. Ich hatte nichts mehr, das noch mir gehörte, niemanden, zu dem ich gehen konnte. Das Kind war weg; Nichts ...

Schließlich gelangte Peter in den New Forest, wo Sheena für seinen Sohn sorgte. Der Anblick dieses kleinen, unglücklichen Bündels, das nach seiner Mutter schrie, war mehr, als Peter noch ertragen konnte. Betäubt, automatenhaft lieh er einen Wagen und fuhr durch die Nacht zu dem Hof, wohin Eileen von ihrem Bruder gebracht worden war. Früh am Morgen kam er an und kroch in einen Graben vor dem Gehöft.

Kaltes Wasser drang ihm in Schuhe und Ärmel – er wartete.

Langsam dämmerte der Tag – er wartete weiter.

Das Haus erwachte allmählich zum Leben, aber Peter blieb bewegungslos. Durch das Küchenfenster konnte er Eileen und Andrew beobachten; sie sprachen über das Frühstück. Peter blieb still zusammengekauert. Er wußte genau, was er tun würde. Die Minuten wurden zu Stunden, noch immer wartete Peter.

8 Uhr, 9 Uhr, 9.30 Uhr, 9.45 Uhr – Peter wartete.

Um zehn Uhr kam Andrew aus dem Haus und ließ den Motor seines Wagens an; Peter beobachtete ihn genau. Andrew ging noch einmal ins Haus zurück, kam wieder heraus und fuhr dann fort.

Langsam stand Peter auf und ging mit steifen Gliedern zur Küchentür. Ohne anzuklopfen trat er ein. Eileen wusch gerade das Frühstücksgeschirr ab, die Kinder waren schon zur Schule gegangen. Als sich die Tür öffnete, wandte Eileen sich um und stand dem Gespenst ihres Geliebten gegenüber. Sie sahen sich an. Bevor Eileen ein Wort herausbrachte, sagte Peter: »Nimm deine Sachen und steig in den Wagen.«

Wortlos ging sie hinauf, packte eine Tasche und kam wieder herunter, wo Peter wartete. Sie ließ Andrew eine Nachricht zurück und ging dann langsam zum Wagen. Sie verließ ihre fünf Kinder, ihr Haus, ihre

Familie und setzte sich neben einen Mann, von dem nichts übrig geblieben war als Haut, Knochen und Willen, einen Mann namens ›PC‹, den sie immer noch nicht kannte. Sie fuhren zusammen in ein Leben, das geheimnisvoller und schrecklicher werden sollte als alles, das sie bisher kennengelernt hatten. Sie ahnten nicht, daß das Schlimmste erst noch kommen sollte.

Eileen

Der Weg ist lang, steil, gefährlich, schwierig. Bei jedem Schritt droht ein Hinterhalt, hinter jeder Biegung eine Falle. Tausend sichtbare und unsichtbare Feinde werden sich erheben wider dich; schrecklich ist ihre Gerissenheit gegen deine Unwissenheit, furchtbar ihre Kraft gegen deine Schwäche. Und wenn du sie unter Schmerzen vernichtet hast, werden weitere tausend aufstehen und an ihre Stelle treten. Die Hölle wird ihre Horden ausspeien, um sich dir entgegenzustellen, dich zu umzingeln, zu bedrohen und zu verwunden. Der Himmel wird dir erbarmungslose Prüfungen auferlegen und dich mit kalten Augen beobachten.

Ganz allein wirst du sein in deiner Qual, die wilden Dämonen werden an deinem Wege stehen und die zürnenden Götter vor dir. Machtvoll seit Alters, unbesiegt, grausam und nahe um dich sind unzählbar die dunklen und schrecklichen Gewalten; aus der Herrschaft von Nacht und Unwissenheit ziehen sie ihre Kraft. Feindlich stehen sie dir gegenüber, und es gibt kein Entkommen … Doch Hilfe ist da, auch wenn es den Anschein hat, sie sei abgezogen worden. Noch herrscht jedoch die Nacht in völliger Schwärze; da ist keine Sonne, die aufgehen wird, kein Stern, der Hoffnung gäbe, der in der Dunkelheit leuchtete.

Sri Aurobindo, The Hour of God

Ich wußte nicht, wieviel Uhr es war. Der Himmel hinter dem Flugplatz bekam gerade eine Andeutung von Morgenrot. Aber es war nicht der anbrechende Tag, der mich erwachen ließ, es war der Wind. Als ich mich aufsetzte, merkte ich, daß ich geschwitzt hatte; es war unerträglich heiß. Bevor ich zu Bett gegangen war, hatte ich noch das Feuer geschürt – es war ein kalter Abend gewesen – aber nun war es viel zu heiß im Raum.

Zweimal wurde der Wohnwagen wie von unsichtbaren Händen aus seiner Verankerung gehoben, und fiel bebend wieder in die Bewegungslosigkeit zurück.

Ich zündete eine Kerze an, schlüpfte in die Hose und ging hinaus, wo mir mächtige Wogen von warmer Luft entgegenbrandeten. Der Atem der Götter war fühlbar. Er flüsterte, summte, knatterte, heulte und sang, ein nicht endender, mißklingender Schwall von Tönen durch Zäune, Bäume, Telegraphenmasten, Stromdrähte und Büsche. Alles war ungeheuer, fast bedrohlich erfüllt von diesem Wehen.

Eine Woche war ich nun in Findhorn. Von Pineridge war ich umgezogen in einen Wohnwagen namens »The Canadian« in der Nähe des Community Centers. Das Blumenbeet hinter dem Caravan lag in tiefster Unterwürfigkeit am Boden; die fast orkanartigen Sturmböen gaben den Blumen, die vorher so hübsch gestanden waren, etwas Heroisches.

Der Lärm wuchs an, die Böen wurden immer heftiger. Das neugierige Beobachten wich einem dumpfen Gefühl des Bedrohtseins; das Halbdunkel und die Leere des wolkenlosen Himmels machten die Stärke und Gewalt des Sturmes unheimlich.

An Schlaf war nun nicht mehr zu denken, so ging ich den Weg entlang Richtung Sanctuary. Durch die hauchdünnen Vorhänge sah ich sanftes, rotes Licht scheinen. Drinnen saß Eileen. Über den Beinen lag eine Mohair-Decke, in den Händen hatte sie ein blaues Notizbuch. Sie schrieb hinein.

Das Sanctuary. Die allerinnerste Zelle von Findhorn. Draußen das unirdische Toben des heulenden Sturmes, drinnen Eileen: pulsierendes Leben, rotglühend, das Herz, antreibendes Zentrum des Organismus, Lebensblut pumpend in alle Gefäße, die geistige Nahrung für die Community. Langsam und regelmäßig schrieb sie, schloß gelegentlich die Augen und lauschte auf jene Stimme, die sie nun seit achtzehn Jahren begleitete.

Ich war der Eindringling, störte den Frieden der intimsten Stunden in ihrem Leben, Augenblicke, die heiliger und persönlicher waren als die intimsten Beziehungen zwischen Menschen je sein können. »Gott zu erforschen« – Rhythmus von Loslassen und Halten, Hingabe und Empfangen, Lauschen und Schreiben – kosmische Liebende.

Ich spürte, daß ich hier unerwünscht war. Ich war eingedrungen, wo ich nichts zu suchen hatte und konnte nichts anderes tun als starren. Ich konnte nicht glauben, was ich mit meinen Augen sah, und mein Unglauben zerrte an mir: Dein Unglaube ist akzeptabel, deine Anwesenheit hier nicht! – Doch diese Frau hielt mich fest. Der Raum schien wie elektrisch geladen. Allein ihre Konzentration ließ mich ängstlich und unsicher werden. Meine Nerven begannen zu zittern.

Persönliche Offenbarung? Lockeres Geplauder mit dem göttlichen Geliebten? Visionen von Gewächshäusern?

Meine Gedanken schwirrten durcheinander, der Verstand schien mir wegzugleiten. Ich ›wußte‹, daß Eileen nicht ›Führung‹ von Gott empfing. Auf tausend Weisen ›wußte‹ ich das, und all die Gründe und Erklärungen gingen in meinem Kopf wetteifernd durcheinander. Mein logischer Verstand, zum Bersten voll, hatte geradezu schmerzhafte

Angst vor dem Nichtwissen; ärgerlich und verzweifelt suchte er seine verloren gegangene Mitte wiederzufinden. Endloses Hin- und Her-Argumentieren; der Intellekt tanzte wie ein Ball in der Brandung unendlicher Gegensätze. Ich konnte es nicht erleben, ich konnte es nicht denken, ich konnte es nicht wissen, ich konnte es nicht ergründen – wie könnte ich es akzeptieren? Es war auf heilige Weise gewaltlos, aber unheimlich kraftvoll.

Plötzlich, ohne Vorwarnung, drehte Eileen sich um und blickte in meine Richtung. Ich weiß nicht, ob sie mich wirklich sehen konnte durch das Fenster, aber ihre Augen durchdrangen wie glühende Holzkohlen die Dunkelheit, als ob sie jeden lautlosen Ton des Zweifels in mir gehört hätte. Ihr Ausdruck in diesem Augenblick war nicht zu begreifen, außer es war die unaussprechliche Einsamkeit und Traurigkeit eines Reisenden, der nach hinten blickt und nichts sieht als die Fußspuren einer lebenslangen Reise. In jenem unvergeßlichen, erschreckenden Moment wurde mein Verstand von ihrem Blick weggewischt wie ein kleines Insekt, ein hohles, kleines Etwas in Wolken von Unwissenheit.

Der Wind blies den Weg herunter zum Sanctuary und Büro, klatschte meine Hosen platt an die Beine, blies mir die Haare nach hinten und trug alle Gerüche der Halbinsel herüber, Gerüche austrocknenden Meer-Lebens, das während der Ebbe auf dem Sand lag – maritime Ausstellung in der Morgendämmerung.

Was geschieht, wenn das Bewußte auf das Unbewußte trifft? Wenn die Dichte des Physischen auf das Unsichtbare stößt, das Bekannte auf das Unbekannte? Die kulturellen »Bewohner« des Denkens werden von den Ur-Schwingungen langsam weggeschüttelt. Schallwellen brechen Glas, Licht durchschneidet Stahl – was vermögen dann Ton und Licht Gottes?

Was geschieht, wenn der Verstand anfängt, Fragen zu stellen, die nur die Seele beantworten kann? Die Suche ist beendet, das Streben am Ziel angelangt. Schließt die Bücher, versperrt die Bibliotheken, laßt alles zur Ruhe kommen! Die Großhirnrinde zuckt erschöpft, der Cortex ist zäh geworden, klebrig, unflexibel. Laßt ihn ruhen.

Ich denke wirklich nicht, daß sie denkt, das ist es. Eileen denkt nicht, und ich denke. Uns trennen wohl eher Welten als die sechs Meter wirklicher Entfernung.

Ich habe allmählich den Verdacht, daß jeder in Findhorn auf die eine oder andere Weise Gott erforscht; Eileen schien die letzte Etappe des irdischen Weges erreicht zu haben. Sie wird nie mehr umkehren. Sie ist Maria, die Mystikerin. Ihr Wissen über esoterische und okkulte

Zusammenhänge ist gleich Null. Alles was sie »weiß«, erfährt sie in kontemplativen und meditativen Zuständen, in denen sie eine Stimme hört. Menschen, die schon um die ganze Welt gereist sind und Meister exotischer, esoterischer Techniken der Bewußtseins-Erweiterung kommen nach Findhorn und sehen sich hier einer Frau gegenübergestellt, die nichts anderes tut als »sitzen und lauschen«. – Vielleicht ist das die härteste Technik von allen.

Es klingt einfach, aber es war eine teuer bezahlte Lehre. Die Mystiker wissen zu berichten, daß – wenn alles Gott übergeben ist – der Verstand, unvorbereitet für die Reise der Seele, schimpft und rebelliert, weil er außerstande ist, zwischen dem kleineren Tod und dem größeren Leben sich zu entscheiden. Er wird verrückt, fast krank vor Angst, Haß, Widerwillen und Dunkelheit. Auf dem Wege zum mystischen Erleben ist die größte Bedrohung an der Schwelle. Die Seele ist von allem entblößt. Sie wird gierig verschlungen von Gott, und die Persönlichkeit fällt ins Leere, bricht zusammen in angsterfülltem, frustrierendem Nichtwissen, um in den Feuern verstümmelter Hoffnung zu brennen, in Verzweiflung und Angst. Alles ist nun ausgeliefert; alles was über Gott gestellt war, ist weggerissen. Diese »Nacht« kann einen einzigen Tag oder ein Leben lang dauern. Sie weicht dem Licht, wenn die Hingabe, die Auslieferung vollkommen ist, wenn unsere »Größe« nur noch Staub ist vor den Füßen Gottes.

> Was ist dies Wurzelwerk, das greift, der Ast, der sproßt
> Aus diesem Steingeröll? O Menschensohn,
> Du kannst nicht sagen, raten, denn du kennst nur
> Gehäuf zerbrochner Bilder unter Sonnenbrand,
> Der tote Baum gibt Obdach nicht, die Grille Trost nicht,
> Der trockne Stein kein Wasserrauschen. Aber
> Es schattet unter dem roten Stein
> (Komm unter den Schatten des roten Steins),
> Und ich will dir weisen ein Ding, das weder
> Dein Schatten am Morgen ist, der dir nachfolgt,
> Noch dein Schatten am Abend, der dir begegnet;
> Ich zeige dir die Angst in einer Handvoll Staub.
>   T.S. Eliot, *Das wüste Land*

Der Wind hat jetzt die unumschränkte Alleinherrschaft übernommen.

Furcht – das wäre unfreundlich; ich will es Zweifel nennen. Ich bezweifle es einfach.

Ich habe gelernt, an allem zu zweifeln.

Im Purpur-Dämmer sitzt die silberhaarige Frau, den Kopf nieder-gebeugt, sanft schluchzend, weinend in den Teppichflor zu ihrem Gott – ich bezweifle es.

Ein Hund bellt, die Winde heulen.

Vater? Vater? Warum gehst du nicht nach Dublin mit Tantchen und mir? Vater? Ich möchte nicht von dir weg, bitte – Vater? O bitte, bitte, Vater! Laß mich hier nicht mit Tante allein am Bahnhof! Ich will nicht nach Dublin! Ich will nicht auf die Schule! Das ist mir egal, ob ich sechs bin, Vater. Ich möchte bei dir bleiben … Vater???

Langsam fuhr der Zug aus dem Bahnhof von Luzern, und Eileen sah ihren Vater in der eisernen Bahnhofshalle verschwinden. Sie war sechs Jahre alt, und ihre Eltern schickten sie fort auf die Schule. Ihr Vater wollte nicht, daß sie die Schulen in Ägypten besuchte, wo die Familie lebte. In Alexandria gab es eben nicht die Lehrer, Unterrichtsmittel und Bücher. So wurde sie mit ihrer Tante Florence nach Irland ge-schickt. Florence sollte sie auf eine »gute« Schule bringen, wo sie eine Menge netter, neuer Freunde finden würde.

Freunde! Achthundert kreischende Freunde! Das sollen meine Freunde sein, Vater? O Vater! Es ist so schrecklich hier, so dunkel und staubig; die Luft stinkt vom Kohlenrauch. Ich kann mich mit meinem Kleidchen nicht ein-mal hinsetzen, Vater. Es wird so schwarz und schmutzig, und die Kinder lachen hier über meinen Akzent. Sie sprechen so anders, Vater. Ich kann sie nicht verstehen, und, Vater, sie sagen Wörter, die wir bei unserer Mami nie gelernt haben. Alle sagen sie hier, und sie hänseln mich, weil ich's nicht tue, Vater … , ich bin hier so allein …

Elf Jahre lang wurde Eileen jeden Sommer von Alexandria in Ägypten nach Dublin, Irland geschickt – nur zu ihrem Besten. Bald war sie auf ihrer Reise nicht mehr allein. Nach und nach fuhren ihr Bruder und ihre Schwester mit auf die sechseinhalbtausend-Kilometer-Reise, mit Fähren, auf Dampfschiffen und Eisenbahnen. Fünf Tage lang suchte ihnen Eileen pflichtbewußt Toiletten, kaufte belegte Brote und Süßigkeiten auf den Stationen und ließ nie die plumpe Leder-tasche los, in der die vier Pässe und alles Geld waren. Sie schlief mit ihr, drückte sie wie einen Teddybären an die Brust, und sogar wenn sie an den Grenzen durch den Zoll gingen, ließ sie sich die Tasche nicht zur Inspektion abnehmen.

Ich bin hier so allein, Vater …

Peter nahm Eileen hinunter zum Euston-Bahnhof in London. Hier war sie schon gewesen, vor dreißig Jahren, mit Tantchen, und es ah eigentlich noch so aus wie damals.

Eileen war aus freiem Willen zu Peter zurückgekehrt. *Ich werde zu dir zurückkommen. Ich will deine Frau sein. Ich will deine Partnerin sein, deine »andere Hälfte«, dir das Essen kochen und deine Kinder nähren. Aber ich setze dich an die erste Stelle, Peter; Schluß, nichts mehr von diesem »Gott«-Zeugs. Nichts mehr von dieser »Führung«. Ich will nicht mehr. Das ist vorbei. Ich will deine Frau sein, Peter. Das ist alles.*

Sie hatte die Lektion nicht gelernt. Für Peter hatte es keinen Sinn, daß sie einfach wieder zurückkommen würde. Gott müßte an erster Stelle stehen, nicht er. Er hatte dies schon aus seiner Erfahrung mit Sheena gelernt und wußte, daß auch Eileen es noch zu lernen hätte.

Peter wußte das. Sheena bestand darauf. Eileen wurde krank, wenn sie nur daran dachte, denn sie waren nun fast wieder ein Jahr zusammen, als Sheena mit Peters Zustimmung beschloß, sie wieder wegzuschicken, dieses Mal in ein Sommerhäuschen auf der schottischen Insel Mull – und zwar zusammen mit ihr.

Es war im Juli 1956. Mit ihr am Bahnhof waren Christopher, sechzehn Monate, und der Säugling Jonathan, erst sechs Wochen alt. Mull war ein fremdes Land, wenigstens für Eileen, und sie wollte dort nicht hin. Sie hatte Sheena Govan verachten gelernt, und der Gedanke, mit ihr dort zusammen zu sein, stieß sie geradezu ab. *Meinst du wirklich, ich will deine Ex-Frau sehen? Ich habe genug von ihr! Wieder und wieder habe ich sie gesundgepflegt. Ich habe ihren Ärger toleriert. Ich habe ihre bissigen, stechenden Angriffe ertragen. Ich habe geduldig zugehört, wie sie dich kritisierte, meine Art, wie ich die Kinder erziehe, wie und warum ich nicht als Mutter geeignet bin! Unzählige Male wurde ich mitten in der Nacht geweckt, um ihren Wünschen nachzukommen, allein ihrem Willen zu dienen. Ich habe für sie gebetet, ich saß an ihrem Bett und meditierte bis vier Uhr morgens. Ich habe Angst vor dieser Frau. Sie hat eine so unheimliche Macht!*

Beide Kinder weinten. Der Schaffner hatte ihr im Nachtzug nach Oban ein eigenes Abteil besorgt, wo sie die Kinder schreien lassen konnte. Eileen starrte auf die Häuser und Fabriken, die draußen vorüberzogen. Sie schaltete das Licht im Abteil ab und trat hinaus auf den Gang.

Der Himmel war noch hell. Eileen lehnte ihren Kopf gegen die Scheiben und ließ die Bilder vorbeirasen, ohne zu versuchen, sie einzufangen oder zu identifizieren – ein Muster schwarzer Gestalten und dunkelblauer Flecken von Himmel. Goldene Lichter huschten wie Pfeile vorüber; der Ton von Glocken und Hupen stieg und sank, wenn der Zug näherkam und sich wieder entfernte; wohlmodulierte Schreie gingen im Geratter unter – eine synkopierte, besänftigende Symphonie, die seltsamerweise entspannend wirkte. Eileen fühlte, wie Erschöpfung sich in ihre Knochen schlich, langsam legte sie sich um die Gelenke. Die Beine schmerzten, die Arme wurden matt, sie konnte regelrecht das Gewicht jedes Augenlides fühlen. Sie war so müde! Im Licht der Dämmerung floß alles ineinander – markantes Kinn, hohe Stirn und Wangenknochen, tiefliegende, durchdringende Augen: ein flacher, unbeweglicher Gesichtsausdruck. Ein eiserner Wille spiegelte sich darin wider, überdeckt von kultivierter Weiblichkeit. Die Erschöpfung brachte die kleinsten Fältchen zum Vorschein; alle Charakterzüge vereinigten sich zum Eindruck einer angeborenen Autorität.

Ein Mann, der aus dem benachbarten Abteil getreten war, starrte sie an. Gefesselt von ihrer Anziehungskraft, konnte er seinen Blick nicht von ihr wenden. So viele hatten sie schon so angesehen, haben die vollkommene Zurückhaltung in den Lachfältchen gesehen, die – noblesse oblige – hoheitsvoll sagt: Und hier ein Lächeln für Sie, junger Mann. Ihre Haut ist zart wie Seide, fein und weich um große, kräftige Knochen gespannt. Keiner würde ihr ansehen, daß sieben Kinder durch diesen Leib gegangen waren. Ihre äußerliche Ruhe und Stille ließe nie vermuten, daß im Innern ein großer Kessel siedete, ein intensiver Strudel kochte, derart erschreckend starke Leidenschaften wohnten, daß sie jeden Augenblick bersten und die kalt glänzende Fassade, die großmütige und freigebige Seite ihres Charakters blitzschnell beiseite wischen könnten. Diese Macht der Tiefe droht überzuschäumen in Abgründe der Depression und Selbstmordgedanken. Der fruchtbare, lebenschaffende Körper könnte sich gegen sich selbst wenden und sein Ende suchen. Die Sinne, die ganz der Sorge und Liebe der sieben Kinderchen gewidmet waren, könnte aus der sorgfältig abgestimmten Kontrolle geraten und die Schwelle zum Unglück überschreiten. Kommen Schwierigkeiten von außen, so gleitet Eileen mit einer Grazie und Gleichmut hindurch, als wäre es nichts, eine Bagatelle. Wenn die Schwierigkeiten jedoch von innen heraus kommen, stürzt Eileen in die Hölle.

»Oban, Oban, Oban!« Die Tür ging auf und wie ein helles Schwert durchschnitt Licht das Dunkel. »Oban, Ma'am, Endstation!«

Sie setzte sich auf und kniff die Augen zusammen. Sie hatte miserabel geschlafen. Am Abend zuvor hatte sie nichts gegessen, und nun hatte sie nur einen Wunsch: Kaffee und Frühstück. Aber sie hatte so wenig Geld bei sich, daß sie diesen Gedanken wieder beiseite schieben mußte.

Sie ging in den Wartesaal, um Jonathan zu versorgen und fand ein trokkenes Brot in ihrer Tasche, das sie mit Christopher teilte.

Eileen klappte den Kinderwagen auseinander und setzte Jonathan hinein. Christopher kam nach vorne und der Koffer quer darüber. Vorsichtig karrte sie die schwankende Ladung aus dem Bahnhof und suchte im Morgendunst nach der Anlegestelle der Fähre nach Craignure. Sie war achthundert Meter weg, und die Erschöpfung des vorigen Abends kehrte mit alter Intensität zurück.

Das Schiff bräuchte eine Stunde hinüber nach Mull zum Dorf Craignure. Eileen schob den Wagen behutsam den Steg hinunter und sah sich nach einem willkommenheißendem Gesicht um. Irgendjemand sollte sie hier abholen. Der Kinderwagen und die Kinder waren um diese Zeit zur fast unerträglichen Last geworden. Sie wartete, bis alle Leute gegangen waren und die Fähre wieder abgelegt hatte. Wieder stand sie allein, schwach und müde, und ihre Angst wuchs. Sie war nur äußerst ungern mit Sheena zusammen, und nun wartete Sheena dort draußen irgendwo auf sie. Eileen interessierte nicht, ob Sheena »spirituell« war – Sheena war gemein und grausam. *Ich lasse sie nicht mein Leben bestimmen, ruinieren! Ich bleibe eine Woche oder so, dann fahre ich wieder zurück. Sheena zerfällt, sie ist krank und morsch, sie baut ab! Peter gehört nicht mehr ihr! Aber warum hat sie diese Macht?*

Sie schob den Wagen zur Bushaltestelle; niemand war zu sehen, wie sie auch schaute. Es war Sommer, aber Dunst und Nebel waren kalt und naß. Im ungeheizten Wartehäuschen begann Christopher nach Essen zu schreien. Sie zählte das Kleingeld in ihren Taschen und sah die Preise an der Wand. Sie hatte nicht genug, um noch etwas zu essen zu kaufen. Sie wiegte Christopher in ihren Armen und summte ihm ins Ohr. Bald darauf waren alle drei eingeschlummert.

Das herzzerreißende Kreischen der Bremsen riß sie alle wach. Der Bus nach Fionaphort war angekommen und blies große Wolken von Diesel- und Paraffin-Öl in den Raum. Eileen klappte den Kinderwagen zusammen und stieg ein. Sie fühlte sich nun zumindest näher am Ziel, wie unangenehm es auch war. Der Bus folgte einer engen, gewundenen Straße, ungepflastert und steinig. Jedes Fenster, Türen, Sitze und Handgriffe vibrierten, schüttelten, tanzten und klapperten, als sie um uneinsehbare Kurven quietschten, mit lautem Gehupe als Warnung an unsichtbare Lastwagen und Schafe.

Mull. Der südliche Teil der Insel, umgeben von einem schieferfarbenen Meer, gepeinigt von Mensch und Wind, ist bis auf die Felsenknochen abgenagt – ein altes, baumloses, graues Fossil. Der versteinerte Kadaver ist ein geologischer Knoten von erstarrtem Magma, durchsetzt von senkrechten Basaltsäulen wie überdimensionale Eisblumen, auch zerbrochen, umgestürzt am Boden wie Ruinentrümmer alter Tempel. Eileens Ziel war Kintra, am Fuße des Abhangs von Druimbibh, das die ›Insel der Schwärze‹ und die ›Insel der Stürme‹ überblickte. Unten vor der Küste liegt ein Wrack, von der Gewalt der Gezeiten hin- und hergerissen und aus seiner Einbettung gelöst. Wie die schlammverkrustete, verfilzte Wolle am zottigen Bauch eines Widders ist das Wrack verklumpt und überzogen von Riementang und anderen Meerpflanzen. Erfüllt mit dem Leben seiner neuen Passagiere, der Garnelen und Napfschnecken, liegt es am sandigen Strand, bis es abends wieder unter der Oberfläche verschwindet. Der rote Sonnenball taucht schließlich in das Wasser am Horizont der Stürme.

Die Atmosphäre auf Mull gleicht einem Nebel von dickem, seewasser-gebleichtem Blut; dampfend und unirdisch wogt er über den Felsen – und was für Felsen! Schwarze Felsen, graue Felsen, rosa Felsen, Granit-Felsen, Schiefer-Felsen, Kalk-Felsen, Kohle, Ton. Die Insel ähnelt in ihrer Gestalt einer steinharten Pranke, deren linke Kralle die gesegnete Insel Iona darstellt, ein Nachbar, der von den Bewohnern von Süd-Mull mürrisch beneidet wird, dem Duart Clan Maclean.

Kommt, kommt alle! Nehmet eure Familien mit zum Duart-Schloß, wo Tot und Habgier zum Himmel stinken! Besichtigt unsere Verliese und Streitäxte, erlebt die Raubzüge neu, die Belagerungen und Brandschatzungen aus alter Zeit. Schaut von den Zinnen durch die Kanonenscharten über die überwältigende Blut-Bucht, wo Häuptling John, der Herr unserer Insel, seinen Sohn Angus angriff in herrlicher Schlacht ... Alles nur 25 Pence incl. MWSt!

Der Clan Maclean wird protestieren, die ersten achthundert Jahre seiner Geschichte nicht mit Würgen, Brennen und Morden auf den umliegenden Inseln verbracht zu haben. Aber wenn der Tod das Haupt des Clans fällt, die blutige Vergangenheit, die Kämpfe von Vater gegen Sohn, von Familie gegen Familie, aus dem Unterbewußtsein des Clans wieder ans Tageslicht kommen, erstehen auch manche alten Ängste im Herzen eines Mitgliedes des Clans wieder auf. Dann reitet Eoghann a'Chinn wieder kopflos in das Glen More, rast durch das Tal des Elends, das schottische Breitschwert glühend im nebligen Licht des Mondes, der gespenstisch hinter einer Wolke versteckt blieb, und durch das Klagen des Windes hört man wieder den markerschütternden Schrei des Todes.

Der Bus fuhr weiter durch wüstes, längst aufgegebenes Land. Große, schwarz schimmernde Klippen, wie aus dem Erdinnern herausgeworfen, glänzten im weißen Dunst, als ob sie mit einem fauligen

Schleim überzogen wären. Da war kein Landwirt, Kleinbauer oder Hirte zu sehen. Der einzige kleine Hof am Wege sah aus, als wäre er unter einem gigantischen Fußtritt zusammengedrückt worden.

Ein Wagen hinter ihnen hupte wie verrückt, und der Bus zog zur Seite. Es war das Taxi, das Eileen abholen sollte. Verwirrt schaute sie zum Fahrer und dem fremden Fahrgast und schüttelte mechanisch den Kopf. Eileen rührte sich nicht. Die Kinder waren eingeschlafen, und so bat sie den Fahrer, in Fionaphort auf sie zu warten, und weiter ging die Fahrt durch Pennyghael, Bunessan, Uisken ...

Sheena wartete. Sie lächelte, war guter Dinge und voll Freude, Eileen und die Kinder zu sehen. Sie war so freundlich! Das Häuschen war voll mit ihren Urlaub machenden Freunden. Sheena gab Eileen ein Zimmer nach hinten, ein Anbau an der Rückseite des Hauses. Im ganzen Haus gab es kein elektrisches Licht oder Heizung. Bei Bedarf verwendete man Paraffin-Lampen. Die Toilette war ein alter Kübel, der zur Ebbe ins Meer ausgeleert wurde. Das Bad war eine Zinnwanne, die man mit Wasser füllte, das vom oberen Rand der Böschung hinter dem Haus geholt wurde.

Innerhalb eines Tages war die Spannung zwischen den Frauen wieder da. Eileen konnte Sheenas Macht und Bosheit fühlen. Ihr normalerweise attraktives Gesicht erschien als groteske Maske. Es war erschreckend anzusehen, und Eileen vermied den Kontakt mit ihr, wie es nur ging. Die Besucher reisten wieder ab, einer nach dem anderen, und Sheena und Eileen blieben allein.

Allein.

Wieder allein. Von Peter kam ein Brief: Er hatte seinen Job aufgegeben und war auf dem Weg nach Glasgow, um sich dort nach einer Arbeit umzusehen. Er wollte wissen, ob es Eileen etwas ausmachte, noch eine Weile zu bleiben. Es war kein Geld da, sie würde bleiben müssen.

Sheena begann, an ihr herumzukritteln; auch die kleinsten Widersprüche nahm sie zum Anlaß und hängte sich an jedem Funken von Haß fest. *Hatte sie recht? Konnte denn alles, was Sheena sagte, richtig sein? Kann soviel Haß auch nur ein kleines Teilchen Wahrheit enthalten?*

Eileen versuchte, ihre Ohren den anwachsenden Stimmen der Negativität gegenüber zu verschließen. Das Sommerhäuschen erschien ihr inzwischen wie die letzte Station vor der Hölle.

Verdammt! Sheena hatte Peter verloren! Sie wollte Peter nicht! Sie hat ihn freigegeben, damit er mich heiratet! Warum kratzt diese Hexe an jedem Restchen der Vergangenheit und versucht, die ganzen Kleinigkeiten auszugraben, um sie in ihr höllisches Puzzle einzufügen?

Das Geschrei ihrer Gefühle wurde wie im Fieberwahn lauter und lauter. Schrille Stimmen brachen wütend heraus, um schnell unter den Decken der Angst, die sie voreinander hatten, wieder begraben zu werden.

Sheena konnte es nicht länger ertragen. Sie beschloß, in ein anderes Häuschen umzuziehen, ein paar Meilen weiter. Sie ging fort ... mit Christopher.

»Du bist völlig unfähig, ihn aufzuziehen. Du bist dieses Kindes nicht würdig, meine Liebe. Du bist nicht seine geistige Mutter. Ich bin seine wirkliche Mutter. Du kannst nicht wissen, was er mir bedeutet. Du kannst nicht wissen, wie wichtig dieses Kind ist! Meine liebe Freundin Eileen, du hast dein Kind verloren. Christopher gehört mir! Nicht mehr dir, sondern mir!«

Eileen blieb völlig ausdruckslos. Sie zuckte mit keiner Wimper, sondern stand stocksteif und starrte Sheena nach, wie sie den Hang hinauf ging, mit Peters Sohn unter dem Arm. Langsam begann es sich in ihr zusammenzubrauen.

Der große Kessel kam wieder zum Kochen. Angst kam siedend heiß nach oben und sank wieder ab in den brodelnden Eintopf des Todes. Äußerlich schien sie so teilnahmslos wie diese kleine Insel, dunkel und unbewegt. Nichts reagierte. Jedes Restchen Energie ging in das Feuer; nie hatte sie es so hoch lodern fühlen. Der Kessel war rotglühend. Die Dinge fingen Feuer, sengten und brannten an. Bald würde sie sterben. Das Feuer brannte ihr Allerinnerstes aus. Ihre Eingeweide wurden siedend heiß, sie dampften und glühten.

Und dann krachte es. Der Kessel zersprang in rotglühende Scherben, das Gebräu spritzte auseinander und alles, womit es in Berührung kam, fing Feuer. Eileen ging die Straße hinunter. Die Knochen und Fetzen der Vergangenheit jagten ihr durch den Sinn, kochend und dampfend. Aufrecht, gerade schritt sie voran, allein, völlig allein. Sie ging über die spitzen Felsen gerade auf ein kleines Granithaus zu, immer geradeaus. Sie kam näher, die Hitze stieg immer höher; nur mit Mühe konnte sie verzweifelt das Feuer im Innern zurückhalten. *Ich sterbe. Warte noch eine Minute, bevor ich sterbe!* Schritt für Schritt, näher und näher zu jener Tür, der grünen Tür in dem rosa Granithäuschen mit dem Licht im Fenster. *Sheena ist zuhause! Noch eine halbe Minute brauche ich, nur noch eine halbe ...* Schlurf, schlurf, schlurf über den dichten Rasen. *Sie kann nichts hören, nichts kann sie. Sie weiß nicht, daß ich komme; warte, warte – waaar-te-e-e ... !!!*

Sheena saß gerade über einem Brief an Peter. Sie schrieb ihm, daß sie das Gefühl habe, Eileen sei nicht in der richtigen Verfassung, für Christopher zu sorgen, und es wäre wohl am besten für alle Betroffenen, wenn sie das liebe Ding behielte, das süße kleine Ding. *Peter wird verstehen. Er versteht immer solche Sachen, und er vertraut mir. Auf Peter kann man sich so verlassen. Er ist wie ein junger Hund, gutwillig und naiv. Bist du einmal Peters Freund, dann gibt es nichts auf der Welt, das er nicht für dich tun würde. Aus solchen Freunden macht man Legenden. Würde ich ihn bitten, zum Mond zu fliegen, so unternähme er zumindest einen ernsthaften Versuch. Was für ein großer und lieber Freund ist er gewesen, und er hat soviel gelernt. Ich wußte immer, daß unsere Ehe nur vorübergehend wäre, nur ein Mittel zum Zweck. Wußte er das nicht auch? Nein, natürlich nicht. Wie könnte er? Er vertraut jedermann so völlig und uneingeschränkt. Ich weiß, er wird für diese Kleinigkeit mit Christopher Verständnis haben. Eileen ist jetzt in einem Zustand, wo sie einfach nicht mehr mit den beiden Kindern fertig wird. Sie braucht Ruhe. Eine Zeit inneren Suchens, der Erfüllung. Sie wird sehen, daß ich wieder recht gehabt habe . . .*

Sheena verlor sich in Gedanken und hörte nicht, wie sich die Eingangstür öffnete. Sie sah auf, und ihr ganzer Körper gefror in einem einzigen, ewigen Augenblick. Schock, Angst und Schrecken durchdrangen jede Faser und Zelle ihres Wesens.

Sie wußte nicht, wie ihr geschah.

Ein Sturzbach von Wörtern ergoß sich über sie, lief über und brannte. Bohrender Schmerz. Alles kam zu ihr zurück. Tiefer, immer tiefer drangen all der Groll und Neid, den sie während der vergangenen zwei Jahre über Eileen ausgeworfen hatte. Ekelhafter, widerlicher Abfall, zusammengebraut ein abscheulich schmeckendes Zeug, wurde ihr nun in die Kehle hinunter gegossen; sie war hilflos ausgeliefert. Sie hielt es nicht mehr aus, konnte nicht länger zusehen oder hören; das Krachen der Zerstörung tobte aus dem Feuerschlund des Dämons, verkohlte Fleischfetzen, einst Hülle ihres harten, bitteren Lebens, kamen zum Vorschein. Was sie da erlebte, war sie selbst, hineingepreßt in wenige Minuten reinen, unverfälschten, flammenden Hasses – es brachte sie fast um.

Wenige Tage danach verließ Sheena still die Insel; sie verschwand mit Christopher und ließ Eileen mit Jonathan zurück. Eileen bekam wieder einen Brief von Peter: Er war in Glasgow und hatte dort einen vorübergehenden Job: Er verkaufte Bürsten von Tür zu Tür und wohnte als Untermieter.

Der Krach mit Sheena ließ Eileen leer, ausgepumpt und erschöpft zurück. Aber noch immer nagten Furcht und Angst an ihr. Sie hatte lediglich all den Haß genommen, mit dem Sheena sie überhäuft hatte und ihn zurückgegeben.

Der Herbst kam, aber es gab dort keine Bäume, die diesen Wechsel anzeigten. Keine bunten Blätter fielen zu Boden, sondern Regen und Wollfetzen von den Schafen. Die Winde aus den Bergen bliesen mit eisigem Atem; sie wechselten mit dem Regen, den die atlantischen Stürme mitbrachten. Kälte und Regen sickerten überall herein.

Die jährliche Kohleration war aufgebraucht. Große Berge von Koks lagen vor der nächsten Tür, aber die argwöhnisch und grimmig dreinblickenden Nachbarn schauten Eileen an wie eine Verrückte. Nie sprach einer der Bewohner der Sechs-Häuser-Siedlung auch nur ein Wort zu ihr. Sie war Engländerin, sie hatte irgendetwas mit jener unheimlichen Govan zu tun. Bleibt weg von ihr – sie ist böse!

Eileens Briefe an Peter nahmen an Härte und Verbitterung zu. Die Kälte nagte an ihren Nerven. Die Feuchtigkeit sickerte herein und blieb bei ihr durch die lange Nacht. Das Licht des Hochsommers war längst langen Nächten der Dunkelheit gewichen. Der Wind heulte; es war fast nichts mehr zu essen da, nur noch etwas zum Knabbern und ein wenig Mehl.

Als die Tage kürzer wurden, kam die Sonne kaum mehr über den Kamm. Kälte und Feuchtigkeit durchdrangen alles. Ihre Angst begann alles wegzuzehren, was Eileen noch an Reserven hatte. Die sechzehnstündigen Nächte waren unerträglich kalt, schwarz und leer. Tagsüber ging sie hinaus und suchte entlang der Straße nach kleinen Holz- und Torfstückchen, aber nun war sogar dieses kostbare Brennmaterial ausgegangen. Hinten im Schuppen hatte jemand ein paar Aquarellfarben liegen lassen. Sie versuchte, ein Bild zu malen, aber die vor Kälte klammen Finger vermochten den Pinsel nicht zu halten.

Poch ... poch ... poch!

Sie sah zu den zugefrorenen Fensterscheiben auf. Wer in aller Welt würde in der Nacht zu ihr kommen? Oder war es der Wind?

Poch ... poch ... poch!

Sie zog Jonathan näher an sich. – »Ja?«

Die Tür öffnete sich einen Spalt breit und schien dann zu klemmen. Jemand war da, wollte aber nicht hereinkommen. Sie hörte schweres Atmen.

»Ja?« wiederholte sie.

Die Tür öffnete sich noch einen Zoll, und sie konnte das schmutzige Gesicht eines jungen Mannes sehen. Der Mund stand offen, die Zähne standen schief, einige fehlten.

»Kommen Sie herein, bitte« sagte sie gefaßt.

Die Tür öffnete sich noch einen Fuß, und sie konnte erkennen, daß es der Dorftrottel war, der bei seinen Eltern oben an der Straße lebte.

Er grinste; ein unbeholfenes Lächeln verzog sein Gesicht. Er schien sehr schüchtern, aber ebenso ziemlich ungehemmt.

»Ja – kann ich etwas ...?«

Er tappte unbeholfen in das Zimmer, eine rohe, schwerfällige Gestalt in einem schmutzigen, dreckverkrusteten Tweed-Mantel, seine Kappe so schief auf dem Kopf, als ob sie ihm einer am Morgen so aufgesetzt und niemand es ihm gesagt hatte. Die Hosen waren ihm entschieden zu groß; die riesigen, aufgerollten Krempen zeigten dicke Wollsocken, die so oft getragen und ausgeleiert waren, daß sie schlaff über die Schuhe gerutscht waren.

Er schaute sie lange an, als hätte er vergessen, warum er eigentlich gekommen war. Ein leichter Schauer des Zweifels durchzuckte Eileen. Sie war allein. Warum war er gekommen? Er war ein Idiot, aber er war auch ein Mann, und hatte seine Wünsche ... Sie versuchte, diese Gedanken wegzuschieben.

Er machte noch einen linkischen Schritt auf Eileen zu. Dann langte er in seine ausgebeulte Tasche, mit großen, geschwärzten Händen, die von Rissen, Dreck, Stroh, Mist, Kohle und dem Porridge von drei Tagen starrten. Nacheinander angelte er daraus Torfstücke und legte sie auf den Tisch. Bei jedem Brocken schaute er ängstlich-erwartungsvoll auf Eileen, als ob er ihr Juwelen und Gold aus dem Thronschatz zu Füßen gelegt hätte.

Nun wußte sie, daß sie einen Freund hatte. Einen wirklichen Freund. Nachdem er den Torf auf den hölzernen Tisch gelegt hatte, griff er langsam in die andere Tasche. Brot! Ein Apfel! Ein Rest Butter in fettgetränktem Zeitungspapier! Furchtsam lächelnd griff er noch nach einem letzten Gegenstand. Er konnte es nicht finden. Wo war es? Er wühlte und suchte in seiner Tasche, und sein Lächeln wich dem jähen Schmerz, dem enttäuschten Blick eines Kindes, voll Überraschung, Verwunderung und Schrecken. Langsam zog er die Hand wieder zurück. Sie klebte von einer glänzenden Substanz, die auf den Boden tropfte. Am Rand der Tasche war ein braunes Stückchen Eierschale.

Eileen wusch ihm sorgfältig die Tasche und die Hände. Als er gegangen war, nachdem er einige Hochland-Melodien auf seiner Mundharmonika gespielt hatte, war Eileen überwältigt von der Ironie der Situation: Ihr einziger Freund, den sie hatte. Peter war ein Freund, aber er war weg. Er stand unter dem Einfluß von Sheena und hatte sie verlassen. Ihre Familie hatte jede Verbindung abgebrochen, nachdem sie Andrew verlassen hatte. Wo ihre Kinder versteckt waren, wußte sie nicht. Mutter und Vater waren tot. Sogar ihre beiden Geschwister, die sie früher so sorgfältig auf den Reisen von Ägypten betreut hatte, wollten nichts mehr mit ihr zu tun haben. Christopher war bei Sheena. Niemand war da. Niemand außer diesem einfältigen, schönen, kleinen Idioten, niemand außer dem Dorftrottel; diese Erkenntnis erdrückte sie fast.

Monatelang hatte sie mit niemandem gesprochen, und bald sprach sie zu sich selbst, ein langes, verrücktes, monotones Geleier. Sie wußte nicht, ob sie laut sprach oder nicht, aber das war auch egal, weil doch niemand da war, der zuhörte ... *Ich hasse Gott, ich hasse Sheena, ich hasse dieses Höllenloch; Gott, warum hast du mir das angetan? Nimm mein letztes Kind, nimm es! Ich will dort auf den Felsen am Ufer sterben, aber erst nimm mein Kind, ich will es nicht zurücklassen. O, es ist der siebte Sohn! Du armer Junge! Du solltest der gesegnete, der glückliche sein, du armes, kleines Ding! Ich wollte dich nicht verlassen. Das ist das einzige, das ich nicht tun könnte, aber ich kann nicht länger bleiben, Gott, ich muß gehen, es ist vorbei, und nun muß ich gehen ... O, Gott! Nimm ihn fort! Jemand soll dieses arme, kleine Seelchen nehmen, das sich an meine Brust klammert ... nimm ihn! ... Peter ist fort! ... Werde ich ihn jemals wiedersehen? Andrew ist fort ... die Kinder sind fort ... Sheena ist fort ... Christopher ist fort ... O, wo ist Dorothy jetzt? ... Vater ist tot ... es ist so einsam hier, Vater ... und Mutter ist tot ... die Kohle ist weg, wo habe ich nur diese Torfstückchen hingelegt? ... die Wärme ist weg ... die Kälte ist da, Gott ... und der Wind ist da ... warum bist du da, Wind? ... der Wind ist da, Gott, gerade hier in diesem Raum, und ich weiß nicht, wie er hereinkam ... es ist so kalt ... es ... ist ... so ... einsam ... willst du mich, Gott? ... Du hast jetzt alles ... Da ist nichts, das ich dir noch geben könnte ... außer Jonathan ... Du wirst ihn nehmen müssen ... Nimm ihn ... nur zu! ... wenn du mußt, dann nimm ihn ... aber ich werde es nicht zulassen ... ich bin so einsam hier, Vater ...*

Die Platte lief weiter, Tag für Tag, Nacht für schlaflose, alptraumgefüllte Nacht. Kälte, Hunger. Spät nachts kam Essen den Hügel herunter, im Korb eines Fahrrades, das ein Idiot fuhr. Selbst er wagte nicht, sich mit dieser Frau sehen zu lassen. Er war hell genug, das zu wissen.

Eileen lag im Sterben. Groteske Visionen erfüllten ihre Nächte, eine schrecklicher als die andere. Sie zogen an ihren Augen vorüber; wie bösartige, wilde Tiere stürzten sich verirrte Gedanken auf sie. Körper und Seele schrien nach Liebe, nach einem Lächeln, einem Zeichen der Zuwendung ...

Ein großer Bussard flog über sie hinweg. In der Nacht war ein Schaf eingegangen. Alles, was sie sah, bestärkte ihre inneren Visionen – der graue, gewaltsame Ozean, das zu Eis gefrorene Wasser in Ausguß, die

feuerroten Hände, das endlos schreiende Baby, kleine, elfenbein-
weiße Rattenzähne, die nachts unter ihrem Bett nagten, der bittere
Ausdruck auf den Gesichtern der elenden, verwelkten Kleinbauern ...

Da ist etwas draußen vor der Tür! Ich höre ein Geräusch. – Nein, nichts ...–
Es ist nichts draußen. Es ist innen. Hier ... wieder weg ... nein! Sa ich es wieder!
... Es ist eine Stimme. HORCH! ... Es ist eine Stimme. Es murmelt und
flüstert und dann ... HORCH! ... Es kommt zwischen den Gedanken,
rutscht immer wieder herein; eine Stimme – jetzt wird es lauter, ich kann sie
hören ... HORCH! ... SETZE MICH IN ALLEM AN DIE ERSTE
STELLE, DANN SOLL DIR ALLES ANDERE HINZUGEGE-
BEN WERDEN ... HORCH! ... SEI IM FRIEDEN. KÄMPFEN
BRINGT DICH NIEMALS WEITER. ES LÄSST DICH EINFACH
ERSCHÖPFT UND FRUSTRIERT, WEIL DU DEM ZIEL SO
NIE NÄHER KOMMST. LERNE EINFACH, EINS ZU SEIN.
WENN DU AUFGEHÖRT HAST ZU KÄMPFEN, DANN
KRIECHE IN MEINE LIEBENDEN ARME WIE EIN MÜDES
KIND. IN MEINEN ARMEN FINDEST DU FRIEDEN, TROST
UND VOLLKOMMENES EINSSEIN MIT MIR. FÜHLE, WIE
DU MIT MIR VERSCHMILZT ...

Sanft und beständig wuchs die Stimme in ihrem Herzen, drängte die
alten Gedanken hinaus und wendete die Platte um.

HORCH! ... GEHE MEINEN WEG UND TUE MEINEN WIL-
LEN. ICH WILL DICH MEINE WUNDER SEHEN, MEINE
HERRLICHKEIT SCHAUEN LASSEN. WENN DU DAS GLÜCK
AUF DEM FALSCHEN WEG SUCHST, KANNST DU ES NICHT
FINDEN. SUCHE ERST MICH UND FINDE MICH. DAS IST DIE
EINFACHE ANTWORT. SETZE DIE ERSTEN DINGE AN DIE
ERSTE STELLE, UND KÜMMERE DICH NICHT UM DIE
KOSTEN ODER OPFER. LIEBE MICH VON GANZEM HER-
ZEN, VON GANZER SEELE UND VON GANZEM GEMÜTE.

Auf der Folterbank der Selbstquälerei gab der Verstand seinen mächtigen Widerstand auf. Angst und Schmerz wurden leichter und ließen
nach. Der Körper, der hart und verspannt geworden war, entspannte
sich wohltuend. Vom Augenblick ihrer Ankunft auf Mull war Eileen
von ihrer »Führung« abgeschnitten gewesen. Nun war ihr, als schwäm-
me sie in einem Becken warmen, den Schmerz lindernden Wassers, das
sie reinwusch und alles Gewesene von ihr spülte. Sie ließ alles los.
Sie fühlte sich nicht länger kalt oder hungrig. Endlich war Schluß mit
der Tyrannei ihrer abgestumpften Gefühle. In das Haus und die Umgebung war völlige Stille, vollkommener Frieden eingekehrt. Sie
nahm alles an. Eileen war eine schwache, müde Frau geworden, die

Liebe brauchte. Bruder und Schwester waren noch ihre Geschwister,
Peter ihr Partner, ihr Gefährte und Geliebter, er war real und schön.
Das ganze Leben schien wieder vollkommen und eins.

Es war früh am Morgen. Sie blickte auf den Kalender; es war Weihnachten. Weihnachten! Sie lächelte – so also hatte Gott mit ihr Ver-
steck gespielt! Sie zog die Jacke an und ging hinaus, der Wintersonne
entgegen. Das Wasser in der Meerenge war leuchtend blau; der Wind
hatte es mit weißen Schaumkrönchen verziert. Es wehte ihr durch
Haar und Kleider wie der sanfte Atem Gottes. Es war nicht mehr kalt,
es war nicht mehr bedrohlich, es war Gott – so gewiß, wie alles um sie
herum Gott war: der Duft des Meeres, die kreischenden Möwen, die
oben am Himmel segelten, die Kieselsteine unter ihren Füßen, das
Blöken der Schafe, und sogar jene riesigen, massiven Granitfelsen um
das Haus. Gott lächelte.

»Guten Morgen, Mrs Caddy. Ist das nicht ein schöner Tag heute?« –
Sie drehte sich nach dieser fremden Stimme um. Es war ihr Nachbar.
Mit strahlenden Augen sah er sie freundlich lächelnd an. Eileen hatte
nicht mehr die Kontrolle über ihre Zunge, doch sie brachte es fertig,
»O, ja« zu sagen, und ging ohne anzuhalten bis an die Brandungslinie
vor.

Über ihr war ein großes, leuchtend blaues Zirkuszelt von einem
Himmel. Der Wind blies scharf an der Küste. Er brauste in ihren
Ohren. *Zum ersten Mal konnte ich weinen, nicht vor Traurigkeit oder gar
Freude, sondern einfach vor Gott. Salz kam aus meinen Augen, die salzige
Gischt wusch und sprühte mit über Gesicht und Haar; die Tränen und das Meer
erkannten sich und ich war bei Peter und wir waren eins …*

In der Ferne konnte sie durch das glitzernde Wasser in ihren Augen
Iona sehen, die Insel des Friedens. Sie konnte die Abtei sehen und
fragte sich, ob die Glocken dort zur Weihnachtsmesse läuten würden.
Sogar im Winter war die Insel grün, leuchtend und ehrfurchtgebietend.

Sie wußte es! Plötzlich wußte sie! Mit ihrem ganzen Herzen wußte
sie! Peter kam! Und sie rannte mit dem Wind zurück zum Haus, und
da stand Peter. Ein Weihnachts-Hühnchen hing an seiner Hand, die
andere streckte er ihr entgegen. Er lächelte, sie lachten, seine Augen
schienen zu sagen: *Ich habe gewartet, wir haben gewartet, du warst so allein …*

Zwischen den Dünen

Bisto für die Bratensoße, Margett's Himbeer-Pudding, Samuel Down's Pigeon Blend Whiskey, Fowler's Westindia-Sirup, Nell Gwynn – Marmelade, Bird's Puddingpulver – Familienpackung, Bisto für die Bratensoße, Walker's berühmter Highland-Teekuchen, MacVities' Gypsy Creams, Ambrosia Reis-Pudding, Baxter's zarte Essig-Möhrchen, Bisto für die braune Bratensoße, Cadbury's Keksmischung in der Dose mit dem Schmetterlings-Muster, und Bisto ... für die dicke, braune Bratensoße.

Eileen starrte vor sich hin. *Ein schimmeliger Golf-Schuh, Matratzen-Federn, Stacheldraht, Ölkanister, drei Kolben, ein rostender Dampfer-Rumpf, rostige Flexa Triebwerk-Räder, eine sonnengebleichte Thermosflasche, und ... Bisto, für die besten, dicksten Bratensoßen weit und breit.*

Eileen stand am Rande einer Müllhalde; hier sollte ihr neues Zuhause sein. Sie konnte es einfach nicht glauben. Die Führung hatte ihr gesagt, dies sei der Ort, wohin sie mit Peter und den drei Kindern ziehen sollte, und doch konnte sie es nicht glauben. – Bisto für die Bratensoße!

Peter und Eileen verließen die Insel Mull und ließen sich in Glasgow nieder. Sie lebten in einer Pension, während Peter verschiedene, uninteressante Jobs hatte. Ein »zufälliges« Gespräch brachte ihm die Stellung des Managers des Cluny Hill-Hotels ein, eines großen luxuriösen Hotels in Forres, Nordschottland, sechs Kilometer von dem Ort Findhorn entfernt. Dorothy Maclean gab ihre Stelle in London auf, kam nach und wurde Peters Sekretärin.

Peter wußte eigentlich herzlich wenig darüber, wie man ein Hotel leitet, geschweige denn ein großes Hotel mit fünfzig Leuten Personal.

Er wußte nicht, wieviel er ihnen bezahlen sollte, wen er wofür einstellen und was er den Gästen berechnen sollte.

Wenn Peter etwas nicht genau wußte, strengte er sein Gehirn an und suchte einen Fachmann, den er fragen konnte. Da er unter dem Personal niemanden fand, der etwas Management-Erfahrung besaß, tat er das Nächstbeste und fragte Gott. Da ihm klar war, daß er allein ein Hotel nicht leiten könnte, gab er diese Aufgabe weiter an seinen langjährigen treuen Verbündeten. Schließlich war es Sein Plan gewesen, oder nicht?

Alle Fragen, die Peter bezüglich der Leitung des Hotels hatte, gab er Eileen weiter, deren »Führung« sie beantwortete. Ganz gleich zu welcher Tageszeit und unter welchen Umständen: Eileen mußte alles liegen und stehen lassen, sich hinsetzen, meditieren und die Stimme hören. Sie konnte bis zu den Ohren in schmutzigen Windeln stecken – Peter platzte herein und verlangte sofortigen Einsatz, wie in jener Nacht, als der Koch vom Dienst betrunken in der Küche schwankte, kurz vor dem großen Samstags-Dinner. Der Saal füllte sich schon rasch, die Hors d'Oeuvres wurden serviert, und der Koch wollte noch einen Whiskey. Eileen setzte sich und nahm Bleistift und Notizbuch in die Hand. Sie lauschte einen Augenblick und schrieb dann: »Sag Peter, er soll ihm noch einen Whiskey geben!« Peter war sehr erstaunt, und las den Satz auf dem Weg zur Bar wieder und wieder durch. Er schenkte den Whiskey ein, ging in die Küche und gab dem überraschten Koch das Glas in die zitternde Hand. Das Dinner wickelte sich reibungslos ab.

Die meisten Hotels pflegten ihr Personal wie Wegwerfartikel zu behandeln: Man brauchte sie nach der Saison nicht mehr, gab ihnen gewöhnlich nur kleine, enge Schlafstellen, da sie ja nur während der Sommermonate beschäftigt wurden. Peter, Eileen und Dorothy hatten die Weisung, es anders zu machen. Sie schufen eine familiäre Atmosphäre unter dem Personal. Jeder wurde mit Respekt behandelt. Dorothy strich vor Saison-Beginn die Personal-Räume neu und bohnerte die Böden, bis sie glänzten. Eileen stellte in jedes Zimmer einen Blumenstrauß. Die Angestellten wurden so gut behandelt wie die Gäste, und wie der Kundenstamm, den Peter aufbaute, kamen auch sie Jahr für Jahr wieder.

Das einst unbedeutende Hotel verdreifachte seinen Umsatz und stieg zur Vier-Sterne-Bewertung auf. Jeder war überrascht von ihrem Erfolg, und Peter und Eileen begannen in der Gegend angesehene Leute zu werden. Doch es gingen Geschichten um, wie das Hotel auf der Grundlage göttlicher Führung geleitet wurde, und Gerüchte über die spirituellen Aktivitäten der Caddys kamen auf. Die nationale Presse schrieb über das Cluny Hill und nannte es »das himmlische Hotel«.

Die Eigentümer waren zufrieden mit Einnahmen und Umsatz, aber dieser einzelgängerische Manager, der soviel Beachtung und unwillkommene Publizität auf sich zog, war ihnen ein Dorn im Auge. Die Gesellschaft hatte noch zwanzig andere Hotels, und eines davon, das Trossachs, fünfzig Kilometer nördlich von Glasgow, bekannt als der »Manager-Friedhof«, erzielte immer größere Verluste und ging bergab …

Nachdem man erfolglos versucht hatte, Neuerungen einzuführen wie Peter im Cluny Hill, löste man beide Probleme, indem man Peter befahl, das Cluny Hill zu verlassen und das Trossachs zu übernehmen – so gäbe es in Forres keine Gerüchte mehr und es käme wieder Leben in das schlechteste Hotel der Kette.

Mit fünfundzwanzig Angestellten der ursprünglichen Cluny Hill-Belegschaft zogen Peter und Eileen widerwillig von Forres an Loch Katrine; sie fügten sich nur, weil Eileens Führung geheimnisvoll angekündigt hatte, »in Trossachs gäbe es viele Lektionen zu lernen«.

Peter gab sein Bestes, steckte alle Energie in das Hotel und wandte jede Technik positiven Denkens an, die er gelernt hatte. Sein Koch, der ihm nun fünf Jahre treu geblieben war, meinte mit whiskey-geschwängertem Atem prophetisch: »Sie werden das nicht ändern! Hier steckt das Böse sogar in den Mauersteinen; Sie werden es bestimmt nicht schaffen, das da hinaus zu bekommen!« Bisher war jede Voraussage des Kochs wahr geworden.

Sie mühten sich und arbeiteten, soviel sie konnten, und doch war es nicht möglich, eine Atmosphäre von Liebe und Freude zu schaffen. Dunkel und Böses schienen diesen Ort tatsächlich zu durchdringen, und die Lage in der verregnetsten Ecke von Schottland trug auch nicht gerade zur Änderung dieser Situation bei.

Der Manager-Friedhof. In der Belegschaft herrschten üble Trinkereien und Streit; einige waren verbittert, weil sie das Cluny Hill verlassen mußten und wollten dorthin zurückkehren. Manche gingen, andere trotzten und murrten. Dieser Ort schien auf jeden deprimierend zu wirken.

Gegen Ende der ersten Saison in Trossachs schrieb Peter an die Leitung der Gesellschaft, bat um eine Rückversetzung ins Cluny Hill und betonte, daß er von der Belegschaft nicht verlangen könnte, noch ein Jahr hier zu bleiben. Er erhielt keine Antwort und schrieb noch einmal und lud den Vorstand ein, das Hotel zu besuchen und die Lage zu besprechen.

Nichts geschah. Am Morgen des letzten Tages der Saison bekam Eileen Weisung, daß eine der Lektionen für das Neue Zeitalter, die sie hier zu lernen hatten, absolute Flexibilität. Als Peter hinausging und noch über diesen orakelhaften Leckerbissen nachdachte, fand er außer einem rosa Höschen nur noch ein Heer von »Bestandsaufnehmenden«, die bis zur letzten Gabel und Pillendose alles durchzählten und auf Verlust und Diebstähle überprüften. Obwohl sich herausstellte, daß nichts fehlte, wurde Peter mitgeteilt, er hätte binnen vier Stunden mit allem, das zu ihm gehörte, das Hotel zu verlassen.

Flexibilität! Dieser gräßliche Plan! Nachdem sie sechs Jahre ihres Lebens der Gesellschaft geopfert hatten, und ohne einen Tag Urlaub tagaus und tagein gearbeitet hatten, von früh morgens bis nach Mitternacht, Woche für Woche, Jahr für Jahr, konnten sie diese Entscheidung nicht verstehen. Man sagte ihnen keinen Grund für die plötzliche Entlassung.

Sie hatten nichts, wohin sie gehen konnten, außer einem alten Wohnwagen, den sie noch am Strand von Findhorn stehen hatten. Sie holten die Jungen aus der Schule, packten hastig, verwirrt alles zusammen, und fuhren am frühen Nachmittag ab. Peter bat Eileen noch einmal um Kontaktaufnahme mit ihrer Führung, und es hieß, sie hätten nun genug Lektionen in Trossachs gelernt, und sie sollten der Gesellschaft dankbar sein, weil sie in Gottes Plan eine wichtige Rolle gespielt hatte. – Das brachte sie natürlich noch mehr in Verwirrung.

Sie kamen am Strand in der Nähe des Dorfes Findhorn an. Die frische Luft und der Blick über den Moray Firth ließen etwas Ruhe in ihre aufgewühlten Gemüter einkehren. Während die Kinder draußen spielten, ruhten sich Peter und Eileen ein wenig aus und zählten, was ihnen geblieben war: Sie hatten kein Geld, keine Arbeit, kein Zuhause und nichts, wohin sie hätten gehen können.

Es war streng verboten, außerhalb der Sommersaison mit dem Wohnwagen am Strand bei Findhorn zu bleiben. Inzwischen war schon Oktober, und der Inspektor der Gesundheitsbehörde bestand darauf, daß sie weiterzögen.

Der Findhorn Bay Caravan Park stellte sich als der einzige Platz in der Umgebung heraus, wo man mit einem Wohnwagen auch überwintern durfte. Alte Erinnerungen wurden wieder wach an Zeiten, als sie hier vorbeigefahren waren, wenn sie Gäste zum Yacht-Club brachten; damals spotteten sie noch naserümpfend: »Stellt euch einmal vor, dicht an dicht in solch einer Bruchbude leben zu müssen!« – Sie blieben noch am Strand und vertrösteten den Inspektor, während sie verzweifelt nach einer anderen Möglichkeit suchten. Im November schließlich war ihnen klar, daß keine andere Wahl blieb, als zum Caravan Park überzusiedeln; sie hofften, dort nur kurze Zeit bleiben zu müssen.

Peter nahm einen Platz in einer leichten Mulde, etwas abseits von den anderen Wohnwagen, zwischen Sanddünen, Stechginster, hartem Gras und Besenginster. Der Caravan Park war an drei Seiten vom Meer umgeben, und der Wind schob die Treibsand-Dünen auf den Platz zu. Doch die Dünen boten dem rauhen Platz einigermaßen Schutz vor den Seestürmen und eine Spur von »Geborgenheit«. An der tiefsten Stelle der Mulde war eine alte Garage, die Peter vom Besitzer des Platzes mietete.

Am Morgen des 16. November 1962 spannte Peter seinen Wohnwagen an. Jonathan war damals gerade krank und blieb im Bett, während der Wohnwagen langsam die Meile zum Caravan Park geschleppt wurde.

Eileen war durch die Entwicklung der Dinge sehr beunruhigt und machte sich große Sorgen um Peter, der nun im mittleren Alter stand und arbeitslos war, weil sie fürchtete, er würde umfallen und sich entmutigen lassen. Der Umzug vom Strand zum Caravan Park schien ihr wie ein Vorzeichen, daß es mit ihrem Leben nun bergab gehen sollte. Als sie dann am Platz anlangten, wurde sie vom Grauen überwältigt. Die Garage, die Peter gemietet hatte, war von Vandalen heimgesucht worden. Die Türen hingen lose in den Angeln und schlugen in den garstigen Windböen hin und her. Glasscherben lagen herum, die Fenster waren eingeschlagen worden. Langsam begann es zu schneien.

Eileen starrte mit weit geöffneten Augen vor sich hin. Gleich neben ihrem Platz war etwas, wovon Peter ihr nichts gesagt hatte: die örtliche Müllhalde, verrottender, stinkender Abfall. Rostige Bettfedern, alte Autoreifen, zerbrochene Flaschen, leere Konservendosen, Matratzenfüllungen, umhergeblasen wie dicke, dreckige Schneeflocken – und rostige Dosen Bisto für die Bratensoße.

Absurd, ja lächerlich schien der Weg, den sie von der Führung gewiesen worden waren. Der angesehene Hotel-Manager und seine Familie lebten unter den demütigendsten, unwürdigsten Umständen. Als Peter aus den Fenstern des Wohnwagens hinausblinzelte zur Müllhalde, dachte er wehmütig zurück an das herrliche grüne Tal, das sie von der Vier-Zimmer-Suite im Cluny Hill aus immer vor Augen gehabt hatten. Nach der gut bezahlten Stellung als Hotelchef waren er und seine Familie nun auf die Fürsorge angewiesen und mußten von acht Pfund Arbeitslosenunterstützung pro Woche leben. Sein Glauben und der Gehorsam gegenüber Eileens Führung brachten ihm nun Spott und Hohn ein. Seine früheren Kollegen zogen es jetzt vor, ihn nicht zu kennen; die ehemaligen Freunde verliefen sich sehr schnell. Er versuchte, eine andere Arbeit zu finden, aber bei jedem Versuch stieß er auf eine »geheimnisvolle Abwehr«; die Führung hieß ihn, zu warten und den Augenblick zu leben.

Nimm einfach an, was geschieht. Wisse, daß Ich nicht zulassen würde, daß euch etwas geschieht, denn ihr seid alle kostbar für Mich. Alles, was du bisher erlebt hast, hat dich hierher geführt. Du kannst nicht verstehen, warum Ich von allen Menschen gerade über euch Meine Hand halte. Laß dich nicht verwirren. Eines Tages wirst du es wissen, aber jetzt gibt es erst viel, das du im Glauben annehmen mußt ... Ein ganz klarer Plan geht durch alles, was du bisher erlebt hast. Was dir heute als großes Unglück erscheint, ist in Wirklichkeit die die wunderbarste Segnung.

Peter hatte in einer Welt der Vorrechte, Schemata, Ordnung und Pläne gearbeitet, selbst sein Leben war *geplant*, und wer sich nicht fügen wollte, hatte unter den Konsequenzen zu leiden. Beim Militär, in einer Welt von Planskizzen, Tabellen, Projekten, Entwürfen, Planstellen, Dienstgraden und Aufgabenbereichen, lebte, wer es einmal geschafft hatte, nach oben zu kommen, ein Leben in Ordnung und Präzision. Peters Dispositionen für die Verpflegung einer großen Zahl von Fliegern im mobilen Einsatz waren Meisterwerke an Präzision, Analyse und Planung. Aber hier in der Mulde sollte er nun alles Planen loslassen und vergessen, alle Schwierigkeiten dieses Lebens von Augenblick zu Augenblick annehmen, ohne zu wissen, wo die nächste Mahlzeit, wo der nächste Schilling herkäme. Trotz dieser äußerlichen Wendung des Schicksals blieb Peters felsenfester Glaube an die Führung unbeirrt. Er wußte, daß in der Welt keine Sicherheit zu finden sei, daß die einzige, wirkliche Sicherheit auf ihrem Glauben an Gott ruhte.

Eileens Führung begann nun eine Zukunft zu entfalten, die so geheimnisvoll wie phantastisch war, geradezu aufreizend in den Hinweisen, was kommen würde und doch offen und ernst in ihren Warnungen vor den Schwierigkeiten, die vor ihnen lägen. Peter und Eileen lebten eine äußerlich deprimierende, trostlose Existenz, die ihnen jedoch mystische Ausblicke gestattete. Die Führung sprach von einer Zeit, zu der einst Tausende von Menschen zu ihnen kommen würden und sich verbänden zu einem großen Ganzen. So würde das Schöne, die Kommunion der Menschheit gefördert und vergrößert und aus Liebe eine Gemeinschaft wachsen, eine »Stadt des Lichts« auf diesem Planeten, den Gewalt und Verzweiflung beherrschten. Sie sollten eine Insel des Lichts sein in diesem Meer von Dunkelheit.

Als es offensichtlich war, daß sie dort bleiben sollten, konstruierten sie einen Anbau an ihren Wohnwagen für Dorothy Maclean. Der Wagen maß ursprünglich $2,8 \times 9,7$ m, Dorothys Raum brachte weitere 3×3 m hinzu. In das ganze wurden zwei Schlafräume, eine Küche, ein Bad und Toilette, und ein Wohn-Schlaf-Eßraum gequetscht. In jenem Winter, als sie – drei Erwachsene und drei sehr lebhafte Knaben – auf so engem Raum zusammenleben mußten, erfuhren sie alle, was es bedeutet, in Harmonie miteinander zu leben – und welche Hölle es war, wenn keine Harmonie herrschte. Da wurden so manche Persönlichkeits-Kanten abgeschliffen, oftmals gab es Hochspannung, aber mit der Zeit lernten sie, sich aufeinander einzustimmen, ein größeres Ganzes zu sein und als Gruppe zusammen zu leben und zu arbeiten.

Weihnachten und Neujahr gingen vorüber, und sie blieben in ihrem kleinen Anhänger, gewiegt und geschüttelt von Wind und Sturm, die über die Dünen bliesen. Die Mulde bot zwar einigen Schutz, doch nicht genug, um Sand und Dreck daran zu hindern, um den Platz zu wirbeln. Der Wind heulte und tobte um das kleine Heim, und jedesmal, wenn eines der Kinder die Wohnwagentür öffnete, kam wieder Sand in den Raum.

Den Winter verbrachte man mit Lesen und Kontemplation, da die Witterung jegliche Tätigkeit außerhalb des »Hauses« unmöglich machte. Trotz der Weisungen, die sie empfing, hoffte Eileen, daß sie ins Cluny Hill-Hotel zurückkehren könnten, aber als sie schließlich von der Sozialhilfe leben mußten, schwanden ihre Hoffnungen. Sie fühlte sich beschämt und gedemütigt. Sie verließ den Platz überhaupt nicht mehr, nicht einmal, um zum wenige hundert Meter entfernten Laden einkaufen zu gehen.

Das sind die zwei verschiedenen Seiten von Eileen. Die eine Eileen, geboren und aufgewachsen in gutem Hause, ist an die Annehmlichkeiten des Lebens gewöhnt und hat einen Sinn für die Sitten und Maßstäbe ihrer Schicht. Diese Eileen litt sehr unter den neuen Verhältnissen und war am Rande eines Nervenzusammenbruchs. Den anderen Teil könnte man die phänomenale Eileen nennen; mit diesem Teil konnte sie sich nie ganz identifizieren, bis heute nicht. Das ist die Eileen, die sich still hinsetzt und sich in einen tiefen, erweiterten meditativen Zustand zurückziehen kann, in dem völliger Frieden und Entspannung herrschen. Diese Eileen kommt ihr wie eine andere Person vor, auf die sie ziemlich gelassen, aber voller Respekt schaut.

In der Stille vernahm sie eine Stimme, so klar und deutlich wie jede andere, eine Stimme, die ihr verschiedene Botschaften mitteilte, die Eileen niederschrieb, obwohl sie dieses Geschehen nie ganz akzeptieren konnte.

Es war vielmehr Peter, der darauf kam, was diese Stimme bedeutete – hier sprach kein Geringerer als Gott. Peter hatte absolutes Vertrauen in diese Botschaften und stellte ihren Ursprung nie in Frage. Er sah keine Notwendigkeit, das Warum und Wofür zu analysieren, sondern befolgte alles in unerschütterlichem Glauben und führte unverzüglich aus, was gesagt wurde. Peters Tun und Handeln wurde so immer stärker mit Eileens Führung verbunden; bekam sie Weisung, daß etwas zu tun wäre, so machte sich Peter jedesmal sofort ans Werk.

Eileen dagegen hielt Medien, Sensitive und derartige für ein zweifelhaftes Gesindel, und sie dachte nicht im Traum daran, sich mit diesen Leuten in Verbindung zu bringen; sie fühlte sich recht unbehaglich bei der ganzen Sache. Sie war in einer strenggläubigen, anglikanischen Familie aufgewachsen und kannte nur einen im Tabernakel eingeschlossenen Gott der Heiligen Schrift, der zwar seine Hand überall hatte, vom Menschen jedoch entfernt war. Mit diesem Gott sprach man nicht, und er würde sicherlich auch nicht zu einem Menschen sprechen. Eileen wollte nicht eine von den Sensitiven sein, die unbewußt ihre Wünsche durch »Offenbarung« äußerte. So war sie fest entschlossen, diesem Impuls, wenn irgend möglich, nicht nachzugeben, aber so sehr sie dies auch versuchte, sie konnte dem Ruf nicht widerstehen, in die Stille zu gehen und zu lauschen.

Doch während jenes ersten Winters kamen ihre tiefsten Zweifel in Gestalt von Pessimismus und Klagen wieder an die Oberfläche. Der während ihrer erfolgreichen Zeit im Cluny Hill gewachsene Glauben wurde tief erschüttert durch die unvorstellbaren Lebensbedingungen, in denen sie sich nun zurechtzufinden hatte; dies konnte sie einfach nicht mit den positiven, ja fast freudigen Durchgaben vereinbaren, die immer wieder versicherten: »Alles ist gut.«

Peter konnte die schwierigen Lebensumstände, Armut, Kälte und Not leicht akzeptieren, nicht jedoch Eileens Zweifel und Ablehnung. So begann er ihr das gleiche Training zu geben, das er einst als Jugendlicher von Dr. Sullivan bekommen hatte, ein Training in positivem Denken. Peter ist vermutlich einer der besten Repräsentanten des positiven Denkens in Theorie und Praxis – seine Einstellung zum Leben läßt im Vergleich sogar Dale Carnegie zu einem armen Waisenkind werden: Nichts ist unüberwindlich. Soweit es ihn betrifft, gibt es nichts, das Peter nicht könnte – vorausgesetzt, die Sache hat Gottes Zustimmung.

Peter lehrte Eileen, daß Denken und Leben untrennbar sind und jede Trennung dieser beiden gewaltsam und unnatürlich ist. Wir sind, was wir denken; was wir denken, wird – was wir sind und alles um uns. Wenn Eileen noch länger in ihrer Negativität verharrte, würde sie genau das schaffen, was sie fürchtete. – Es schien zu funktionieren, denn bald hörte das Klagen auf und Eileens Glauben blühte wieder neu.

Laß dein Herz nicht betrübt sein. Glaube du an Mich. Vertraue auf Mich. Laß nicht zu, daß Zweifel oder Ängste dich bedrängen. Laß Mich dich gebrauchen als Meinen Kanal, durch den Ich zu jeder Zeit Meine Liebe hinausstrahlen kann. Tritt aus dem Nebel der Verzagtheit in das reine Licht, wo alles klar ist und Schönheit dich umgibt ... Beginne den Tag mit liebevollen, positiven Gedanken, und du wirst sehen: Dieser Tag wird anders werden. Du führst ein ein- und abgeschlossenes Leben. Du neigst zu vergessen, wie Millionen in den großen Städten leben: im Gehetze und Geschiebe, in Schmutz und Verwahrlosung. Es ist gut, sich einmal daran zu erinnern – das wird dein Herz mit tiefer Dankbarkeit erfüllen, mit Dankbarkeit dafür, daß Ich dich geführt habe, bis hierher, in ein Leben, wo Frieden und Schönheit dich umgeben, wo die Luft rein ist und das Leben einfach. Du bist besonders gesegnet. Nimm diesen Segen an, pack an, tue Meine Arbeit, und laß Meinen Frieden und Meine Liebe dein sein allezeit, Geschenke von Mir, deinem himmlischen Vater. Gehe immer mit Meiner Führung, nie gegen sie. Wenn du sie ablehnst, beginnen Schwierigkeiten. Ich habe sehr viel Geduld und Liebe und bleibe bei dir, dir den Weg zu weisen, aber es liegt bei dir, ihn anzunehmen, ihm zu folgen. Ich kann es dir nur zeigen, handeln mußt du selbst. Ihr lebt nicht als Individuen, sondern als Gruppe. Deshalb kannst du völlige Einheit nur dann finden, wenn du nach Meinem Willen strebst. Es wird ein sehr aufregendes und spannendes Leben für euch werden, aber du mußt in Meiner Nähe bleiben und nicht versuchen, etwas auf deine Weise zu tun.

Eileens neu gewachsener Glaube und das wiedergefundene Vertrauen brachten nun den innigen Wunsch mit sich, länger zu meditieren; aber zu sechst in einem Wohnwagen, wo man dauernd aneinanderstieß, wenn man von einem Raum in den andern gehen wollte, war kaum einmal der Platz, geschweige denn die Stille für die Meditation. Als sie einmal spät in der Nacht in der Meditation fragte, wo sie ein ruhiges Plätzchen finden könnte, bekam sie eine so unmittelbare Antwort, daß sie wünschte, nicht gefragt zu haben: *Geh hinunter zu den öffentlichen Toiletten, dort hast du die Stille, die du brauchst.* Dieser Rat klang allzu grotesk, aber sie war auf ihn angewiesen; wenn jedoch der gute Herr sogar so etwas von ihr verlangte, dann tat sie auch das; und so steckte sie Notizbuch und Bleistifte in eine Tasche, packte sich selbst in einen dicken Mantel und ging durch die kalte Nacht hinunter zu den öffentlichen Toiletten. Dort saß sie dann Nacht für Nacht bis in die frühen Morgenstunden. In dem stinkenden, ungeheizten Häuschen mit seinen Drahtglasfenstern saß sie genau so gut wie draußen auf einem Zaunpfahl – so wenig Schutz bot es vor dem Wetter. Aber sie kam wieder, jede Nacht, den ganzen ersten Winter hindurch und während der fünf folgenden Jahre, ohne eine Nacht auszulassen. Dort hatte sie Visionen und hörte die Stimme, erlebte jede Nacht drei bis fünf Stunden lang neu, daß Gott überall war, denn Er ist im Innern.

Jener erste Winter war einer von diesen langen, ungewöhnlich kalten Wintern, die alle elf Jahre wiederzukehren scheinen, wie auch die erhöhte Sonnenfleckenaktivität und Dürrezeiten. Drei Monate lang war ihr Wohnwagen mit Eis bedeckt und alle Rohre zugefroren; sie mußten ihr Wasser eimerweise von einem Hahn unten an der Straße herbeischleppen. Ihr Weg mit den Wassereimern glich einer gut einstudierten Pantomime, wie sie da über die glatte Eisfläche steuerten, die alles zudeckte.

Als Ostern und die Frühjahrsschmelze herannahten, schaute Peter aus der Türe zu dem grasbewachsenen Hügel und überlegte, was da zu verbessern wäre. Eileen empfing die Weisung, sie sollte einen Patio bauen, der ihnen Schutz vor dem Wind böte, wenn sie draußen säßen; gleichzeitig hielte er den Sand davon ab, in den Wohnwagen einzudringen.

Sie hatten kein Geld für Beton, doch handelten sie im Glauben und sammelten Steine für das Fundament. Als sie damit fertig waren, kam ein Nachbar vorbei und erzählte ihnen, daß mehrere Tonnen beschädigter Zementsäcke gerade an der Straße vor dem Caravan Park abgeladen worden seien. Sie fanden dort ganz genau, was sie brauchten und konnten den Patio binnen weniger Tage vollenden. Als nächstes wandte Peter seine Aufmerksamkeit dem angrenzenden Grund zu, einem zum Teil im Schatten gelegenen sandigen Streifen entlang des Zaunes, der – wie er dachte – wohl für Salat und Rettiche geeignet wäre.

Obwohl Peter überhaupt keine Erfahrung mit der Gärtnerei hatte, hatte er im Winter Bücher über biologisch-dynamische und andere biologische Anbau-Methoden gelesen. All diese Bücher gingen von der Voraussetzung aus, daß man Erde hatte, aber als Peter seine »Erde« in Augenschein nahm, hatte er nur leichten, pulverigen Sand ohne organische Bestandteile; nicht einmal Feuchtigkeit konnte er einigermaßen speichern. Dieser Mißstand wurde verschlimmert durch einen totalen Mangel in vielerlei Beziehung: Peter war bankrott, er konnte weder Torf, Dünger, Kompost noch gute Gartengeräte anschaffen.

Peter machte das einzige, das er tun konnte: Er entfernte die Grasdecke, die die Düne bedeckte und hob einen Graben aus, 50 cm breit und 30 cm tief. Dahinein legte er die Grasschollen, stach sie mit dem Spaten klein, bedeckte sie mit etwas Sand, und säte darauf die Samen. Weil der Boden so unfruchtbar war, begoß er das »Beet« jeden Tag.

Zwischen Patio und Garage war noch ein freies Stück, ca. 2,5 × 3 m, das Peter in der gleichen Weise zu bearbeiten beschloß. Dieses Mal brachte er noch Pferdemist ein, den er von einem Stallbesitzer im Ort erhalten hatte. Mit einem Drahtzaun schützte er den Fleck vor den Wildkaninchen. Peter pflanzte Erbsen, Stangenbohnen, Rüben und noch mehr Kopfsalat an.

Er hoffte immer noch im stillen, eine Arbeit zu finden, aber als jedoch all seine Anstrengungen weiterhin »geheimnisvoll durchkreuzt« wurden, wandte er sich dem Grundstück hinter der Garage zu, auf der anderen Seite des Wohnwagens vor dem Patio. Er wollte dort einen Komposthaufen anlegen, hatte aber keinen Pferdemist mehr. Als er eines Tages ausfuhr, um Stroh zu besorgen, nahm er einen Mann als Anhalter mit, der gerade seine drei Pferde auf die Koppel neben dem Caravan Park gebracht hatte. Der sagte ihm, es wäre ihm sehr recht, wenn Peter den Mist abholte, falls er ihn irgendwie brauchen könnte. Peter sagte zu, ohne zu zögern. Am nächsten Tag schon ging er mit Dorothy und Eileen auf die Koppel, um von dem Angebot Gebrauch zu machen. Bald waren sie Ziel erstaunter Blicke der Autofahrer, die langsamer fuhren, um zu den drei Erwachsenen herüber zu starren, die dort auf der Weide mit Eimer und Schaufel Dung sammelten unter den geduldigen Blicken der Pferde.

Dorothys und Eileens Arbeit war es auch, Seetang einzusammeln, den sie, bevor die Kinder von der Schule zurückkamen, während der Nachmittags-Ebbe von den Felsen schnitten. An einem besonders kalten Tag, als beide bis zu den Knien im Wasser standen, rutschte Eileen das Messer aus den klammen Fingern und schnitt ihr in die Handfläche. Beide Frauen starrten entsetzt auf die klaffende Wunde. Da schloß Eileen schnell die Hand und betete leise: »Ich beteure Unversehrtheit«, wieder und wieder. Schließlich sah sie auf und öffnete ihre Hand: sie war rein und unverletzt. Nicht einmal eine Narbe war zu sehen. Sie sprachen nicht darüber und arbeiteten weiter – in Ehrfurcht.

Als das Wetter besser wurde, unternahm Peter lange Spaziergänge durch die Heidegebiete entlang der Küste auf der Halbinsel. Auf diesem Landstrich, wellig wie das umgebende Meer, wächst ein zähes, stacheliges Gras, 60–90 cm lang, das in dichten Büscheln aus dem Boden kommt und den Sand hält; es gibt den Dünen ein Fischgräten-Muster von ineinander verflochtenem Grün. Zu jeder Zeit und bei jeder Witterung weht der Wind; er bläst herein von der See, tanzt über die Heide und bringt mit sich den prickelnden Salzgeruch; diese ständige Luftreinigung hat der Landschaft ihre Gestalt gegeben.

Vom Wind ab, nach Hause, wandte sich Peter dann wieder und atmete den berauschenden Duft der gelben Blüten des Stechginsters ein. Im Licht der untergehenden Sonne glichen sie goldenen Pennies, die an dornigen, grünen Kronen befestigt waren – dazwischen huschten überall große, graue Kaninchen in ihre Löcher. Peter hörte ein merkwürdiges Blöken. Als er den Kamm der Düne erreichte, konnte er die Herkunft ausmachen: ein weißes Schaf, das sich drehte und wand. Es hing kopfüber, gefangen in einem Stacheldrahtzaun und kam nicht los. Sorgfältig löste Peter die Drähte und befreite es. Die Beine des Tieres waren verwundet, aber bevor er es näher untersuchen konnte, sprang es davon, um wieder zu seiner Herde zu gelangen. Peter dachte, das Schaf müßte beobachtet werden, und ging zu dem Farmer, um ihm zu sagen, was geschehen war. Voll Dankbarkeit versprach dieser ihm eine Ladung Mist, den er am folgenden Tag persönlich am Wohnwagenplatz ablieferte.

Peter fügte dem Kompost nun Torf-Reste und Cummings zu, einen Gerste-Rückstand, den die Mälzereien wegwarfen. Einer der Ladenbesitzer im Ort, dem auffiel, daß die Caddys immer nur das billigste Gemüse und Obst kauften, erinnerte sich an die Zeit, als sie mit dem Cluny Hill Hotel zu seinen besten Kunden zählten, und gab ihnen von nun an all das Gemüse, das er nicht mehr verkaufen konnte, besonders zu alte Kartoffeln, von denen er immer eine hübsche Menge hatte. Peter und Eileen lasen die Kartoffeln immer sorgfältig aus. Was nicht ganz verdorben war, kam auf die Seite und wurde später zu Kartoffelsuppe verarbeitet; das wurde zur allabendlichen Hauptbeschäftigung. Was von den überreifen Bananen noch zu gebrauchen war, wurde mit Milch zu einem Nachtisch verquirlt. Der Rest kam auf den Kompost.

So wurde all ihren Nöten begegnet, einfach und gnädig.

Warum sollten nicht all eure Bedürfnisse erfüllt werden? Seid ihr nicht Meine Kinder; habe Ich nicht Meine Hände auf euch gelegt? Glaubet, daß alle Dinge möglich sind und handelt entsprechend. Dann legt ihr nichts mehr beiseite für einen Regentag. Deshalb hortet nie etwas. Was immer ihr habt – seht und gebraucht es als ein Geschenk von Mir. Wisset: Wo dies herkam, da ist noch viel mehr. Denkt immer daran, und ihr werdet nicht mehr nach vorne ausschauen oder zurückblicken. Dann werdet ihr in der Fülle des Augenblickes, des Jetzt, leben. Seht, wie euren Bedürfnissen entsprochen wird, und saget Dank allezeit.

Die neue Ernährungsweise war eine völlige Abkehr von der Hotelierskost. Im Cluny Hill waren Peter und Eileen beispiel- und tonangebend und aßen konsequent das gleiche wie die Hotelgäste, Fünf- bis Sechs-Gänge-Menüs mit einer Flasche Wein und einem Brandy, um die Sache abzurunden. Hier in der Mulde wurde ihre Ernährung spartanisch einfach. *Ihr werdet feststellen, daß eure Körper mehr und mehr verfeinert werden, wie auch die Zuführung fester Nahrung an Wichtigkeit verliert. Bald werdet ihr beginnen, eure Nahrung aus dem Licht der Sonne und aus der Luft aufzunehmen, wie auch eure Körper immer mehr gereinigt werden.* Peter bekam die Weisung, am Strand zu laufen und zu schwimmen, wenn er nicht im Garten arbeitete. So bildete sich ein bestimmter Tagesablauf heraus. Vor dem Mittag- und dem Abendessen hörte er rechtzeitig mit der Gartenarbeit auf und lief vier bis sechs Kilometer am Strand, bevor er in das kalte Meer tauchte.

Die Führung teilte ihnen mit, daß sie fast ausschließlich von den Erzeugnissen aus dem eigenen Garten leben würden; das wäre sehr wichtig, weil diese Nahrung Schwingungen enthielte, die mehr verfeinert seien als die Stadt-Nahrung. So nährten sie sich fast ganz von Gemüse, Salaten, Obst, Weizenkeimen, Brot und Honig. Eileen war durchgegeben worden, sie sollte rotes Fleisch von ihrem Speiseplan streichen, und bald darauf verschwand auch das übrige Fleisch. *Diese Verfeinerung eurer Körper ist ein langsamer Prozeß, und Ich verlange von euch nichts Einschneidendes. Gewöhnt euch Schritt für Schritt daran, mehr Gemüse und Früchte zu essen. Euer Organismus wird sich an sie gewöhnen und wird bald nichts anderes mehr verlangen. Wisset auch, daß alles was ihr tut – sei es die Nahrung, die ihr eßt, die Arbeit, die ihr vollbringt, das Licht der Sonne und die frische Luft, die ihr aufnehmt oder die Harmonie, in der ihr zusammen wirkt – alles euch voranträgt, hinein in das Neue. Das Alte ist vergangen. Sage Peter, daß alle Arbeit und Mühe, die er in diesen Platz steckt, Frucht tragen wird, Frucht in Überfülle. Er macht diesen Ort zu einem ganz besonderen Platz, der in den Tagen, die noch vor euch liegen, sehr bedeutsam wird.*

Peters Tätigkeit im Garten wuchs immer mehr, bis er von früh morgens bis spät in die Nacht hinein arbeitete. Alles, was er für den Kompost brauchte, hatten sie selbst gesammelt, außer dem Stroh zum Abdecken; dies wurde ihnen gebracht: An dem Tage, an dem die Haufen fertig geschichtet waren, brachte ein Nachbar ihnen einen Ballen, den er am Straßenrand gefunden hatte. – Was auch immer Peter für den Garten brauchte, wurde genau zur richtigen Zeit geliefert, so daß kein Tag mit Warten verlorenging. Als derselbe Nachbar merkte, daß sie Holz brauchten, bot er ihnen altes Bauholz an von Häusern, die er abriß, wenn Peter ihm beim Abtransport behilflich wäre. Mit den Brettern wurden Wege angelegt, Zäune gebaut und die Rahmen für verglaste Treib-Beete gefertigt. Peter nahm sich dann ein weiteres Stück vor, nördlich des Komposthaufens, wo er Lauch, Sellerie, rote Bete, weiße Rüben, Erbsen, Bohnen, noch einmal Rettiche und weiteren Salat anbaute. Das erste Beet trug schon Kopfsalat und Rettiche, und die Karotten konnten schon ausgedünnt werden. Jeder, sogar die Kinder, gab seine Energie in den Garten.

Obwohl sie außer der Fürsorge kein Einkommen hatten, fehlte ihnen nichts; sie fühlten sich geradezu überströmt von Gottes Segnungen, als lebten sie an einem ganz besonderen Ort, einer Oase des Friedens inmitten eines sich herrlich entwickelnden Gartens. Statt Haß oder Verbitterung wegen des ärmlichen Lebens empfanden sie Dankbarkeit für alles, was umsonst war: strahlender Sonnenschein, Seeluft, das klare Wasser, frisches, natürliches Gemüse aus ihrem Garten, die Balgereien am Strand und die eindrucksvollen, immer neuen Sonnenuntergänge.

Wiederholt empfing Eileen, daß die Erzeugung der eigenen Nahrung ein weiterer Schritt wäre zum Aufbau eines neuen Körpers, eines neuen Geistes, eines neuen Lebens. *Was du nun ißt, bewirkt weit mehr Gutes als alles, was du bisher in deinem Leben bekommen hast. Versuche dir klar zu machen, daß dies ein Teil des Prozesses ist, der deinen Körper für etwas ganz Neues vorbereitet. Was also in der Vergangenheit deine Eßgewohnheiten waren, ist nun vorüber. Das ist das Neue. Du wirst feststellen, daß du völlig neue Gewohnheiten annehmen kannst, völlig neue Denkweisen. All die alten Formen und Geleise sollen zerstört werden. Du sollst dich nach nichts richten, das du in einem Buch über Ernährung gelesen hast. Je mehr Nahrung aus eurem eigenen Garten euer Körper aufnimmt, desto besser. Du mußt deinen Körper allmählich verfeinern; je feiner er wird, je mehr er an Dichte verliert, desto besser wird die Haut Substanzen absorbieren können, die sie zur Zeit noch nicht aufnehmen kann. Das ist, als ob eine Schicht alter Haut abgestreift werden muß; zurück bleibt nur die feinere Schicht, die diese reinen Substanzen aus dem Äther aufnehmen kann. Du wirst sehen, daß dein Körper wissen wird, was er braucht und aufnehmen kann, was gut und was schlecht ist für ihn, und du wirst instinktiv das Richtige essen. Das Alte muß weichen, und je schneller dir das klar geworden ist und du etwas dafür tust, desto besser. Ich möchte, daß du erkennst, daß die Produkte dieses Gartens eine enorme Lebenskraft in sich haben und dir weit mehr Gutes tun werden als alles Gekaufte. Diese Nahrung ist gesegnet. Nimm sie auf und sei allzeit dankbar.*

Der Garten wurde zu einem Mittelpunkt ihres Lebens, und wer im Mai vorbeikam, dem fiel etwas Andersartiges, etwas Besonderes daran auf: Alles war höher, größer, grüner, saftiger und lebendiger gewachsen als man es sonst jemals gesehen hatte. Zu dieser Zeit empfing Peter Weisungen durch Eileen, künftig alles zu pflanzen, was hier gedeihen würde – schließlich waren es 65 Gemüsearten, 42 verschiedene Kräuter und 21 Obstsorten.

Eines sonnigen Maimorgens, als Peter die Karotten ausdünnte und Eileen wusch, trat mit Dorothy Maclean ein Wesen in Verbindung, das den Garten von Findhorn völlig revolutionieren, ihn vom noch Gewöhnlichen ins Phantastische erheben sollte. Diese Wesenheit war die Erbsen-Deva.

Dorothy und die Devas

Heute ist man sich ziemlich einig darüber, und auf der physikalischen Seite der Wissenschaft nahezu völlig einig, daß der Wissensstrom auf eine nicht-mechanische Wirklichkeit zu fließt; das Weltall sieht allmählich mehr wie ein großer Gedanke als wie eine große Maschine aus. Der Geist erscheint im Reich der Materie nicht mehr als ein zufälliger Eindringling; wir beginnen zu ahnen, daß wir ihn eher als den Schöpfer und Beherrscher des Reiches der Materie begrüßen sollten ...

Sir James Jeans (Physiker)

Dorothy faßt Devas als Gedanken auf, Aspekte der Schöpfung, des Wachstums, die vom modernen Menschen unserer Zeit vernachlässigt und vergessen sind. Schöpfung ist Gedanke, eine Schwingung, eine Idee, ein Samen. Aus dem göttlichen Potential entspringt jeder Gedanke, der das Universum schafft, und diese Gedanken schaffen immer noch. Dorothy würde fragen: Wo entsprang der Schöpfungsgedanke von einem kleinen Moosfleckchen oder einer Lärche? – Könnte irgendjemand diese Frage überzeugend und sicher beantworten? Was trägt dann die archetypische Form durch Raum und Zeit zu dem Punkt, wo sie sich entfaltet und zu Leben wird auf dem blauen Planeten?

In Äonen hat sich das göttliche Potential wieder und wieder in Myriaden von Formen und Gestalten offenbart. Diese Gedanken besitzen ein Energiepotential, lebendig pulsierend, der eigentliche Wesenskern dessen, was wir Leben nennen. Von Zypressen, Kornblumen und Brunnenkresse gibt es diese Idee, diesen Ur-Gedanken – er existiert seit undenklichen Zeiten – der das ganze Universum durchdringt mit seiner eigenen Identität, seiner Einzigartigkeit, doch in vollkommener Harmonie mit allen anderen Schöpfungsgedanken. Sollen wir sie Devas nennen? Eine Deva ist dann die Idee von Leben, das nach Erfüllung strebt – es ist überall, es kann nicht sterben, es ist einfach.

Dorothy Maclean's Lebensweg traf indirekt den der Caddys 1940, als sie ein Angebot von British Intelligence für den Dienst in Übersee annahm, wo sie Sekretärin in verschiedenen Botschaften wurde. Ihr neuer Chef, der sie von Toronto nach New York begleitete, war Sheena Govan, die schließlich ihr spiritueller Mentor und Führer wurde. Ihr

Dienst brachte sie rund um die Welt: nach Panama, Argentinien und Skandinavien. Während jener Zeit widmete sie sich intensiv den mentalen, meditativen und körperlichen Techniken des Sufismus, die sie bei einem Lehrer in Rio de Janeiro lernte. Am Ende des Krieges gab sie ihre Stellung auf, schrieb sich an einer Londoner Kunstschule ein und traf schließlich auch Peter und Eileen über ihre frühere »Lehrmeisterin«, inzwischen anerkannte geistige Lehrerin.

Sheena Govan war ein Wesen, dem ich zuhören, das ich respektieren und lieben konnte. Sie nahm einen Plan für das Wachstum der Welt wahr und bereitete sich darauf vor, ihre Rolle darin zu übernehmen. Ihre Umsetzung geistiger Prinzipien im privaten Leben ging weiter als bei meinen geliebten Sufi-Lehren. Ihre Wahrheit und Liebe stellten mich vor die Frage, ob ich bereit wäre, der Wahrheit entgegenzutreten, verwandelt und eine treue Dienerin Gottes zu werden.

Dorothy arbeitete tagsüber als Sekretärin in der Fleet Street und lebte allein in einer Etagenwohnung. Eines Abends, als sie mit Hausarbeiten beschäftigt war, hörte sie eine Stimme sagen: »Horch, horch, schreibe es auf«. Sie versuchte, dem keine Beachtung zu schenken, aber diese Stimme wurde eindringlicher und meldete sich täglich wieder. Dorothy überlegte sich schließlich, ob sie nicht besser überhaupt mit dem Meditieren aufhören sollte, begann jedoch zögernd, die Worte niederzuschreiben. Von jenem Tag an floß allmählich ein großer Strom von Worten durch sie; aber ihr zweifelnder Verstand zensierte viel und ließ nur übrig, was sie für »ganz richtig« hielt.

Eines Tages erzählte sie bei einem Besuch Sheena von diesen Erlebnissen. Sheena bestand sofort darauf, diese »Botschaften« zu sehen. Nachdem sie jede einzelne sorgfältig gelesen und untersucht hatte, sagte sie Dorothy, sie sollte nicht so kleingläubig sein, denn was ihr da übermittelt würde, sei echt und gut. Sie sprach ihr zu, alles niederzuschreiben, ganz gleich, wie dumm es klingen mag, und Dorothys Leben begann in mancher Beziehung sehr dem von Eileen zu ähneln. Jene zwanzig gekritzelten Aufzeichnungen wurden ein Markstein in ihrem Leben, da sie, obwohl ihr Verstand sagte »O nein, ich denke nicht daran; *damit* habe ich nichts zu tun«, dabei blieb, und die Botschaften, die sie empfing, niederschrieb – nicht in völligem Vertrauen, aber mit dem Wissen, daß dies der Weg war, dem sie zu folgen hätte.

Dorothy, eine attraktive, verführerische Sekretärin mit erstklassigen Referenzen in einem stinkvornehmen, gutbezahlten Job, fand bald heraus, daß ihre Freunde sich zurückzogen, wenn sie auf dieses neue Gebiet zu sprechen kam. Sie wußten nicht, was in die »arme, kleine Dottie« gefahren war und ließen sie schließlich ganz links liegen, da sie sie für nicht mehr ganz normal hielten.

Sie erlebte so die Situation aller Mystiker des zwanzigsten Jahrhunderts, die in der Umgebung und in dem Einflußbereich einer Kirche leben, die es vorzieht, Gott als den fernen, alttestamentlichen Jehova zu sehen, einer Kirche, die nicht freundlich gesinnt war gegenüber Kindern, die mit Gott vereint waren. Dorothy wurde als »Verrückte« ausgeschlossen, und das war sie denn auch in der Tat: Sie hatte die alte, harte, mentale Schale zerbrochen, die die Person, den Menschen von Gott entfernt hielt, und war nun geöffnet einem Ton, der in ihrer Seele widerklang, dem Einssein in Ganzheit, dem, was sie den Gott im Innern nannte.

Durch diese Erlebnisse wurde es bald offensichtlich, daß ihr Lebenswerk nicht im Sekretärinnendasein in London bestehen sollte. Sheena schlug vor, sie sollte dienen, Hausmädchen werden, um so auch andere Aspekte des Lebens kennenzulernen. Dorothy gab also ihren vornehmen Job, ihr gutes Einkommen, Wohnung und alle ihre Habe auf. Bei ihrer ersten Stelle als zweites Küchenmädchen in einem Altersheim tat sie sehr bald einige recht unküchenmädchenhafte Dinge, einschließlich seelsorgerlicher Beratung und dem neuen Herrichten eines der Patientenräume auf eigene Kosten. Sie hatte noch verschiedene andere Stellungen und kam so mit Gesellschaftsschichten in Kontakt, die ihr bisher an sich durch ihre gutbürgerliche Abstammung recht fremd und verschlossen waren. Anfängliche Sorgen und Zweifel wegen der Nöte des Alltags verschwanden bald, als sie lernte, ohne Geldreserven, einfach aus dem Glauben zu leben. Die neuen Kentnisse, Freunde und Erlebnisse aus diesen Jahren wurden ihr wichtiger als alles, was sie bis dahin gelernt und erfahren hatte.

Die Führung war sinnlos, wenn sie keinen praktischen Bezug zum täglichen Leben hatte. Sheena hatte das wieder und wieder betont, bis ich es nicht mehr hören konnte – aber es wurde trotzdem wiederholt. Das Leben prüfte mich, warf mich aus gut bezahlten Stellungen in eine fremde Welt, wo Gott und die Intuition einziger Halt und Führer waren, und wo die unbezahlbaren Lektionen des Lebens ohne Geld, Heim, Besitz und »Verwurzelung« zu lernen waren. Schließlich landeten Peter, Eileen und ich in einem Hotel, wo wir fünf Jahre blieben. Wir leiteten es nach den spirituellen Prinzipien, die wir gelernt hatten. Das Hotel war ein sehr wichtiger Abschnitt auf dem Weg nach Findhorn, es war nur 4 Meilen entfernt. Das Leben im Hotel war ein Training für das Leben in der Gruppe, den Umgang mit anderen Menschen, für die Betreuung von Besuchern, für die Überwindung von allerlei Unzulänglichkeiten und eine Lehre für das Leben an sich. Findhorn war für uns ein Dorf, wo wir die Jungen zum Schwimmen hinbrachten oder zum Sandburgenbauen. Den Wohnwagenplatz fanden wir so häßlich, daß wir dankbar waren, nichts damit zu tun zu haben.

Aber nach sechs Jahren aufopferungsvoller Arbeit im Hotel wurden wir zu unserer eigenen Verwunderung und Überraschung gefeuert. Wir hatten vier Stunden Zeit – wohin sollten wir gehen mit all unserer Habe und drei kleinen Jungen? Wir fuhren zu unserem Wohnwagen nach Findhorn, um vorübergehend dort zu bleiben, bis unser seltsames Schicksal sich wieder zum normalen wenden würde – wir waren sicher, das würde es tun. Aber das Schicksal nahm nichts von diesen Umständen zurück und wir blieben weiterhin auf jenem Caravan Park, suchten erfolglos nach Jobs und murrten vor uns hin. Wir machten das Beste aus der Arbeitslosigkeit, lebten wie die Einsiedler und begannen, einen kleinen Garten anzulegen, um unsere Zwangs-Diät etwas aufzubessern, denn die Arbeitslosenunterstützung war nicht gerade reichlich.

Als Peter und Eileen sich dort in der Mulde niederließen, zog Dorothy zuerst in eine Angestelltenunterkunft in einem Dorfgasthaus, zweieinhalb Kilometer entfernt. Später, als der Anbau am Wohnwagen fertig war, kam sie nach, half Peter bei den Maler- und Ausbesserungsarbeiten an ihrer Unterkunft oder hütete mit Eileen die Kinder. Nachts saßen sie um das Kohlenfeuer, meditierten oder unterhielten sich. Für Dorothy war dies eine Wartezeit, ein Zwischenspiel, das bestimmt bald von neuen Lebensumständen abgelöst würde. Nie hatte sie gedacht, daß sie zehn Jahre dort bliebe.

Als dann der Frühling kam, arbeitete Dorothy von früh morgens bis in die Dunkelheit hinein im Garten, las Steine aus der »Erde« oder verteilte das Seegras. Sie war jeden Tag draußen, war Peters »Arbeitstier« und machte nur Pause, um mittags im Patio zu essen. Es war für alle eine glückliche Zeit; sie konnten die Energien, die sie über Winter im Wohnwagen gesammelt hatten, endlich in der harten Arbeit freisetzen. Die Ergebnisse ihrer Mühen im Garten waren ganz gut, aber nicht ungewöhnlich, und sie hatten viele Probleme mit Schädlingen und Krankheiten.

Dann, am 8. Mai, saß Dorothy wieder in der Stille und empfing in der Meditation folgende Worte: *Für die, die einen Einblick in das Leben haben, hat alles einen Sinn. Es ist zum Beispiel ein Sinn hinter dem unablässigen Wehen des Windes, eine geistige Bedeutung trotz all der unerfreulichen Resultate, die die Böen zeitigen. Für die, die Augen haben zu sehen, steht alles an seinem Platz.*

Die Kräfte der Natur sind etwas, in das man sich hineinfühlen muß, worum man sich bemühen muß ... Eine deiner Aufgaben ist, dich hineinzufühlen in die Naturkräfte, wie zum Beispiel in den Wind. Spüre nach seinem Wesen und der Bedeutung, die er für mich hat, komme in Einklang und Harmonie mit diesem Wesen. Es wird nicht so schwierig sein, wie du es dir jetzt vorstellst, denn die Wesen dieser Kräfte ... sind glücklich, eine freundliche Kraft zu fühlen. In alle Kräfte mußt du dich einfühlen, auch in die Sonne, den Mond, das Meer, die Bäume, sogar das Gras. Alle sind sie Teil Meines Lebens. Alles ist ein Leben. Übernimm deine Rolle, mache das Leben wieder eins, mit Meiner Hilfe.

Dorothy wußte nicht, was sie damit anfangen sollte. So nahm sie diesen Vorschlag als willkommene Entschuldigung, Spaziergänge in der Umgebung zu machen oder in der Sonne zu liegen. Als sie Peter davon unterrichtete, sah er sofort eine Möglichkeit, wie sie beim Aufbau des Gartens mithelfen könnte. Er bestand darauf, daß Dorothy sich um mehr Information bemühte, und am folgenden Tag empfing sie: *Ihr sollt euren Garten in echter Zusammenarbeit anlegen; denkt dabei auch an die Naturwesen, die höheren Naturgeister und die Geister anderer Körper, wie zum Beispiel die Geister der Wolken, des Regens, der verschiedenen Gemüsearten. In der neuen Welt wird ihr Reich den Menschen ganz geöffnet sein – oder Ich sollte eher sagen: die Menschen werden ihrem Reich ganz offen sein. Öffne dich und gehe mit Sympathie und Verständnis dem herrlichen Reich der Natur entgegen. Wisse, daß diese Wesen des Lichtes sind, bereit zu helfen, aber scheu und argwöhnisch gegenüber Menschenwesen.*

Das waren auf den ersten Blick ziemlich unglaubliche Anweisungen, und Dorothy lehnte daraufhin für eine ganze Weile jede weitere Kontaktaufnahme ab. Peter, der praktisch dachte und sich sehr um den Garten sorgte, plagte sie, sie sollte weitermachen; er wollte Genaueres. Er wollte wissen, warum der Kopfsalat einging, und was er gegen die Schädlinge unternehmen könnte. Sie hatte ihre Zweifel und zögerte, aber wie schon bei Eileen hatte Peter einen absoluten Glauben in die Sache und vertraute den Botschaften. Sein beständiges Anstacheln von Dorothy's Neugier brachte sie schließlich dazu, sich wieder um einen Kontakt zu bemühen. Sie hielt es für das Beste, erst einmal auf einer ziemlich tiefen und praktischen Ebene zu beginnen, bevor sie mit dem Mond- oder dem Regen-Geist aneinandergeriete, und so wählte sie die Erbse, weil Erbsen auch im Garten wuchsen und ihr Lieblingsgemüse waren. Während der Meditation im Wohnwagen am frühen Morgen erreichte sie eine ihr bis dahin unbekannte Ebene des Bewußtseins, und sobald sie ihre Gedanken auf einen Naturgeist richtete – den Geist der Erbsen – empfing sie eine unmittelbare Antwort, die sie durch ihren Glanz und die Schnelligkeit überraschte.

Ich kann zu dir sprechen, Mensch. Ich bin ganz und gar geleitet von meiner Arbeit, die geplant und festgelegt ist, und die ich lediglich zum Ziel bringe. Du hast mich im Bewußtsein erreicht. Mein Werk liegt klar vor mir; die Kraftfelder sind da, um es zur Manifestation zu bringen, ungeachtet der Hindernisse – und es gibt deren viele auf dieser Welt der Manifestation. Ihr denkt beispielsweise, daß Schnecken für mich eine größere Bedrohung darstellen als der Mensch, aber das ist nicht so, Schnecken sind Teil der Ordnung der Dinge, und das Gemüsereich hegt keinen Groll gegen die, die es ernährt. Der Mensch aber nimmt soviel er kann als selbstverständlich; er kennt keinen Dank – was uns dann eigentümlicherweise eine feindliche Haltung annehmen läßt. Die Menschen scheinen allgemein nicht zu wissen, was sie tun und warum. Wüßten sie darum – was für ein Kraftwerk wären sie dann! Wären sie auf dem geraden Wege dessen, was zu tun ist, könnten wir mit ihnen zusammenarbeiten. Ich habe dir meine Meinung dargelegt und sage nun Lebewohl.

Das war also die Botschaft. Dorothy war fasziniert. Wie seltsam direkt und zwingend dieses Wesen gesprochen hatte, was immer es war! Und was war es denn in Wirklichkeit? Ein Geist? Ein Engel? Eine Wesenheit? Wie nennt man das? Sicherlich nicht eine Erbse. Es war etwas, das sich durch und um die Körperlichkeit dessen zu bewegen schien, das dann die Gartenerbse war. Dorothy rannte aufgeregt hinaus, um Peter zu finden. Sie hatte es auf Peters Zureden hin getan, nun wollte sie ihr Erlebnis mit ihm teilen. Peter war auch ganz aufgeregt und freute sich gleichermaßen.

Den Garten brauchten sie zum Überleben. Sie brauchten Nahrung, Nahrung mit großer Lebenskraft, da ihre Körper sich zweifellos allmählich umstellten und verwandelten. Nun eröffnete sich durch Dorothy eine neue Perspektive. Mit dem archetypischen Wesen, das Gestalt und Wachstum einer bestimmten Pflanzenart überstrahlte, war ein Kontakt herzustellen. Peter hatte nicht den geringsten Zweifel, daß dies einen bestimmten Zweck hatte. Große Wissensgebiete schienen vor ihnen zu liegen und nur darauf zu warten, in weiteren Kontakten erschlossen zu werden.

Ein intensives Wissen und Fühlen war tief in Dorothy verwurzelt, die Basis dieser Kontakte: Alles ist von Leben durchdrungen. Dorothy las Bücher, die das Leben und Wachstum der Pflanzenwelt nicht nur den beschleunigenden Einflüssen der Jahreszeiten und des Bodens zuschreiben, sondern auch subtileren, wie den kosmischen Einflüssen des Mondes, der Planeten und Sterne. Dorothy hatte gelernt, die Erde als einen lebendigen, empfindungsfähigen Organismus und auch die anderen Planeten als lebendige Wesen zu sehen, zwischen denen Kräfte wirkten, ausgestrahlt und empfangen wurden.

Am 29. Mai empfing sie folgendes: *Ihr seid eine Lebenskraft, die sich um andere Lebenskräfte dreht. Je mehr ihr das erkennt und euch diesen anderen Kräften öffnet, desto näher kommt ihr ihnen, werdet mehr und mehr eins mit ihnen und arbeitet mit ihnen in meinem Sinne. Tretet heraus aus der ichbezogenen Welt, die ihr euch selbst geschaffen habt und tretet ein in unermeßliche neue Welten, wo das Leben eins ist, weil alles zusammenarbeitet zur Vollendung Meines Guten. In der Vergangenheit seid ihr ohne das Bewußtsein Meines*

Lebens umhergetrieben. Sucht es nun, findet dieses Bewußtsein und arbeitet aus ihm und mit ihm.

Durch Peters ständiges Anspornen und seine Fragen begannen sie aus Dorothy's Einstimmung auf die höhere Bewußtseinsebene der Natur allmählich einen riesigen Vorrat von Information zu sammeln, den sie zur Grundlage ihrer Entscheidungen machten. Dorothy erfuhr durch den Landschafts-Engel – ein Wesen, das den ganzen geographischen Raum überstrahlte – daß Wunder gewirkt werden könnten, wenn der Mensch in eine neue Dimension der Zusammenarbeit und Harmonie einginge mit den Geistern, die den Garten überstrahlten. Sie erhielt ganz genaue Anweisungen vom Landschafts-Engel, wie der Boden vorzubereiten, die Kompostierung und die Bewässerung zu bewerkstelligen wäre, wie sie pflanzen und die Düngerflüssigkeit verwenden sollten.

»Obwohl ich diesem Experiment ein nicht geringes Maß an Skepsis entgegengebracht hatte – zweifellos unter dem Einfluß zu enger Vorstellungen von solchen Wesen wie Elfen – so akzeptierte ich dann, als die Kontakte ihren Wert bewiesen durch die Hilfe beim Wachstum im Garten, doch die Realität jener Wesen, und wir folgten all ihren Anweisungen. Es schien sie zu freuen, daß wir in die Tat umsetzten, was sie uns vorschlugen. Zuerst waren einige von ihnen recht distanziert, zurückhaltend und ziemlich unfreundlich, doch dieses Verhalten war der Behandlung angemessen, die der Mensch in seiner Habgier, Gedankenlosigkeit und dem Mißbrauch der Natur angedeihen läßt. Als sie jedoch merkten, daß wir dem, was sie uns sagten, Beachtung schenkten, wurden sie immer hilfreicher und ermunterten uns schließlich, so viele Gemüsearten wie möglich anzubauen.«

Mindestens einmal am Tag nahm Dorothy den Kontakt auf und erhielt präzise Anweisungen. Auch Peter empfing sehr starke Eingebungen und bat Dorothy, danach zu fragen und die Richtigkeit dieser intensiven Gefühle zu prüfen, da vieles, was er auf diesem Wege »empfing«, in direktem Widerspruch stand mit den herkömmlichen Gartenbau-Praktiken. Sie befolgten die Anweisungen, die durch Dorothy kamen, buchstabengetreu. *Ihr habt zuviel gegossen, schränkt das ein wenig ein. In diesem Klima braucht es nicht zur allabendlichen Routine zu werden, denn auch die Sonne ist hier nicht die Regel. – Es ist gut, die Pflanzen recht dicht zu setzen; in diesem Garten ist alles intensiviert. Wir haben unsere Freude daran, wie ihr die Arbeit anpackt. Wir wünschen, ihr könntet die Kräfte sehen, die jetzt im Garten wirken: Die von unten werden langsam nach oben gezogen, und unsere kommen in geschwinden Wellen hinzu. – Nein, es ist nicht nötig, den Torf in den Boden einzubringen ... besser in den Kompost ... Wir beschleunigen alles im Kompost- ... gemisch.*

Dorothy nannte die Wesen, mit denen sie Kontakt hatte, Devas. Deva ist ein indischer Begriff und bedeutet »Wesen des Lichts«.

Als der Sommer kam, hatten sie schon Hunderte von Botschaften von den Devas und anderen Engelwesen bekommen, unter anderem:

Buschbohnen-Deva: *Die erste Saat war zu tief gelegt, und zu einer Zeit, als die Kräfte des Gartens noch nicht stark genug waren. Sie werden nicht kräftig herauskommen.*

Tomaten-Deva: *Es ist noch zu kühl, aber wir werden versuchen, die Pflänzchen zu beschützen. Ihr könnt ihnen jetzt flüssigen Dünger geben. Laßt den Windschutz jetzt noch stehen, bis sich die Früchte einigermaßen gebildet haben.*

Spinat-Deva: *Wenn ihr ein natürliches, kräftiges Wachstum der Blätter erzielen wollt, müssen die Pflanzen weiter auseinander stehen als augenblicklich. Wenn ihr sie jetzt laßt, wie sie sind, geht genausoviel Masse in die Blätter. Sie Sie sind vielleicht ein bißchen zarter, aber haben auch weniger Lebenskraft.*

Landschafts-Engel: *Glaube nicht, ein verregneter Tag wie heute sei nicht gut. Wir können ihn nutzen, um bestimmte Kräfte in den Regentropfen hinabzuschicken. Jedes Wetter ist in der einen oder anderen Form unser Arbeitsfeld. Die Witterung, die wir gerade haben, nehmen wir an und nutzen davon, was möglich ist. Dies scheint das Nächstliegende zu sein, aber wir stellen fest, daß die Menschen selten so handeln.*

Je eher ihr den Kompost wendet, desto eher wird er fertig sein. Wir bräuchten etwas mehr Sonnenschein, aber die Pflanzen kommen ganz gut. Kommt nur alle und bewundert unser Werk, das tut uns gut.

Kürbis-Deva: *Wir sind glücklich über diesen direkten Kontakt! Wir fühlen und sehen die Kräfte im Garten, aber der unmittelbare Kontakt ist ebenso ein Vergnügen – das ist etwas Neues. Wir brauchen momentan nicht viel zusätzliches Wasser. Die Pflanzen machen sich gut; sie sind glücklich und rundum zufrieden.*

Dorothy hieß jede neue Pflanze willkommen, die Peter in den Garten brachte, und nahm mit der jeweiligen Deva Kontakt auf. Fragen allgemeiner Natur beantwortete der Landschafts-Engel als Sprecher aller Devas, der ihnen mitteilte, sie sollten diesen Garten und die Pflanzen mehr unter dem Aspekt von Strahlungen und Schwingungen sehen, als sie chemisch-zergliedernd als Ansammlungen von Molekülen und Elementen sich vorzustellen. Die Gärtner erfuhren so, daß das Allerwichtigste, das sie tun konnten, sei, den Pflanzen von innen heraus ein Gefühl von Liebe und Achtung entgegenzubringen; so könnte auch jeder andere teilhaben an Gottes Schöpfung.

Peters Schwingungen sind kräftig und bestimmt; diese Eigenschaften können wir gut verwenden und dem Wachstum der Pflanzen zukommen lassen. Jeder

Gärtner steuert seinem Garten unbewußt auf diese Weise bei; geschieht dieser Beitrag bewußt, ist er viel wirkungsvoller. Bestimmte Menschen können das Pflanzenwachstum stimulieren, andere haben eher einen niederdrückenden Effekt und ziehen von der Pflanze selbst Kräfte ab. Fröhlichkeit hat eine sehr gute Wirkung auf Pflanzen, auch spielende Kinder. Unsere Strahlungen sind viel mehr verflochten, als du wahrnimmst. Die Naturgeister verstecken sich scheu vor den Menschen; sie können nicht anders, da sie sich verletzt fühlen durch deren Schwingungen, denn sie sind offene Geschöpfe ohne die vielen Schalen, die die Menschen um sich haben.

Ende Juni kamen dann Leute, um den Garten zu sehen, und sie erzählten ihren Freunden davon. Bald floß der Besucherstrom ununterbrochen; alle wollten das erstaunliche Wachstum, diese Leuchtkraft von Farben und die Fülle, die hier am Strand erzeugt wird, mit eigenen Augen sehen. Der Garten wurde zur örtlichen Sehenswürdigkeit. Die Besucher konnten kaum glauben, daß dies die erste Saat war, noch dazu erst wenige Monate zuvor gelegt. Die Schotten, berühmt für ihre, guten Gärtner, kamen, sahen sich um, und schüttelten den Kopf: Das überstieg ihr Begriffsvermögen. Obwohl die Pflanzen zuerst anfällig gegen Schädlinge waren und leicht welkten, wuchs mit der Zeit doch ihre Widerstandskraft, wie auch der Boden immer lebenskräftiger wurde. Ein paar Meter weiter wurde auf dem Gelände des Caravan-Parks zur gleichen Zeit ein anderer Garten angelegt. Dort wuchs der Rosenkohl 5–8 cm und hörte dann auf, während Peters Pflanzen schon bei der stattlichen Höhe von 60 cm angelangt waren.

Im Hochsommer, als das Tageslicht zwanzig Stunden anhielt, und die Sonnenuntergänge noch eine Ewigkeit am Horizont verweilten, verbrachten Dorothy und die Caddys die meisten Tageslicht-Stunden draußen. Täglich verzehrten sie, nachdem sie im Meer geschwommen waren, große Salate – ausschließlich aus Erzeugnissen des eigenen Gartens. Blühendes Leben und Gesundheit stieg auf sie alle hernieder.

Im Juni begann Peter für jenes Jahr das letzte Stück des Gartens anzulegen; so schloß sich der Kreis um ihren Wohnwagen. In den toten Sand brachten sie Cummings (ein Gerste-Rückstand), Torf, Kompost, Ruß und Kalk ein; um das Ganze kam ein Zaun, um die wilden Kaninchen draußen zu halten. Obwohl Peter und Dorothy nun sehr eng zusammenarbeiteten, fühlte sich Dorothy doch noch gedrängt, praktische, erdnahe Fragen an die Devas zu stellen, denn irgendwie hatte sie das Gefühl, dieser Weg sei doch das »Nächstliegende«. Peter bestand mehr auf der praktischen Arbeit und Erfahrung, und die Erfolge blieben ihnen treu. Bald kamen selbst Bauern aus der Umgebung zu den Caddys, um Gemüse zu kaufen; und nachdem man in der Stadt davon erfahren hatte, kamen die Leute am Wochenende herausgefahren, um zu kaufen, was dann noch erntereif stand.

Die Botschaften der Devas waren zuerst überwiegend praktischer Natur und befaßten sich mit den Aspekten des Gartens, die gerade von aktueller Bedeutung waren. Im Laufe des Sommers wurde die Themenskala breiter, und die Devas teilten sich Dorothy umfassender und deutlicher mit. Es war offensichtlich, daß, was hier durchkam, nicht ein Geist war, der zu einer bestimmten Erbsenpflanze oder zu einem bestimmten Tomatenstock gehörte, sondern eher ein Geist, der gewissermaßen die Idee war, Matrix und Bauplan aller Erbsenpflanzen auf der Erde.

Physiker, die nach dem wahren Wesen der materiellen Welt gesucht haben, stellten die Hypothese auf, daß alle Energie Gedanke ist. Nach Dorothy sind die Devas gleichsam archetypische, Ur-Gedanken oder Energien.

Die Physik sieht Materie heute als eine Form von Energie, eine flüchtige, vorübergehende Illusion in einem Universum, das keine Permanenz kennt. Sie sieht eine Welt, die keine Grenzen hat, keine Unterteilungen, und immer weniger Regeln und Gesetze. In dieser Welt haben Physik und I Ging vieles gemeinsam; beide suchen die Phänomenologie der Veränderung zu verstehen. Hat man einmal anerkannt, daß die Materie im Grunde genommen Illusion ist, steht man dem Universum entweder mit Ehrfurcht gegenüber – oder man wird verrückt wie jener Physiker, der sich erschoß, als er entdeckt hatte, daß der Stuhl, auf dem er saß, eigentlich nicht existierte.

Die neue Wissenschaft ist wie eine leuchtende Blüte in einer Welt, die von der Technologie des Alten beherrscht ist, von einer Wissenschaft, die das Leben als etwas Mechanisches behandelte, wo lebendige Organismen auf festgelegte Gesetzmäßigkeiten reagierten, die der Mensch entdeckte und sich zu Nutzen machte. Nie war dies bitterere Realität als für die Pflanzenwelt. Wir haben das ganze Reich der Pflanzen studiert, analysiert, zergliedert, geprüft und haben Versuche durchgeführt. Wir haben Wissenschaften entwickelt, die uns die Pflanzen zu willkommenen Dienern machten. Der Abneigung der Pflanzenwelt zur völligen Kooperation begegnete man mit immer neuen Technologien – immer neuen Methoden, um die Vorherrschaft über eine Lebensform sicherzustellen, die wir meinen, beherrschen und unterjochen zu müssen. Die ungeheuren Kräfte und Energien, die in den zwei Weltkriegen frei wurden, setzen wir heute für »friedliche« Ziele ein, nicht zuletzt für die moderne Agrartechnologie. Die Entdeckung der durch Volldünger erreichbaren Erfolge leitete ein Zeitalter gewandteren, einfacheren Denkens ein, das uns auf einen Kollisionskurs mit der Destruktion gebracht hat. Wir wußten vor den sechziger Jahren des vergangenen Jahrhunderts zugegebenermaßen sehr wenig über Pflanzen und Böden; aber damals bestand noch eine gewisse Ehrfurcht vor der Natur, denn indem wir nicht wußten, was wir taten, ahmten wir einfach die Natur um uns nach. Einige Gebiete der Erde werden schon seit Tausenden von Jahren bebaut. Das Prinzip war recht einfach: Nimm, was du brauchst, und gib alles andere zurück. Sir Albert Howard begründete den biologischen Landbau, nachdem er im Wald eine Vision gehabt hatte: Er sah die reichen Humusschichten, die dauernd von dem ergänzt wurden, was von den Bäumen abfiel, die aus ihm emporwuchsen. Bis zur Industriellen Revolution handelten die meisten Bauern nach diesem Prinzip. Als dann die chemische Düngung eingeführt wurde und die Erträge beträchtlich anstiegen, waren die Bauern Ausnahmen, die noch wußten, daß man die Gesetze der Natur nicht umgehen kann. Die Erträge könnten wohl gesteigert, verändert und forciert werden – aber wir würden eines Tages dafür zu bezahlen haben.

Wir lernten Hybriden zu züchten, die größer und schneller wachsen können als ihre Eltern. Die Größe, Gestalt und sogar die Farbe der Pflanzen wurde durch systematischen Einsatz all unserer Kenntnisse auf dem Gebiet der genetischen Manipulation verändert. Schließlich gelang es uns sogar, viereckige Tomaten anzubauen, die maschinell gepflückt und platzsparend verschifft werden konnten. Das war alles ein »Wunder«, und die Tatsache, daß die Tomaten so ziemlich wie der Karton schmeckten, in den sie verpackt waren, schien bei all dem Wirbel und der Selbstbeweihräucherung irgendwie unter den Boden zu fallen.

In weniger als einem Jahrhundert wurde unsere Nahrung grundlegend verändert, und nur wegen der Insellage in unserer städtischen Umgebung haben die Menschen vergessen, was Nahrung einst war, und wie sie schmeckte. Zu Anfang wußten die Mütter noch, daß sie das neue Obst schälen mußten, um die Schädlingsgifte zu entfernen, aber inzwischen geriet sogar das in Vergessenheit. Landwirtschafts-Fabriken haben die Qualität und den Geschmack unserer Nahrung auf einen Schatten dessen reduziert, was ihre ursprüngliche Vollkommenheit war. Die chemische Nahrungsmittelindustrie ist nicht aufgrund ihrer Erfolge so sehr gewachsen, sondern aus der Notwendigkeit, ihre eigenen Spuren zu verwischen. Wir stehen heute da mit der Tomate des zwanzigsten Jahrhunderts: einer Tomate, die nicht aussieht wie eine Tomate, die nicht schmeckt wie eine Tomate, die häufig mit Giften bespritzt werden muß, um vor ihrer Umgebung geschützt zu sein, und die in Treibhäusern aufwächst, wo es keine Erde mehr gibt, sondern eine gelbliche, übelriechende Flüssigkeit, die sie ernährt– »mit allem, was sie braucht«.

Wenn wir die Welt auf einfache, mechanische Gesetze herunterstilisieren wollen und dabei die Herrschaft über so viele Chemikalien, Atome und Moleküle behalten möchten, müssen wir bereit sein, mit den Resultaten zu leben. Heißt das Resultat, Leben ohne Leben zu werden? Ist da wirklich Leben in unseren Wissenschaften vom Leben? Studiert denn auf diesem Planeten überhaupt jemand, was Leben wirklich ist? Oder sind all die spezialisierten Zweige und Abteilungen unserer Wissenschaften bei ihren hastigen Bemühungen, auf den Kern zu stoßen, blind und kurzsichtig geworden? War Dorothy da über etwas gestolpert, das im Bewußtsein des Menschen schon verkümmert war? Haben wir auf unserer blinden Jagd nach Wahrheit und Weisheit jedes Gefühl für das verloren, was wir suchen? Der Grundsatz »Du wirst, was du haßt« war nie wahrer als in unserer Zeit. Wir haben versucht, die Dunkelheit und Unwissenheit früherer Zeiten von diesem Planeten zu verbannen. Wir haben ein neues Zeitalter der Entdeckungen der Zivilisation für die Menschheit verkündet. Wir haben die Fanfare des Goldenen Zeitalters geblasen, während wir über die dunkle Überheblichkeit der Vergangenheit höhnen, die uns davon abhielt, die Welt zu sehen, wie sie »wirklich ist«. Man kann sich nur fragen, ob wir stattdessen nicht eine noch größere Ignoranz und Torheit verkörpern, die alles übersteigt, was ihr vorausgegangen war. Dieser totale Mangel an Einsicht und Verständnis hat uns nun einen heulenden, apokalyptischen Alptraum beschert, mit dem der Planeten-Körper jetzt um sein Leben ringen muß. Man macht uns vor, daß die Probleme Verschmutzung und Zerstörung, die die Technik verursacht, nur durch noch mehr Technik gelöst werden können, und daß wir noch mehr Gewalt brauchen, das wegzuräumen, was eine Generation durch Gewalt schafft – diese Argumentation ist zu absurd, um weitere Beachtung zu verdienen. Das ist der Pestatem einer monströsen Macht, die sich selbst ernährt und voller Verachtung fortzeugt. In einer solchen Welt des totalen Chaos und Mangels an Orientierung bekommt die Botschaft der Devas prophetischen Charakter: *So wie der Regen fällt über Gerechte und Ungerechte, so helfen wir, Nahrung hervorzubringen für die Guten und die Bösen; der moralische Aspekt ist nicht unsere Angelegenheit. Wir folgen lediglich unserer Bestimmung. Ob wir des Menschen Freund oder Feind sind, hängt vom Menschen selbst ab. Unser Leben dient dem Guten, aber der Mensch macht Hackfleisch aus allen Kräften des Lebens. Auf dieser Ebene sind wir sicher, und der Mensch kann uns keinen Schaden zufügen; aber weiter unten, wo er ist, kann er es wohl und hat es schon getan; wir können für die Konsequenzen nicht verantwortlich sein. Sollten wir nicht kooperieren und eine neue Beziehung aufbauen?*

In den Gesprächen mit Dorothy und nach genauer Prüfung Hunderter Seiten von Botschaften, die sie im Laufe der Jahre von den Devas empfangen hat, stellen sich gewisse Muster heraus, Hinweise auf eine Ebene des Bewußtseins, die verschiedenste Kulturen durch die ganze Geschichte hindurch angedeutet haben. Dorothy hatte das Gefühl, daß durch den Kontakt mit den Devas eine Brücke zu einer Seinsebene gebaut worden ist, die lange Zeit im Bewußtsein der Menschen untergegangen und vergessen war. Es war Dorothy's Wunsch, diesen Kontakt so eng wie möglich zu erhalten, und so wurde jede Anweisung und jede Botschaft, die den Garten betraf, unverzüglich ausgeführt.

Die devische Welt betonte, der Mensch müsse etwas tun, um den Trend der Geschehnisse auf diesem Planeten umzukehren. Er müsse die Göttlichkeit in sich selbst erkennen und die Ganzheit, derer er Teil ist. Er muß jenen innersten Kern berühren, der sich selbst als Teil aller Dinge wahrnimmt, aller Lebewesen und aller Aspekte der Schöpfung. Durch diese Erkenntnis, diese Berührung mit dem innersten Kern, wird jegliche Unterscheidung von Außen und Innen ausgelöscht und verschwinden.

Die Vorstellung einer Natur, die sich dem Menschen mitteilt, ist uns ziemlich wenig vertraut. Für Peter und Dorothy gab es da keine Frage, sie brauchten keinen weiteren Beweis mehr. Jede Anweisung, die sie empfingen, erwies sich als ganz genau das Richtige für den Garten, und dieser strahlte und gedieh prächtig. Vielleicht ist die Kommunikation mit Pflanzen gar nicht so abwegig, wie wir uns das vorstellen. Die sich geradezu überstürzende Literatur und Forschung auf dem Gebiet der Pflanzen-Kommunikation stellt uns vor recht überraschende Ergebnisse. Der größte Teil der Forschung war allein auf die Frage konzentriert, ob die Natur uns hören kann. Die eigentliche Frage mag jedoch sein, ob wir die Natur hören können—und nach Dorothy's Aussage muß die Antwort Ja sein. Der mangelnde Kontakt zwischen Mensch und Natur ist erst ein recht junges Phänomen, die Ausnahme eher denn die Regel; denn die Menschen waren seit Anbeginn ihrer Geschichte in Kommunikation gestanden mit Naturgeistern, den Devas, den Geistern von Wäldern und Gestirnen.

Die Erde, einst weißglühend, repräsentiert einen Gedanken. Ein Feuer war in den Himmeln, glühend hell wie die Sonne. Da kam die Deva des Windes und blies über die Oberfläche, und sie spielte mit der

Deva des Feuers, bis alles vermittelt war. Die Deva des Wassers und des Regens verdichtete sich in den Himmeln und fiel hernieder zur Erde. Große Wolken weißen Dampfes stiegen von der Oberfläche auf; die Himmel wurden belebt und schwer davon. Die Deva des Windes begannen nun die Kruste des Planeten zu kühlen, sie schnitzte und meißelte daran. So schuf sie Teiche und Strudel, Seen, Flüsse und größere Vertiefungen, die wir heute als Meere kennen. Mit jeder Veränderung kam eine neue Deva, ein neuer Impuls auf den Plan, bis die Erde schließlich ihre neuen Gäste – eine unendliche Prozession – empfing, und jede Deva brachte eine Variante des Lebens mit sich, das immer wohnt im göttlichen Urgrund. Dann bereitete sich die Erde darauf vor, den Schöpfungsgedanken eines Mannes und einer Frau zu empfangen und ihnen zu dienen. Die Erde würde ihr Tempel und Schutz sein, die Himmel ihnen Führung und Vision. Der Mensch würde die Verbindung zwischen dem unendlichen Geist und der Ganzheit der Materie bekräftigen. So verband er sich mit den höchsten geistigen Ebenen und hinunter bis zu den konkretesten Ebenen der Form. Die Erde war der Ort, wo der Mensch seine einzigartigen Eigenschaften sublimieren, heiligen und verschmelzen könnte im Zusammenwirken mit den Devas, den geistigen Verwaltern dieses Planeten, wie in einer Familie.

Sind die millionenfachen Verknüpfungen, durch die die Natur verwoben ist, nur Kompromisse der Evolution? Ist es ein Zufall, wie der Wind die Blätter im Herbst lockert und zu Boden weht, wo sie verrotten und den Wurzeln Nahrung geben für neues Wachstum? Ist im Schnee, der winters die Fluren bedeckt, nicht das Wasser, das das erste Gras, die jungen Triebe im Frühling tränken wird, die die lange Fastenzeit des Rehes beenden sollen? Alles in der Natur wirkt ineinander. Das Wasser steigt vom Meer auf in die luftigsten Höhen, wird in den höchsten Schichten der Atmosphäre gereinigt und tropft dann, rein, klar, diamantengleich auf eine dürstende Erde hernieder, um wieder ganz selbstverständlich seinen Weg zum Meer zu finden. Kreisläufe arbeiten in vollkommener Harmonie. Ist in dieser Wahrheit nicht die verlorene Formel, die vergessene Lehre?

Wir, die überwachenden, verursachenden Kräfte der Manifestation, möchten mit euch ein bißchen von unserem Bewußtsein teilen. Wir sorgen für alles, das manifestiert ist und wissen um seinen Zustand, denn in Gottes Namen künden wir von Seiner Schöpfung. Alles ist in unserem Bewußtsein. Bewußtsein ist ein offenes Buch für alle, die daran teilhaben möchten, denn wir sind so sehr eins, daß, was wir wissen, nicht getrennt ist von dem, was unser Nächster weiß.

Wie können wir dieser lichten und liebevollen Haltung aller Schöpfung Ausdruck geben, dieser verblüffenden Dynamik auf die Vollkommenheit hin, die der

*Grundzug allen Seins ist, von dem nur ein winziger Teil durch eure Hände geht?
Wie könnt ihr verstehen, daß wir vor Freude tanzen, daß die Sonne tanzt und der
Mond tanzt und wir um sie, durch sie und in ihnen tanzen? Selbst die Erde tanzt
im Innern, wenn der Mensch sich über seine eigenen Beschränkungen erhebt und
seine Augen zurückwendet zur Wirklichkeit.*

*In all dem sind wir absolut und vollkommen frei. Es gibt keine Freiheit,
wenn man nicht Teil von allem ist; so lange ist alle Freiheit beschränkt. Denn
alle sind eins, und wenn jemand anders glaubt, schränkt er sich als Teil des
Ganzen ein und sperrt sich selbst in das Gefängnis einer Teil-Wirklichkeit.*

*Ihr sorgt euch wohl um euren Garten. Eines Tages werdet ihr, wenn ihr ihn
betrachtet, entdecken, daß etwas geschehen ist, daß etwas gewachsen ist, ohne
daß ihr darum wußtet – wir wissen es sofort, nichts ist uns verschlossen. Unser
Bewußtsein ist wie ein Eintauchen in ein Meer von Wissen, denn alle Kräfte
sind miteinander verbunden. Es ist, als ob ein liebevoller Computer alles miteinander verschaltet und verbindet, weil anders alles nicht sein kann ... Ihr sollt
ganz sein und das Ganze sehen; bis dahin könnt ihr nur Teile, getrennt sehen.
Wir sehen das Ganze, was eure Arbeit angeht.*

*Wir möchten euch einstimmig sagen, daß unsere Aufmerksamkeit auf die
Menschheit gerichtet ist, und daß sie klarer ist als in der jüngsten Vergangenheit
und genauer in der Ausrichtung, weil ihr zu reagieren beginnt und unserer Aktivitäten langsam gewahr werdet. Darüber freuen wir uns und sind glücklich, denn
wir sind enger verbunden, als ihr es erkennen könnt; uns erscheint es seltsam, daß
ihr eines solch großen Teiles eures eigenen Wesens unbewußt seid. Wir könnten
euch mit Eisbergen vergleichen: Sieben Achtel eures Bewußtseins sind unter-
getaucht, nur ein Achtel lebendig. Wir bewahren unser Bewußtsein, das uns geschenkt ist, und können so klar unseren Teil sehen. Wir sind eins in der Ausrichtung des Lebens, mit dem Einen Großen Ganzen bis hinunter zum kleinsten
Baustein des Lebens; in dieser Harmonie vollbringen wir die Wunder, die ihr
im Wachstum der Saat beobachtet.*

Im Geist sind wir immer eins mit euch.

Nächtliches Flötenspiel

O siehst du nicht den engen Weg,
 So dicht besät mit Dorn' und Klagen?
Der Pfad ist's der Rechtschaffenheit,
 Obwohl nach ihm nur wen'ge fragen.

Und siehst du nicht den breiten Weg,
 sanft führt er dort durch Lilien-Auen?
Der Pfad ist's der Gottlosigkeit,
 Als Weg zum Himmel ihn manche schauen.

Und siehst du nicht jen' hübschen Weg,
 Dort wo am Hang die Farne stehn?
Der Pfad ist's zum hellen Elfenland,
 Wohin wir zwei zur Nacht noch gehn.

R.R. Tolkien, *The Tree and the Leaf*

Es ist der Drang jedes Gartenbesitzers, die Wildheit der Natur zu bändigen und zu ordnen. Peter Caddy ist dafür die Verkörperung. Seine Sache wurde es, zu organisieren und zu ordnen, die Möglichkeiten abzuschätzen, dem Ziel – der Vollkommenheit – näher zu kommen; das Resultat war Überfülle.

Dorothy eröffnete Peter mit ihrem Kontakt zu der Welt der Devas Möglichkeiten, von denen er keine Ahnung gehabt hatte. Diese Verbindung gestattete den Einblick in Lebensprozesse und das Bewußtsein, das aus dem toten Sand das Phänomenale hervorkommen ließ. Die devische Welt schien auf einmal alle Energien und Ideen der Menschen zu bestärken und unterstützen, während sie sich doch hütete, sich zu sehr mit dem Menschen einzulassen. Diese angeborene Zurückhaltung der Devas ließ Peter viel Bewegungsfreiheit. Ihre Gleichmut und Bereitschaft hinzunehmen gewährt dem Menschen viel Spielraum für Irrtümer und Verständnis für seine Fehler. Ja, die Devas entschuldigten sich sogar, als eine Aprikose die Kälte nicht vertrug und schließlich einging.

1966 kam eine dritte Kraft in den Garten. So entstand eine Dreiecksbeziehung, die dem ungeheuren Wachstum und Aufblühen des Lebens noch mehr förderlich war und gewissermaßen einen Kontrapunkt zu den Wünschen der Menschen setzte. Diese dritte Kraft war die Welt der Naturgeister, überstrahlt von dem Gott Pan, die die hellen, strahlenden Augen eines Robert Ogilvie Crombie entdeckten, der auch Roc gerufen wird.

Crombie lebt seit seinem dritten Lebensjahrzehnt in einer 150 Jahre alten Atelierwohnung in Edinburgh. Mit seinen fünfundsiebzig Jahren springt er noch flink die drei Treppen zu seiner Wohnung hinauf. Crombie hatte eigentlich nie in Findhorn gelebt, aber sein Kontakt mit den Naturgeistern festigte seine Gelegenheitsbekanntschaft mit Peter Caddy und brachte ihn näher mit Dorothy und Eileen und ihrer Arbeit sowie der Entwicklung der Community und des Gartens in Berührung.

Seine Wohnung ist bis unter die Decke gefüllt mit siebentausend Büchern, die ihm im Laufe seines Lebens von besonderem Interesse waren. Ein angeborener Herzfehler, den man drei Monate vor seinen Examina an der Universität Edinburgh entdeckte, zwang ihn, das Studium abzubrechen und seinen Titel sausen zu lassen. Seine überwiegend sitzende Lebensweise machte ihn zu einem noch wißbegierigeren Forscher. Das Lernen hörte nie auf. Die körperliche Einschränkung stimulierte die geistige Beweglichkeit weiter, und so vertiefte er sich in die Photographie, Elektronik, Musik (Klavier) und setzte seine Studien in Chemie, Physik und Mathematik fort.

Seine frühen wissenschaftlichen Studien legten in ihm die Grundlage für eine objektive Suche nach der Wahrheit. Immer strebte er danach, seine Gedanken und Ideen experimentell zu bestätigen. Doch die fünfzig Jahre seiner Forschung ließen ihn nicht zu einem vertrockneten Bücherwurm im Regal des Antiquars werden. Erst letztes Jahr bekam er eine Stereoanlage und die gesammelten Werke von Karlheiz Stockhausen von der Frau des Komponisten, weil er so viel Verständnis und aufgeschlossenes Interesse für die zeitgenössische Musik zeigt, er beweist dies in Gesprächen und Vorträgen.

Während dies alles recht »normal« und keineswegs ungewöhnlich erscheint, ist um Crombie doch eine Aura des Geheimnisvollen, etwa so, wie man es fühlt, wenn man einen Gegenstand aus lang vergessener Vergangenheit betrachtet: Das Gedächtnis rast durch die mentalen Magazine zurück – aber das Buch ist weg. Wer ist er? Kenne ich ihn nicht? Nur eines weiß ich, darf ich wissen: Ich wußte einmal, und jeder Moment ist erfüllt von der bangen Erwartung, daß Roc etwas sagen würde, das die Zeit wie Schuppen von den Augen fallen und das gemeinsame Vergangene enthüllen läßt: Es ist ein warmer Frühsommer-Nachmittag. Eine männliche Gestalt geht gemächlich in der milden Luft, sieht dich, bleibt stehen und denkt nach. Er schaut wieder und geht weiter, mit einem Schimmer des Erkennens in den Augen.

Oder du wirst vor eines jener Gemälde im Britischen Museum gebracht, auf dem ein polierter Messing-Globus mit verzerrten Kontinenten abgebildet ist. Verstreut über einen mit reichen Intarsien verzierten Tisch liegen vergilbte Pergamentrollen mit Formeln und pythagoräischen Zeichnungen; in der Ecke murmelt ein weißbärtiger Alter vor sich hin, blinzelnd im Dämmerlicht einer Bienenwachskerze liest er in Ptolemäus' Almagest.

Ogilvie ist die Wiedergeburt eines elisabethanischen Gelehrten; höchst begnadet, würdevoll und korrekt, ergötzt er die Queen mit seinem Humor, während er ihr rät, den Durchgang von Saturn in ihrem siebten Haus zu beachten. Altüberlieferte Schranken scheinen um Roc sich zu erheben und zu fallen wie spielerische Nebelschleier. Er ist warmherzig, großzügig und freundlich zu allen um ihn herum, und zur selben Zeit völlig unergründlich, ein Rätsel jenseits von Kultur und Geschichte. Er sitzt vor dir auf einem hart gepolsterten Stuhl, zwergenhaft und doch seltsam überlebensgroß, die Jackenärmel hochgekrempelt über dem wollenen Pullover; die Augen blitzen durch den Raum wie die Zunge einer Eidechse.

Auf manche wirkt seine absolute äußere Ruhe und das Fehlen dessen, was wir für Persönlichkeit halten, regelrecht entnervend. Sein Charme, sein geradezu betörendes Wesen und Ausdruck entwaffnet durch seine Naivität und nimmt ein durch seine Offenheit – aber es ist die Naivität des Alters, nicht der Jugend. Spricht er mit dir, so wandert er in Gebiete seines Geistes, von denen du keine Vorstellung hast; ließe sich dann noch Merlins Eule auf seiner Schulter nieder – du wärst kaum überrascht. Er scheint manchmal umgeben vom Fruchtwasser eines Welt-Mythos, die Fruchtblase droht jederzeit zu reißen – wie ein verpupptes Insekt, das hübsch von der alten, modernen Wirklichkeit herabhängt.

Seine unendliche Geduld erweckte in mir den Eindruck von einer Seele, die ganz ruhig erwartete, wie der Mensch von seinem verlängerten Winterschlaf erwachen würde. Es ist, wie wenn ein Bann über die Menschheit ausgesprochen wäre; Crombie wartet und beobachtet, verliert sich in Gedanken, während wir uns die Sandkörner des Schlafes langsam aus den Augen reiben. Er scheint weit weg zu sein, irgendwo in einem stillen Winkel des inneren Raumes; von dort blickt er zurück und fragt: »Kommst du?«

Mit schottischem Temperament spricht er über seine Erlebnisse; hinter seiner klaren, direkten Stimme scheint ein großer Resonanzkörper zu stecken. Seine Sätze sind wohl durchdacht und formuliert, überzeugend; ab und zu hält er kurz inne, um etwas noch präziser auszudrücken. Er spricht immer noch voll Staunen und Ehrfurcht über seine Erlebnisse mit den Geistern des Naturreiches, obwohl ihm der Umgang mit ihnen in acht Jahren zur Gewohnheit geworden ist.

Crombie sitzt ganz entspannt, die Hände im Schoß gefaltet, die hellen Augen voll der Freude, die ein Schotte ausstrahlt, wenn er eine gute Geschichte erzählen darf. Humorvoll kann er schildern, lacht heiter, und doch nicht ohne Würde. Er erzählt seine Geschichte gut.

In allen größeren Städten sind große Parks, in denen ältere Leute langsam spazierengehen oder einfach auf den Bänken sitzen und zufrieden in die Umgebung blicken. Auch in den Edinburgher Königlichen Botanischen Gärten kannst du sie sehen, über den ganzen Park verstreut, unter den alten Bäumen und zwischen Stechpalmen, hier und da auf einer Holzbank. – Im März 1966 ging Ogilvie Crombie wieder seinen Lieblingsbummel und hatte gerade die Heidegärten verlassen:

»Es war ein herrlicher Nachmittag, warm und sonnig. Ich hatte den Weg verlassen und ging über eine weite Grasfläche einen leichten Hang hinunter. Dort unten stand eine Bank an einer großen Buche, und ich setzte mich darauf. Sie war sehr nahe an den Baum gebaut, und so lehnte ich mich mit Schultern und Kopf gegen den Stamm. Ich habe immer den tiefen Frieden des Parks gefühlt; an jenem Tage war ich aber sehr wach, fühlte eine ungeheure Klarheit.

Ich hatte schon immer eine große Liebe zu den Bäumen verspürt und fühlte mich irgendwie mit ihnen verwandt, obwohl ich doch eigentlich ein Stadtmensch war. Irgendwie wurde ich dann eins mit dieser Buche und gewahr, wie die Säfte im Innern des Stammes aufstiegen, ja sogar, wie die Wurzeln unendlich langsam in der Erde wuchsen. Mein Wahrnehmungsvermögen war deutlich erhöht; ich fühlte eine intensive, heitere Ruhe in mir. Irgendetwas würde geschehen, das merkte ich. Ich war voller Energie, hellwach.

Ich saß im Licht der Nachmittagssonne. Die Krokusse begannen gerade erst herauszukommen. Der Garten war an jenem Tag alles andere als übervölkert. Nur wenige Leute gingen auf den Wegen, aber ich war weit weg vom Weg in einer leichten Mulde; so war ich ganz allein.

Dieses erhöhte Bewußtsein wuchs weiter an, und ich hatte das außerordentliche Gefühl, daß gleich irgendetwas geschehen würde. Ich sah über das Gras und dann zu den Bäumen und dann die Rinde der Bäume an. Es war alles unglaublich schön. Ich dachte an nichts Bestimmtes, aber ich wußte, daß etwas geschah, und dieses Gefühl war sehr intensiv und lebendig. Ich war wach und erregt auf irgendeine neue Weise.

Und dann plötzlich geschah es.

In einem Winkel meiner Augen bewegte sich etwas, das meine Aufmerksamkeit auf sich zog. Ich blickte hin und sah eine Gestalt, die gut zwanzig Meter von mir entfernt um einen Baum tanzte. Ich blickte noch einmal hin; es war sehr aufregend: eine wunderschöne Gestalt, ungefähr einen knappen Meter groß. Ich dachte bei mir: »Irgendetwas ist passiert. Ich werde wohl verrückt. Ich kann *das* doch nicht glauben!« Ich kniff mich in den Arm und sagte: »Ich weiß, wer ich bin, wie ich heiße, wo ich wohne« und solche Sachen. Ich träumte nicht – aber wer ist *das*? Dann muß er wohl verrückt sein!

Ich sah zu anderen Parkbesuchern und wieder zurück zu ihm – er schien genauso real. Der Junge ist verkleidet, dachte ich. Aber das war nicht möglich; da war etwas an ihm, das war nicht menschlich. Obwohl er sich bewegte, konnte ich die zottigen Beine und die gespaltenen Hufe sehen, das spitze Kinn, die Ohren und die zwei kleinen Hörner auf seiner Stirn. Höchst ungläubig beobachtete ich ihn; ich traute meinen Augen nicht. Obwohl ich mich so hellwach fühlte, dachte ich, ich müßte wohl eingeschlafen sein.

Er kam näher zu einem anderen Baum herüber, und ich konnte das braune Haar an Kopf und Beinen sehen. Seine dunklen Augen schienen braun zu sein und seine Haut war hell, honigfarben, sehr ähnlich der Farbe der Bäume. Er war nackt, aber seine Beine waren mit feinem Haar bedeckt. Wenn es ein kleiner Junge gewesen wäre, hätte ich ihn auf zehn bis elf Jahre geschätzt. Aber es war kein kleiner Junge.

Da war etwas an ihm, das war nicht menschlich. Er war ein seltsames Geschöpf, wie ich es noch nie zuvor gesehen hatte. Eine Halluzination? Noch ein oder zwei andere Leute gingen im Park spazieren. Ich sah zu ihnen hinüber und dann zurück auf dieses wunderschöne kleine Wesen. Er war noch immer da und schien so fest und real, wie sie waren. Ich versuchte dann, die Sache zu erklären, zu rationalisieren. Aber plötzlich durchfuhr es mich: Was tat ich da eigentlich? Hier war ein seltenes und wundervolles Erlebnis. Unglaublich, ja, aber warum sollte ich es nicht akzeptieren und sehen, was geschieht, und mir später darüber meine Gedanken machen? Ich hörte auf mit dem Versuch, es zu analysieren, und beobachtete das kleine Wesen mit Vergnügen.

Er tanzte um den Baum, schwang seine Arme herum und umhüpfte ihn mehrere Male. Er schien sich auf seinen Hufen im Gleichgewicht halten zu können, als er hinübertanzte zu einem anderen Baum. Er umkreiste ihn drei Mal und kam dann tanzend mitten über die Grasfläche und ließ sich einem Pärchen gegenüber nieder, das dort auf einer Bank saß. Er beobachtete sie neugierig einige Zeit und folgte äußerst interessiert jeder Bewegung und allem, was sie taten. Dann sprang er auf und tanzte herüber in die Richtung, wo ich saß. Er blieb stehen, schaute mich einen Moment an, und setzte sich dann mit gekreuzten Beinen vor mich. Er stützte das Kinn in die Hände und richtete den Kopf leicht auf. Ich blickte ihn an. Er war ohne Zweifel sehr real. Ohne Zweifel, ja, aber ich war nicht sicher, ob ich ihn mit meinen physischen Augen sah, obwohl er weg war, wenn ich sie schloß. Ich beugte mich vor und sagte »Hallo!«

Als sei er zu Tode erschreckt, sprang er auf die Füße. Er trat ein paar Schritte zurück und näherte sich dann vorsichtig wieder. Er starrte mich an.

»Kannst du mich sehen?« fragte er.

»Ja.«

»Das glaube ich nicht. Menschen können uns nicht sehen.«

»So?«

»Wie sehe ich denn aus?«

Ich beschrieb ihn, wie ich ihn sah. Er schaute recht verwirrt und schien sich seiner Sache nicht ganz sicher. Dann begann er in kleinen Kreisen zu tanzen.

»Was mache ich jetzt?«

Ich sagte es ihm. Er hielt an und meinte: »Du mußt mich tatsächlich sehen!« Er tanzte herüber zu dem Platz neben mir und setzte sich zu mir. Er schaute auf und fragte: »Warum sind die Menschen so dumm?«

»Dumm? In welcher Beziehung?« fragte ich zurück.

»Was sollen die eigenartigen Bedeckungen, die sie haben, von denen man einige abnehmen kann? Warum gehen sie nicht in ihrem natürlichen Zustand, so wie ich?«

Ich erzählte ihm, daß diese Häute Kleider genannt werden, und daß wir sie zum Schutz und zur Wärme tragen, und weil es nicht für richtig gehalten wurde, ohne sie zu sein.

»Warum sausen sie so herum in Kisten auf Rädern, die manchmal ineinander bumsen? Ich das ein Spiel?« –

Er erzählte mir, daß er dort im Garten lebte und daß seine Aufgabe sei, den Bäumen beim Wachsen zu helfen. Er sagte mir auch, daß die Naturgeister das Interesse am Menschen verloren hätten, seit sie fühlen mußten, daß sie weder willkommen sind noch daß jemand an sie glaubt. Seiner Meinung nach sind die Menschen dumm, wenn sie denken, sie könnten ohne die Naturgeister auskommen.

Ich erzählte ihm, daß einige Leute doch an sie glaubten und ihre Hilfe wollten. Ich hatte ein wundervolles Gefühl von Gemeinschaft mit diesem Wesen; eine starke Harmonie verband uns, als wir dort saßen. Unsere Kommunikation brauchte nicht in Worte gefaßt zu werden. So saßen wir einige Zeit ganz still, bis ich schließlich feststellte, daß es für mich Zeit war, nach Hause zu gehen. Ich erhob mich.

Er sagte, ich sollte ihn rufen, wenn ich wiederkäme; er würde dann kommen.

Ich fragte ihn nach seinem Namen. Er sagte, er hieße Kurmos.

»Könntest du einmal kommen und mich besuchen?« fragte ich ihn.

»Ja, wenn du mich einlädst.«

»Das tue ich. Ich würde mich freuen, wenn du mich einmal besuchst.«

»Du glaubst wirklich an mich?«

»Ja, natürlich tue ich das. Ich habe viel Zuneigung für die Naturgeister.« Dies war wahr, wenn er auch der erste war, den ich wirklich gesehen hatte.

»Dann komme ich jetzt mit dir.«

Wir gingen zum Westausgang des Gartens, hinaus in die Arboretum Road und durch die Straßen von Edinburgh zu meiner Wohnung. Ich freute mich, ihn bei mir zu haben, und ich amüsierte mich bei der Vorstellung, wie Vorübergehende wohl reagieren würden, wenn er ihnen so sichtbar wäre wie mir.

Wir betraten meine Wohnung, und Kurmos rannte gleich hinüber zu den Bücherregalen. Er betrachtete sie eine Weile mit großem Interesse.

»Was ist das, und ... warum hast du so viele?«

Ich erklärte ihm, daß sie Tatsachen, Ideen, Spekulationen und Theorien enthielten, Aufzählungen vergangener Ereignisse, Geschichten, die von Schriftstellern erfunden sind und so weiter. All dies wäre niedergeschrieben, gedruckt und in Bücher gebracht worden, die von anderen gelesen werden konnten. Ich weiß nicht, wieviel davon er verstand; er schaute ziemlich verwirrt drein.

»Warum? Du kannst all das Wissen kriegen, das du willst; du brauchst es einfach nur zu wollen.«

Nun war ich es, der verwirrt dreinschaute. Menschen könnten das nicht tun, meinte ich. Wir müßten zufrieden sein, unser Wissen von anderen Leuten oder von Büchern zu bekommen.

Wieder saßen wir einige Zeit in Stille und einer beglückenden Harmonie. Dann stand er auf, denn nun war es für ihn Zeit, zurückzukehren zu den Gärten. Die Zimmertür stand offen, und er ging hinaus in den Flur. Ich folgte ihm, und weil er so fest und real aussah, öffnete ich die Tür zum Treppenhaus. Er ging an mir vorüber und sprang leicht die Stufen hinunter. Als er die unterste Stufe erreichte, verschwand er.

Nachdem er gegangen war, begann mich erst die ganze Wucht des Ereignisses zu treffen. Ich fragte mich, ob ich überhaupt im Garten gewesen war, oder ob ich eingeschlafen wäre und die ganze Sache nur geträumt hätte. Es war ein außergewöhnliches Erlebnis, so außergewöhnlich, daß ich sicher war, ich könnte es mir nicht vorgestellt haben. Meine Imagination arbeitet auf mehr prosaischen, praktischen Ebenen und ist nicht zu solchen Phantasien veranlagt. – Und warum ausgerechnet ein Faun? Das verwirrte mich.

Als ich das nächste Mal in den Park ging, rief ich nach ihm, und er war sofort an meiner Seite. Ich wollte ihm keine Fragen stellen; die wundervolle Harmonie und Gemeinschaft, die ich in seiner Gegenwart fühlte, waren genug, obwohl ich wußte, daß mit dieser Naivität eines Kindes unendliche Naturweisheit verbunden war. Wir trafen uns danach noch mehrere Male.

Ende April 1966 war ich ziemlich spät am Abend nach einem Besuch bei Freunden auf dem Heimweg zu meiner Wohnung. Ich mußte durch die »Meadows«, einen ausgedehnten Grüngürtel südlich des Edinburgher Schlosses. Ich ging den sogenannten »Meadow Walk« Richtung Norden, dann weiter durch die Forest Road und Georg IV. Bridge entlang. Vor mir konnte ich die ununterbrochene Häuserreihe reihe auf der Nordseite der Princes Street, der Hauptstraße Edinburghs, sehen, auf deren Südseite am östlichen Ende das North British Hotel steht, am westlichen Ende die St. John's Church. Ungefähr in der Mitte dazwischen sind zwei große, klassizistische Gebäude, die Royal Scottish Academy und, gleich dahinter, die Nationalgalerie. Südlich der Princes Street ist das Schloß oben auf seinem Felsen, dazwischen die West Princes Street Gardens. Vom Schloß aus führt – parallel zur Princes Street – bis zum Schloß Holyrood eine lange Straße; südlich davon – bis zu den Meadows – liegt die Altstadt. Alte und neue Stadt sind unter anderem durch den Mound verbunden, eine Straße, die bei der Royal Scottish Academy auf die Princess Street stößt. Von der künstlichen Terrasse, dem Mound, hat man einen guten Blick auf die Stadt. Es war eine wunderschöne Nacht, und nur wenige Leute waren unterwegs, als ich den Mound in Richtung Princes Street hinunterging. Ich dachte noch, wie friedlich die Stadt doch um diese Zeit ist. Als ich dann bei der Nationalgalerie um eine Ecke bog, war es mir, als tauchte ich in eine außergewöhnliche »Atmosphäre« ein.

Nie zuvor hatte ich so etwas erlebt. Es war, als ob ich keine Kleider anhätte und durch ein Medium ginge, das dichter war als Luft, aber nicht so dicht wie Wasser. Ich fühlte es an meinem Körper. Es verursachte ein Gefühl von Wärme und ein Prickeln, wie eine Mischung von Nadeln und Elektrizität. Es war so ungewöhnlich, daß ich es kaum beschreiben kann. Hinzu kam noch das gleiche erhöhte Wahrnehmungsvermögen und Gefühl der Erwartung, wie ich es damals in den Botanischen Gärten hatte.

Dann merkte ich plötzlich, daß ich nicht allein war. Eine Gestalt ging neben mir – eine Gestalt, die größer war als ich selbst. Es war ein Faun, der eine ungeheure Kraft ausstrahlte. Ich musterte ihn rasch: Das war sicher nicht mein kleiner Freund. Wir gingen weiter.

»Nun, hast du keine Angst vor mir?« dröhnte er.

Ich dachte über seine Frage nach, während wir weitergingen. Da stellte ich fest, daß ich überhaupt keine Angst hatte, obwohl ich mich doch mit Fug und Recht hätte fürchten müssen.

»Nein.«

Er zögerte nicht einen Augenblick: »Warum nicht? Alle Menschenwesen haben Angst vor mir.«

»Ich fühle nichts Böses in deiner Gegenwart.« Und so war es auch, aber nichtsdestotrotz konnte ich fühlen, daß diese Gestalt mir weit überlegen war.

»Weißt du denn, wer ich bin?«

In diesem Augenblick wußte ich es. Plötzlich durchzuckte es mich, wer dieser ›Faun‹ war. – »Ja, ich weiß, wer du bist.«

»Dann solltest du aber Angst haben. Weißt du nicht, daß euer Wort Panik von der Angst kommt, die meine Anwesenheit auslöst?«

»Ich habe keine Angst.«

Er hielt einen Moment inne und fragte dann: »Kannst du mir sagen, warum?«

Die Antwort kam mir unmittelbar: »Vielleicht, weil ich mich verwandt fühle mit deinen Untertanen, den Erdgeistern und den Geschöpfen des Waldes.«

»Glaubst du an meine Untertanen?«

»Ja!«

»Liebst du meine Untertanen?«

Ich dachte einen Moment nach und stellte fest, daß das stimmte. Viele meiner Gefühle kamen unter diesem beharrlichen Fragen hervor. – »Ja, das tue ich.«

»Wenn das so ist – liebst du auch mich?«

»Warum nicht?«

»*Liebst du mich?*«

»Ja!«

Er schaute mich mit einem eigenartigen Lächeln und einem Schimmer in den Augen an. Er hatte tiefe, geheimnisvolle, braune Augen.

»Du weißt natürlich, daß ich der Teufel bin? Du hast gerade gesagt, daß du den Teufel liebst.«

»Nein, du bist nicht der Teufel. Du bist der Gott der Wälder und der Länder; da ist nichts Böses in dir.«

»Hat nicht die frühe Kirche mich als Modell für ihren Teufel benutzt? Schau meine gespaltenen Hufe, meine zottigen Beine und die Hörner auf meiner Stirn.«

»Die Kirche hat aus allen heidnischen Göttern und Geistern Teufel, Unholde und Kobolde gemacht.«

»Dann hat die Kirche also Unrecht?«

»Die Kirche tat es mit der besten Absicht, von ihrem Standpunkt aus. Aber es war falsch. Die klassischen Götter müssen nicht gleich Teufel sein.«

Wir überquerten die Princes Street und bogen nach rechts ab in Richtung St. David Street. Während wir um die Ecke gingen, fragte er mich: »Wonach rieche ich?«

Seit er mich begleitete, hatte ich einen wundervollen Geruch von Kiefernwäldern, von feuchten Blättern und umgebrochener Erde und Waldblumen wahrgenommen. Ich sagte ihm das.

»Stinke ich nicht wie eine Ziege?«

»Nein, gar nicht. Da ist ein schwacher, moschusähnlicher Tiergeruch, wie das Fell einer gesunden Katze riecht. Es ist angenehm – fast wie Räucherwerk. – Behauptest du immer noch, der Teufel zu sein?«

»Ich muß herausfinden, was du über mich denkst. Das ist wichtig.«

»Warum?«

»Darum.«

»Willst du es mir nicht sagen?«

»Nicht jetzt. Es wird sich zeigen.«

Wir gingen weiter und überquerten das Ende der George Street. Er ging sehr dicht neben mir.

»Du hast nichts dagegen, daß ich neben dir gehe?«

»Nicht das Geringste.«

Er legte seinen Arm um meine Schulter und ich fühlte den physischen Kontakt. Ich war mir seiner körperlichen Anwesenheit sehr bewußt.

»Du hast nichts dagegen, daß ich dich berühre?«

»Nein.«

»Du fühlst dich wirklich weder abgestoßen noch hast du Angst?«

»Weder – noch.«

»Ausgezeichnet!«

Ich war schrecklich neugierig, warum er solche Anstrengungen machte, ein Zeichen von Angst zu erzeugen. Ich bin kein besonders tapferer Mann und bin schon oft genug erschrocken. Es gibt viele Dinge, die mich zu Tode erschrecken würden. Aber aus diesem oder jenem Grund hatte ich keine Angst vor diesem Wesen. Ehrfurcht, wegen seiner Macht, aber nicht Furcht – nur Liebe.

Ich wußte damals nicht, daß er aus gutem Grunde jemanden finden mußte, der keine Angst vor ihm hatte. Er ist ein großes Geschöpf – der Gott des ganzen Elementar-Reiches wie auch der tierischen, pflanzlichen und Mineral-Reiche. Manche Leute mögen sich in seiner Gegenwart nicht wohlfühlen wegen der Ehrfurcht, die sie einflößt; aber zu fürchten braucht man sich nicht. ›Alle Menschenwesen haben Angst vor mir.‹ – Er hatte das nicht als Drohung gesagt, sondern voll Traurigkeit. – ›Hat nicht die frühe Kirche mich als Modell für ihren Teufel benutzt?‹ Darum hatte man Angst vor ihm, wegen des Bildes, das auf ihn projiziert ist. Dieses ›Image‹ muß abgebaut werden, damit sein wahres Wesen wieder enthüllt werden kann. Dies war auch der Grund, warum er jemanden finden mußte, der keine Angst vor ihm hat.

Wir bogen in die Queen Street, und als wir am Postamt vorbeikamen, fragte ich ihn, wo er seine Flöte hätte. Er lächelte: »Ich habe sie, natürlich!«

Und schon hielt er sie in den Händen. Er begann eine seltsame Melodie zu spielen. Ich hatte sie früher schon in Wäldern gehört, aber sie ist so unfaßbar, daß ich bisher nicht imstande war, sie im Gedächtnis zu behalten. Als wir den Haupteingang des Hauses, wo ich wohne, erreichten, verschwand er. Ich hatte dennoch ein starkes Gefühl, daß er noch mit mir war, als ich hineinging.

Die seltsame Begegnung machte einen starken Eindruck auf mich. Ich konnte mir nicht vorstellen, was das bedeuten sollte, oder warum dieses Wesen ausgerechnet mich ausgesucht hatte, um sich zu zeigen. Es schien, als ob das Treffen mit dem kleinen Faun in den Botanischen Gärten ein vorbereitender Schritt gewesen war für diese Begegnung. Ich war ganz sicher überzeugt, daß keines dieser Wesen imaginär war: sie waren viel zu real und ungewöhnlich. – Ich fragte mich, was wohl als nächstes geschehen würde.

Nun, das nächste Treffen war Anfang Mai auf Iona in der ›Eremiten-Zelle‹, einem Ring von Steinen, die alles sind, was übrig geblieben ist von der Zelle in der Abgeschiedenheit, wohin sich St. Columba zurück-

zuziehen pflegte. Es ist etwa in der Mitte der Insel, fast auf gleicher
Höhe wie die Abtei. Ich war dort mit zwei Freunden, einer war Peter.
Ich stand im Zentrum des Steinringes und schaute Richtung Abtei, die
jedoch durch eine Anhöhe dem Blick verborgen war. Vor mir lag ein
sanfter, grasbewachsener Abhang.

Da entdeckte ich vor mir eine große Gestalt, die am Boden lag; ich
konnte sie durch das Gras sehen. Es schien ein Mönch in brauner Kutte
zu sein; die Kapuze war so über den Kopf gezogen, daß mir die Ge-
sichtszüge verborgen blieben. Er lag mit den Füßen zu uns. Als ich
genauer hinblickte, hob er die Hände und legte die Kapuze zurück.
Es war Pan. Er erhob sich und stand mir nun gegenüber – eine riesige
Gestalt. Pan lächelte und sagte: »Ich bin der Diener des allmächtigen
Gottes. Ich und meine Untertanen sind bereit, dem Menschen zu Hilfe
zu kommen – trotz der Art, wie er uns behandelt und die Natur mißbraucht – wenn er wieder an uns glaubt und uns um unsere Hilfe
bittet.« – Was hier vorging, war offensichtlich eine Art Versöhnung
zwischen dem Naturreich und den Menschen.

Eine weitere Begegnung fand im Herbst desselben Jahres 1966 statt,
im Park von Attingham. Ich hatte an einem Wochenendkurs von Sir
George Trevelyan teilgenommen. Bevor ich am Montagmorgen
heimfuhr, hatte ich noch das Bedürfnis, den sogenannten ›Mile Walk‹
in den ausgedehnten Parkanlagen von Attingham zu gehen. Der Weg
beginnt am Ufer des Flusses Tern, wo viele Sträucher und Bäume stehen. Ich folgte dem Mile Walk bis zu einer leichten Flußbiegung; dort
stand eine gewaltige Zeder, um deren Fuß eine Bank gebaut war.
Neben dem Baum, im rechten Winkel zum Fluß, beginnt der Rhododendron Walk.

Ich setzte mich einige Zeit und erfreute mich an der Schönheit des
Platzes. Nach einer Weile stand ich wieder auf und nahm den Rhododendron Walk. Als ich in den Weg ging, fühlte ich eine sehr starke
Konzentration von Kraft, und meine Wahrnehmung wuchs wieder in
hohem Grade an. Farben und Formen wurden leuchtender und klarer.
Ich nahm jedes einzelne Blatt an Büschen und Bäumen bewußt wahr,
jeden Grashalm am Wege, in unvorstellbarer Deutlichkeit. Die physische Wirklichkeit mußte noch klarer gewesen sein; eine seltsame
Schärfung meines Sehvermögens ließ es so erscheinen. Das ist ein so
überwältigendes Erlebnis, daß man es unmöglich in Worte fassen
kann. So etwas muß man selbst erleben, um es ganz zu verstehen. Alles
war ungeheuer lebendig und wirklich, Innen und Außen fast bedrohlich nahe Realität. Die Ehrfurcht und Verwunderung, die ich dabei
empfand, läßt sich nicht leicht mitteilen. Es war so ein klares Gefühl,

in vollkommener Weise eins zu sein mit der Natur, wie auch eins mit dem Göttlichen; ein tiefes Glücksgefühl erfüllt mich.

Ich fühlte, daß er an meiner Seite ging; da war eine sehr starke Verbindung zwischen uns. Er trat hinter mich und dann in mich hinein. Wir wurden eins und ich sah alles um mich herum mit seinen Augen. Gleichzeitig war ein Teil von mir – der aufnehmende, beobachtende Teil – beiseite getreten. Dieses Erlebnis war nicht eine Form von Besitzergreifung, sondern Identifizierung.

In dem Moment, als er in mich trat, füllten sich die Wälder mit Myriaden von Lebewesen – Elementargeister, Nymphen, Dryaden, Faune, Elfen, Gnome, Feen – viel zu zahlreich, als daß ich sie hätte einordnen können. Sie unterschieden sich schon durch die Größe: Da waren ganz kleine Wesen, kleiner als ein Streichholz bis zum Bruchteil eines Zentimeters; sie schwärmten über eine Gruppe von Giftpilzen. Am größten waren wunderschöne Elfenwesen, etwa einen Meter hoch. Alle begrüßten mich voller Freude, einige von ihnen umtanzten mich im Kreise. Die Naturgeister lieben ihre Arbeit und haben ihre Freude daran, der sie in der Bewegung, im Tanz Ausdruck geben.

Ich hatte das Gefühl, außerhalb von Zeit und Raum zu sein. Alles geschah im Jetzt. Es ist unmöglich, mehr als nur einen schwachen Eindruck von der Unmittelbarkeit dieses Erlebnisses weiterzugeben, aber ich möchte dieses Gefühl des Entzückens, der Freude und Begeisterung, die ich dabei empfand, betonen. Trotz der intensiven Fröhlichkeit herrschte ein tiefer Frieden, ein Wohlgefühl und ein volles geistiges Bewußtsein.

So gelangte ich auf eine Lichtung am Ende dieses Teils des Rhododendron Walk, wo eine große Eiche steht. Ich kehrte um und ging den Weg zurück, den ich gekommen war. Ich hatte jetzt eine Panflöte in den Händen und wurde mir meiner zottigen Beine und der gespaltenen Hufe bewußt. Ich begann zu tanzen, tanzte den Weg entlang und spielte auf der Flöte – die Melodie, die ich von ihm gehört hatte. Die vielen Vögel antworteten; ihre Lieder setzten einen ausgezeichneten Kontrapunkt zu der Musik der Flöte. Alle Naturgeister waren am Werk, viele tanzten bei der Arbeit.

Als ich die Stelle erreichte, an der das Erlebnis begonnen hatte, verflüchtigte sich der Zustand erhöhter Wahrnehmung, und er zog sich zurück; zurück blieb mein »gewöhnliches Selbst«. Ich hörte auf zu tanzen und ging weiter. Die Flöte war weg. Der Wechsel von diesem seltsamen ekstatischen Erlebnis zur normalen Wirklichkeit des Alltagslebens war keine Enttäuschung. Was ich erlebt hatte, war noch da; es ist immer da, da es Teil der wahren Wirklichkeit ist. Mit unseren abgestumpften Sinnen und den Scheuklappen des Materialismus, die zu tragen wir gewohnt sind, befinden wir uns in einem ans Schlafwandeln grenzenden Zustand, in dem wir die phantastische Schönheit des Lebens um uns nicht wahrnehmen. Natürlich wäre es auch nicht gut, wenn wir allezeit dieses Wahrnehmungsvermögen hätten – es wäre zu überwältigend; wir könnten unsere täglichen Aufgaben nicht mehr erfüllen. Aber ohne daß es so weit kommen muß, könnten viele von uns ihrer Umgebung weit mehr gewahr sein.

Ich näherte mich dem Ende des Weges, dem Zedernbaum und ging wieder ruhiger. Das war ganz gut, denn dort auf der Bank saß ein Junge. Es wäre zumindest für einen von uns doch peinlich gewesen, wenn ich in meinem Alter den Weg entlang angetanzt gekommen wäre und dabei noch auf einer unsichtbaren Flöte gespielt hätte.

Natürlich gab es noch so manche andere wichtige Begegnung. Ich war seiner Gegenwart in der Zwischenzeit häufig gewahr; auch mit den vielerlei anderen Naturgeistern kann ich kommunizieren. Weil ich seinerzeit ohne Angst reagiert hatte, gebrauchte er mich als eine Kontaktperson. Doch das machte mich nicht irgendwie wichtiger – ich bin einfach ein Kanal, den er gebrauchen kann; aber ich fühle mich sehr beglückt und bevorzugt, daß es so ist, und daß ich die Gabe bekam, mit diesen wundervollen Wesen Kontakt aufzunehmen und mich auszutauschen.

Der wichtigste Grund für diese Kommunikation war der Beitrag, den er zu der Entwicklung des Gartens in Findhorn leistete. Indem die schon früher existierenden Verbindungen mit den Naturgeistern auf eine bewußte Ebene gebracht wurden, konnte das daraus empfangene Wissen und die Weisungen als Ergänzung dessen dienen, was Dorothy von der Welt der Devas mitgeteilt bekam. So haben wir in Findhorn die Verbindung und Zusammenarbeit dreier Reiche: des Reiches der Devas, der Naturgeister und der Menschen. Das wurde das Ziel des Gartens und befindet sich nun auf dem Weg zur Verwirklichung.

Wir können uns die Devas als engelhafte Wesen vorstellen. Sie scheinen das archetypische Muster jeder Pflanzenspecies zu entwerfen und die Energien herunterzuschicken, die für die Manifestation auf der Erde erforderlich sind.

Die Naturgeister wiederum können wir uns als Baumeister denken. Sie bilden und bauen gemäß dem archetypischen Plan das auf, was man das ›ätherische Gegenstück‹ oder den ›Ätherkörper‹ der Pflanze nennen könnte – aus den Energien, die von den Devas heruntergesandt wurden.

Natürlich würden viele die Existenz von all dem in Frage stellen. Das ist verständlich, denn man kann es momentan ja nicht wissenschaftlich beweisen – aber das wird zweifellos in der Zukunft einmal möglich sein. Die Wissenschaft sieht den ganzen Bauplan der Pflanze in ihrem Samen, im genetischen Code des DNS-Moleküls. Lege den Samen in die Erde, und der Baum wird wachsen; dabei braucht er nicht die Hilfe von solch dubiosen Wesenheiten wie Devas und Naturgeistern. Dieser Standpunkt ist berechtigt, und man kann wenig tun, die Meinung derer zu ändern, die ihn verfechten. Gewöhnlich ist es vergeudete Zeit, das erst zu versuchen.

Die meisten von uns wissen, daß wir mehr sind als nur ein physischer Körper. Einige sagen, wir haben noch einen ätherischen und noch höhere Körper. Wir sind inkarnierter Geist. Die Pflanzen haben zumindest ätherische Körper, wenn nicht ebensogut auch höhere. Ist es nicht möglich, daß auch Moleküle wie die DNS ein ätherisches Gegenstück haben? Könnten sie sich ohne dieses überhaupt verdoppeln? Ist da vielleicht sogar ein Elementarwesen mit diesem Gegenstück beschäftigt? Könnten die Pflanzen wirklich wachsen ohne ihr ätherisches Gegenstück und die Wesen, die mit ihm verbunden sind? – Ich weiß, in wissenschaftlichen Ohren klingt dies wie phantastischer Unsinn. Ich lernte einen Professor in Aberdeen kennen, der meinte, die Vorstellung von kleinen Elfenfingern, die dem Schmetterling beim Entfalten seiner Flügel und den Blüten bei der Entfaltung ihrer Blütenblätter helfen, sei für ihn gar nicht so unannehmbar, da die Wissenschaft den Mechanismus, der dies vollbringt, nie wirklich zufriedenstellend erklärt hat.

Es ist wichtig zu wissen, daß die Pflanze innerhalb ihres ätherischen Gegenstücks, das die Naturgeister geschaffen haben, heranwächst und sich entwickelt. Durch Eingreifen in das natürliche Wachstum einer Pflanze, durch den Versuch, ihre Form künstlich – oft mit Gewalt – zu verändern, kann der Mensch von dem archetypischen Plan abkommen. Ganz abgesehen von der Angst und dem Schmerz der Pflanze kann so ein Mangel an Übereinstimmung mit dem ätherischen Gegenstück erzeugt werden, was der Pflanze weitere Pein und Qual bereitet.

Zweifellos gibt es auch Zeiten, in denen der Mensch berechtigt ist, Änderungen am Werk der Natur vorzunehmen – wenn die Gründe hierfür triftig genug sind. Aber anstatt die Natur zu vergewaltigen, wäre es besser, die Naturgeister zu bitten, das durch Änderung des ätherischen Gegenstücks herbeizuführen. Da sie die unendliche Macht dazu haben, könnten sie – und würden sie – das tun, wenn sie überzeugt wären, daß es vernünftig ist und eine wirkliche Hilfe für die Menschheit, nicht einfach aus Zweckmäßigkeit. Im Moment sind sie in ihren Aktionen durch den allgemeinen Unglauben an ihre Macht, ja sogar an ihre Existenz, eingeschränkt. Ich hoffe, dieser weit verbreitete Unglauben wird mit der Zeit schwinden, je mehr Menschen die Vorstellung akzeptieren werden, daß diese Elementarwesen existieren, die bereit sind, dem Menschen zu helfen. So könnte die Zusammenarbeit der beiden Reiche ausgebaut werden. Ich kann mir gut vorstellen, daß so neue Acker- und Gartenbaumethoden entwickelt und alte, schädliche aufgegeben werden.

Es kann nicht genug betont werden, daß die Elementarwesen und ihr Gott Pan Diener Gottes sind und nur nach Seinem Willen handeln.

Viele Menschen werden es für unmöglich halten, mir zu glauben. Das verstehe ich. Es ist anfangs schwierig, sich mit der Vorstellung von Elfen, Gnomen und Feen, die im Garten arbeiten, anzufreunden. Die meisten halten sie für baren Unsinn. Es mag vielleicht helfen, sich einmal zu überlegen, warum diese Wesenheiten in solchen Gestalten erscheinen.

Ihr Ur-Zustand war etwas, das man als ›Licht-Körper‹ bezeichnen könnte. Das ist nicht leicht mit Worten zu beschreiben. Dieser Körper ist nebelhaft, wie ganz feiner Dunst, ein Wirbel oder Strudel von Energie in dauernder Bewegung. Er glüht von farbigem Licht, manchmal in einer einzigen Farbe, manchmal sind es auch zwei oder mehr Farbtöne, die sich jedoch nicht vermischen, sondern nebeneinander bestehen wie die Farben in einem Regenbogen. Die Farbe wechselt häufig, und dieser kleine Körper ist oft überzogen von einer Vielzahl feiner Linien. Sie scheinen gewöhnlich golden, können aber auch eine andere Farbe haben. Diese Linien scheinen in fließender Bewegung und bilden so ständig wechselnde Muster von unglaublicher Schönheit. Diese Lichtkörper unterscheiden sich in Größe und Leuchtintensität; sie variieren von zarten Pastelltönen bis zu stark leuchtenden Farben. Alle sind sie wunderschön, rein und lichtvoll, von innen heraus strahlend. Man kann sie als Energie-Wirbel betrachten, aber Energie mit eigener Intelligenz. Diese Lichtkörper kann man sehen und mit ihnen kommunizieren.

In diesen Lichtkörpern können die Elementarwesen jedoch nicht mit den dichteren, grobstofflicheren Kräften und dem ätherischen Gegenstück der Pflanzen arbeiten. Dazu müssen sie einen ätherischen Körper annehmen, der möglicherweise aus dem Stoff der ätherischen Schale der Erde aufgebaut ist.

In seinen Mythen, Legenden und Märchen hat der Mensch eine unermeßliche Reihe von Wesen beschrieben, die er als ›übernatürlich‹ bezeichnet. In welchem Umfang diese Wesen Produkt der schöpferischen Imagination des Menschen oder Gegenstand seiner Inspiration aus einer äußeren Quelle sind, läßt sich schwer ausmachen. Es erübrigt sich zu sagen, daß das Reservoir von ›Gedankenformen‹ unermeßlich ist, das die Existenz und Fortdauer dieser Geschichten erzeugt hat. Oft vorgestellt und weitererzählt, erhielten sich diese Formen – früher mündlich, heute auch im Druck. Wenn also ein Elementarwesen einen Körper annehmen möchte, kann es irgendeine dieser ›Gedankenformen‹ einfach ›anziehen‹ und dann als Personifizierung dieser bestimmten Wesenheit erscheinen – als griechische oder nordische Gottheit, Elf, Gnom, Faun, Fee usw.

Viele dieser Wesen denken, daß die Menschen sie, wenn sie eine solche Form angenommen haben, als das erkennen, was sie sind und sind dann enttäuscht, wenn dies nicht geschieht: Niemand sieht sie und als Folge davon: Niemand glaubt an sie. Sie haben sich inzwischen daran gewöhnt, haben aber immer noch Hoffnung. Der Mensch ist heute viel weniger sensitiv, als er es einst war; früher war ein solcher Kontakt noch möglich und sogar leicht. Der Mensch mußte seine Sensitivität verlieren, als er sich auf die einseitige Entwicklung seines Intellekts konzentrierte. Heute ist die Zeit gekommen, die Sensitivität wieder zu beleben, eine Zeit, in der der Mensch seinen Intellekt etwas zugunsten eines höheren Gewahrseins zurückstellen sollte.

In den Mythen und Legenden werden diese Wesen oft mit sehr menschlichem Verhalten dargestellt, sie drücken sogar typisch menschliche Gefühle aus – etwas, das die wirklichen Wesenheiten nie täten. Die Erzähler oder Schreiber solcher Geschichten haben die Wesen vermenschlicht. Die Wesenheiten, die diese Form benutzen, können nun nicht nur die vom Menschen erdachte Gestalt, sondern auch menschenähnliches Verhalten annehmen. Hierzu kann ich ein amüsantes Erlebnis erzählen, das ich einmal in den Botanischen Gärten hatte:

Ich saß gerade auf einer Bank unter den Bäumen und beobachtete eine Gruppe von Gnomen, die um einen anderen Baum tanzten. Sie hatten offensichtlich viel Spaß dabei, jagten sich und tollten im Gras herum und brachen mitunter in fröhliches Gelächter aus. Ich dachte, wie ähnlich sie doch dicken Kindern wären. Unverzüglich drehte sich einer von ihnen um und blickte zu mir herüber. Schnurstracks kam er an, stützte die Hände in die Seiten und sagte sehr ärgerlich: »Ich bin nicht dick!« Er drehte sich wieder um und ging würdevoll zu den anderen zurück. – Menschliches Verhalten? Natürlich hatte er recht. Für seine Art war er nicht dick, aber Gnome sind nun einmal gern etwas rundlich.

Es ist wichtig zu erkennen, daß Pan, obwohl er in einer solchen Gestalt erscheinen kann, nicht ein Wesen ist, das auf einen Ort beschränkt ist. Das griechische Wort ›pan‹ heißt ›alles‹ und ›überall‹. Pan ist eine universale Energie, eine kosmische Energie, die die ganze Natur durchschwingt. Er kann an vielen Orten zur selben Zeit personifiziert erscheinen; man sollte ihn sich nicht als an eine Ecke des Gartens gebunden vorstellen oder im Wald hinter einem Baum versteckt, oben auf einer Bergspitze thronend oder hinter einem Stechginsterbusch. Die Schilderung meines Treffens mit Pan mag wohl diesen Eindruck erwecken, aber man sollte sich hüten, in diese Falle der Begrenzung zu treten. Stell dir Pan als allezeit überall vor.

Für die Zukunft der Menschheit ist es wichtig, daß der Glauben an die Naturgeister und ihren Gott Pan wiederhergestellt wird, daß sie im rechten Licht gesehen und nicht falsch verstanden werden. Diese Wesen sind trotz der unzähligen Frevel, die der Mensch gegen die Natur begangen hat, nur zu bereit und erfreut, ihm zu helfen, wenn er sie um ihre Zusammenarbeit bitten wird. Wir müssen wieder ehrlich und fest an sie glauben. Wir dürfen sie nicht als selbstverständlich nehmen, sondern ihnen Liebe und Dank für alles entgegenbringen, das sie für uns tun. Was in einer solchen Zusammenarbeit erreicht werden kann, würden viele für ein Wunder halten. In Findhorn hat man sich darum bemüht und darum gebeten – die Resultate liegen vor.«

Der Elfenkönig

A ber vielleicht war dies das Geheimnisvollste, das er je darüber sagte. Ich fragte ihn danach ... und hatte unbedacht gemeint »Natürlich sehe ich, daß Ihnen alles zu vage ist, um es in Worte zu fassen,« als er mir ziemlich scharf ins Wort fiel und erwiderte : »Im Gegenteil – es sind die Worte, die zu vage sind. Der Grund, warum man die Sache nicht ausdrücken kann, ist, daß sie zu klar für Sprache ist.«

C.S. Lewis, *Voyage to Venus*

Crombie und Peter suchten sich in der dicht bewachsenen Waldschlucht einen Weg durch das Unterholz. Alles war überwuchert, die knorrigen Bäume ineinander verflochten. Efeu rankte sich um die alten Stämme. Feuchtigkeit drang in die Schuhe der Männer. Jeder Zweig, jedes Blatt zitterte, als ob die zwei Menschenwesen, die da gingen, ein Spannungsfeld erzeugt hätten. Alles schien zu warten, sie zu beobachten.

Der Boden war naß und schlüpfrig, sie kamen nur sehr langsam voran. Crombie ging voraus, denn er hatte das Gefühl, einen Pfad gefunden zu haben, dem er nun folgte. Er stieg über umgefallene Bäume und durch Büsche, die an seinem Mantel zerrten und sich an der Hose festhakten. Es war kein leichter Weg.

Crombie war als vierjähriges Kind schon in Rosemarkie gewesen. Während der Osterferien 1903 nahmen seine Eltern ihn mit auf die Black Isle und zeigten ihm Faery Glen, eine wunderschöne, natürliche Parklandschaft, die als Teil eines großen Anwesens sorgfältig erhalten wurde. Was er nun sah, konnte er nicht glauben: Das Ergebnis von sechzig Jahren Mißbrauch und Verwahrlosung. Es sah aus, als ob die Bäume einen Pakt mit dem Unterholz geschlossen hätten, um die Menschen auszuschließen. Das Dickicht war praktisch undurchdringlich; hinter ihnen waren regelrechte Wegsperren aus umgestürzten Bäumen. Ein grauer Dunst lag bedrückend in der Luft.

Mooskissen und Flechten wechselten sich auf dem Waldboden ab. Sie trugen kugelrunde Wassertropfen – ein kleiner Archipel von funkelnden Edelsteinen in der wogenden See von Dunst, der den Männern um die Füße wirbelte. Crombie sah sich besorgt um, ob da etwas wäre, das er nicht ganz fassen könnte – etwas, das schnell im Winkel seines

Blickfeldes erscheinen und wieder verschwinden würde, wenn er sich hinwandte, um genauer hinzuschauen und zu entdecken, was es wäre. Er ging um eine Rhododendron-Gruppe und kam auf der anderen Seite wieder zum Vorschein; er sah recht beunruhigt drein. Da wußte Peter, daß irgendetwas nicht stimmte, und bahnte sich seinen Weg zu Roc vor.

Crombie drehte sich um und hob seine Hand, um ihn am Weitergehen zu hindern. Dann ging er hinter einen Baum und war dem Blick entzogen. Peter fand einen Baumstumpf, wischte die Oberfläche ab und setzte sich, um auf Roc zu warten. Es war zwar feucht, da sie aber schon den ganzen Tag unterwegs gewesen waren, wollte er sich gerne niedersetzen.

Crombie ging langsam vorwärts, alle paar Schritte hielt er an. Er kam in eine sehr ungemütliche Atmosphäre. Jeder Schritt, den er sich vorarbeiten konnte, brachte ihn tiefer hinein in eine Düsternis und Bedrohlichkeit. Wie ein schwarzer Nebel wirbelte es um die feucht glänzenden Blätter. Seine Kräfte ließen nach und seine siebzig Jahre lasteten schwer auf ihm. Dieses Gefühl wurde fast unerträglich, aber Roc's Entschlossenheit behielt die Oberhand. Manchmal glaubte er einen Ton oder ein Rascheln zu hören, aber wenn er anhielt und hinlauschte, war alles still.

Wieder bewegte sich etwas vor ihm. Er hielt an und wartete. Was immer es gewesen war – es bewegte sich nicht mehr. Als er um eine große Buche kam, sah er es wieder; dieses Mal mußte es auf seiner rechten Seite vorbeigehuscht sein. Er fuhr herum, doch nichts war zu sehen. Spinnweben mit Tautropfen hingen wie Perlenschnüre in der bewegungslosen, lautlosen, dichten Mauer von Grün. Ein Wassertropfen fiel von irgendwo herunter, ein Blatt begann zu schaukeln. Es hörte wieder auf, und verschmolz wieder mit der absoluten Stille seines Hintergrundes. Roc ging nicht mehr weiter. Irgendetwas war da. Er wollte hier warten.

Kein Laut war zu hören. Ein intensiver Geruch von feuchter Erde und modernden Kiefernnadeln stieg vom Waldboden auf, leicht säuerlich – die Ausatmung von zehn Milliarden Erdgeschöpfen in die Abendluft. Roc atmete es ein und begann sich merkwürdig wach und lebendig zu fühlen. Sein Körper wurde ganz still, er schien Wurzeln geschlagen zu haben und stand nun wie ein dicker, faseriger Stamm fest gegründet im schwarzen Erdenbauch. Er fühlte, wie dicke, gallertartige Milch sich durch seine Adern aus den Wurzeln heraufarbeitete. Der Urschleim-Zellsaft aus dem Erdenschoß unter ihm stieg hinauf bis in die letzten Zweige und Blätter, seine Hände. Er war der Stamm, eingeschlossen und umhüllt von dünnen, durchscheinenden Fasern, noch jungfräulich blaß, und entfaltete sich in dem weichen Licht.

Das grüne Mosaik verschmolz mit seiner Vision, und aus der dichten, smaragdenen Stille wuchs ein Bild: Von den Knospen, Stämmen und Blättern begannen sich zwei Gestalten abzuheben. Sie standen vor ihm: grüne Mäntel und Kapuzen, grüne Haut, grüne Hände, grüne leuchtende Augen, zwei Bogen mit aufgelegten Pfeilen, zwei grüne Pfeile, die gerade auf ihn gerichtet waren. Sie waren ungefähr einen Meter groß und grausam schön. Ihre Mienen waren ausdruckslos. Als einer von ihnen zu sprechen begann, schien seine scharfe Stimme die Luft geradezu zu durchschneiden: »Sterblicher Mensch, wage nicht, noch weiter zu gehen! Hier beginnt unser Territorium.«

Roc war von der Feindseligkeit und Schärfe dieser Stimme überrascht. »Ich bin ein Freund von Pan ... und ich bin ein Freund aller Naturwesen. Ich komme zu euch mit Liebe im Herzen.«

»Wir haben keine Liebe für dich, Mensch,« sagte der zweite Elf. »Geh zurück, woher du gekommen bist, und laß uns in Frieden.«

Sie standen bewegungslos und still, die Pfeile noch immer auf ihn gerichtet. Roc hatte in seinem Leben schon genug Geschichten über Menschen gehört, die dem »kleinen Volk« zum Opfer gefallen sind, um zu wissen, daß dies eine ernste Angelegenheit war.

»Ich glaube an euch und bitte um eure Freundschaft und Hilfe.«

»Das mag wohl sein, aber dies ist unser Reich. Wir wollen keine Sterblichen hier.«

Roc überlegte, was er darauf antworten sollte. Er fühlte ganz deutlich, daß Pan hinter ihm stand, wußte aber, daß er nicht eingreifen würde.

Die Elfen blickten Roc ununterbrochen an, ließen dann die Bogen sinken und wandten sich zur Seite, um sich zu beraten. Bald drehten sie sich wieder Roc zu und bedeuteten ihm, daß er weiter gehen könnte, aber *der* dort drüben auf dem Baumstumpf sollte sitzenbleiben, wo er war.

Sie traten zur Seite, und ließen Roc vorbei. Er ging noch ungefähr ein Dutzend Meter, bis der leicht ansteigende Pfad eine ebene Fläche erreichte. Roc hielt es für besser, nun umzukehren.

Bevor er ihr Territorium verließ, blickte er noch einmal die beiden Elfen an. Die Feindseligkeit, die in ihren Gesichtern geschrieben stand, war ihm neu. Etwas Schreckliches mußte hier geschehen sein. Als er sich umsah und das Zerstörungswerk betrachtete – die gefällten Bäume und abgesägten Stümpfe, wurden ihm klar, daß der Mensch dies angerichtet hatte. Diese Feindseligkeit war nicht bösartig, es war mehr die sorgsam-beschützende Verzweiflung dieser Wesen. Dies war eine Fluchtburg, ein isoliertes Gebiet, wohin sie sich zurückziehen konnten. Dies war alles, was ihnen geblieben war, und bald würden sie auch das verlieren.

Roc kehrte zu Peter zurück und winkte ihn zu sich, ohne ein Wort zu sagen. Schweigend gingen sie zum Wagen zurück und fuhren in ihr Hotel.

Roc war immer noch erschüttert. Es war das erste Mal gewesen, daß ihm Naturgeister mit Feindseligkeit entgegengetreten waren, und er war geneigt, seine früheren Ansichten und Vorstellungen über sie in Frage zu stellen. Ihr Ausdruck war nicht böse, aber doch sehr eigenartig. Eine stumme Verzweiflung schien durch ihre Gesichter und Stimmen – trotzige, tiefe Verzweiflung. Er hatte das Gefühl, noch einmal zurückkehren zu müssen.

Nach dem Abendessen entschuldigte Roc sich und ging allein zum Faerie Glen zurück. Er konnte noch seine Spur vom späten Nachmittag verfolgen. Der fast volle Mond malte silberne Streifen und Bahnen auf die Nebelschwaden. Zweige zeichneten sich gegen den hellen Himmel klar ab. Wieder herrschte absolute Stille; nicht ein Geräusch brach diesen Zauberbann. Das Vorwärtskommen war schwieriger in der Nacht, aber er fand den Pfad wieder, und stieg um und über die Hindernisse. Die tiefe Stille um ihn war erfüllt von lebendigen Wesen, die ihn beobachteten. Er hielt an, wo er den zwei Elfen begegnet war, und wartete. Sie waren nicht da, aber er wußte, daß er hier zu warten hätte.

Rocs weißer Haarschopf leuchtete weiß wie Schnee im fahlen Licht des Mondes. Der Wald schien sich auf ihn zu zu bewegen, um ihn einzuschließen und einzuverleiben. Wieder fühlte er, wie sich sein Wahrnehmungsvermögen änderte. Sein Körper verwuchs und wurde eins mit der Erde; Wurzeln schienen sich in den Waldboden zu bohren. Seine Hände begannen zu zittern, die Arme fühlten sich an wie riesige Äste, die vom Stamm ausgingen. Er fühlte sich nackt; Pullover und Hosen glichen mehr Moos oder Fell. Jeder Baum schien lebendig, fast menschlich; was vorher bewegungslos war, schien sich nun langsam, fast nicht wahrnehmbar zu rühren. Er schwang ein in diesen unendlich langsamen Rhythmus und sah, wie alle die Bäume um ihn sich im Mondlicht leicht bewegten. Er begrüßte jeden seiner Nachbarn mit einem leichten Nicken. Da sah er plötzlich zu seiner Linken einen gewaltigen Baum, der sich etwas deutlicher bewegte. Was auf den ersten Blick wie ein Baumstamm erschien, entpuppte sich als eine turmhohe Gestalt. Das zuerst silbrige Glitzern waren ihre schimmernden Augen vor der Schwärze des Hintergrundes. Der weiße Mond schien hinter ihm am Himmel zu gefrieren. Keiner sagte etwas.

Als Roc sich umwandte, war vor ihm wieder die grüne Lumineszenz der beiden Elfen. Sie hatten dieses Mal keine Pfeile auf ihn gerichtet und grüßten ihn. Roc wurde einen Pfad hinauf geleitet, der nun ganz frei war. Sie kamen auf die Kuppe eines Hügels, wo der Weg sich verbreiterte. Vor ihm auf der Lichtung unten war ein leuchtender Schimmer und ein Glühen, das heller wurde, als er näherkam. Jenseits des Waldsaumes war ein Bach; in der Ferne rauschte ein Wasserfall.

Als der Weg aufhörte, erblickte Roc eine große Versammlung von Naturgeistern, die durcheinander flogen, schwebten, sich bewegten und schimmerten. Im Zentrum der Lichtung saß auf einer kleinen Erhöhung ein über ein Meter großes Geschöpf. Es winkte Roc und bedeutete ihm, daß er in die Mitte kommen sollte. Er stieg hinab in ein glühendes, schimmerndes, phosphoreszierendes Meer. In der Luft waren Geister, strahlend hell wie Sterne, bläulichgrün opalisierend. Sie huschten vorüber und schwebten durcheinander, glitten sanft zu Boden, um wieder hoch in die Luft zu schießen. Alle waren sie sehr erregt und aufgebracht, als Roc in ihre Mitte trat, und richteten ihre ganze Aufmerksamkeit auf diesen alten, weißhaarigen Menschen, der es wagte, bis hierher vorzudringen.

Die Gestalt in der Mitte war ein großes Elfenwesen. All die Geschöpfe um ihn bewegten sich langsam auf ihn zu, als wären sie ein einziger Organismus. In der Luft war ein Tönen wie von fremdartigen Melodien, leise Stimmen von Flöten und Saiten, ansteigend und wieder fallend wie der Wind, der das Schilfrohr bewegt.

Dieses Wesen in der Mitte schien eine enorme Macht zu haben. Der Elf erhob sich nun, um Roc zu begrüßen und lud ihn ein, vor ihm Platz zu nehmen; er deutete auf einen moosbewachsenen Stein vor sich. All die Elfen und Naturgeister beobachteten ihn mit Neugier und gespanntem Interesse, als er sich setzte. Roc fühlte geradezu Wogen von Feindseligkeit gegen sich anbranden. Er fühlte sich sehr verwundbar, ein Fremder in einer anderen Welt, ein Gefangener des »kleinen Volkes«.

Der Elfenkönig sah Roc aus kalten, durchdringenden Augen an. Die Feindseligkeit wuchs. Das Gemurmel rundum wich einem tiefen Schweigen. Dann erhob der Elfenkönig seine harte Stimme: »Mensch, wir haben kein Verständnis für dich. Du bringst das Gleichgewicht der Natur durcheinander, du vernichtest die Tiere, du machst Land zur Wüste, du fällst und verbrennst die großen Bäume, du verstümmelst die Landschaften, indem du tiefe Wunden in die Hügel und Berge schlägst, du schlitzest die Erde auf, daß sie nie mehr heilen wird.

Du verschmutzest alles unter dir, neben dir und über dir. Wo immer du gehst, bleibt Schmutz und Zerstörung. Bist du denn so dumm, daß du nicht merkst, daß du dich selbst vernichtest?

Uns kannst du nicht vernichten, denn wir sind unsterblich und unzerstörbar. Aber wir sorgen uns um diesen Planeten, wir lieben ihn, er ist unsere Heimat und Wohnung. Einst war er schön. Kannst du uns verdenken, daß wir dich als einen Parasiten auf dem Antlitz der Erde ansehen?

Du! Du besitzt die Dreistigkeit, um unsere Zusammenarbeit zu bitten! Zusammenarbeit worin? In der Verwüstung unserer letzten Refugien? Unserer heiligen Stätten? Unserer Wohnstätten? Rechtfertige deine Bitte! Erkläre dich! Was ist der Sinn deines Lebens, Mensch?«

Die Elfenschar war ungeheuer erregt, die Luft war wie geladen, und ein Murmeln hob in der Menge an wie das Rauschen des Windes in den Bäumen vor dem Herannahen des Sturmes. Die Feindseligkeit wuchs an und schlug wie eine physische Kraft auf Roc nieder.

Tausend Augen fühlte er auf sich gerichtet, Augen von Wesen, die er nie zuvor gesehen hatte, Wesen, die er wohl auch nie wieder sehen würde, eine riesige Menge, für die ihm alle Begriffe fehlten. Bis vor einem Jahr hatte er von einem Naturgeist noch nicht einmal geträumt. Jetzt erschienen sie ihm, wo immer er ging – zuerst in den Botanischen Gärten von Edinburgh, dann in Attingham und Iona, und nun verging kaum eine Woche, wo er ihre Gegenwart nicht bewußt wahrnahm oder mit ihnen »sprach«. Er begann sich schon mit ihnen zu identifizieren, mehr als mit den Menschen. War das am Ende nicht Verrücktheit? Und hier wurde er nun gebeten, den Menschen zu erklären, seine Handlungsweise, die rücksichtslose Zerstörung seiner Umgebung – und er fühlte sich den Menschen genauso fern wie sie. Ja, was war dieser Mensch, dieses Geschöpf, das sich über die ganze Erde ausbreitete? Was tat er sich selbst an? Roc selbst war weder Mensch noch Naturgeist. Seine Kontakte mit deren Reich hatten ihn in ein Niemandsland gebracht, wo ihn nichts berühren konnte, doch wollte er in jedem Falle dem Leben dienen.

Roc stand auf und blickte die Elfen an. Er gestand ihnen zu, daß die Anklage der Wahrheit entspreche, aber nur einen Teil des Bildes zeigte – den dunklen. Er machte keine Versuche, die Verbrechen des Menschen zu entschuldigen oder zu rechtfertigen; die einzigen Entschuldigungen wären Unwissenheit, Dummheit und ein Mangel an Liebe und Sorge.

»Die Menschheit ist nicht böse. Die Mehrheit der Bewohner dieser Erde ist friedliebend und freundlich und möchte mit allen in Freundschaft leben. Das ist die Wahrheit. Es ist leicht, schlechte Taten zu sehen. Es ist nicht so leicht, die guten zu sehen. Aber um fair zu sein, müßt ihr versuchen, das zu tun. Es gibt viele Menschen, die genauso aufgebracht sind wie ich über die Verbrechen, die gegen die Natur begangen werden, über die Grausamkeit und Ausrottung, von der das Tierreich getroffen ist, über die Ausbeutung des Pflanzenreiches und den Raubbau am Mineralreich. Was diejenigen angeht, die absichtlich die Erde zerstören, so kann ich dazu nichts sagen. Aber es gibt auch Menschen, die jetzt Frieden auf der Erde und mit dem Naturreich schaffen wollen.«

Die Wesen um ihn hatten aufmerksam zugehört, und er konnte nun im sternenbeschienenen Schweigen fühlen, wie die Spannung nachließ.

»Wir haben von einem namens Jesus gehört, der Frieden bringen wollte. Was hat die Menschheit mit ihm gemacht? – Ihr bringt die um, die eure gewohnten Lebensweisen ändern würden.«

Roc hielt einen Moment inne und dachte darüber nach, was der Elf gesagt hatte.

»Er ist nur in einer Form vernichtet. Er ist wiedergeboren und lebt in einer anderen Ebene, in der wir alle leben. Jesus war ein Lehrer, ein göttliches Wesen, und es hat noch andere gegeben. Kein Parasit könnte solche Lehrer und Lehren hervorbringen.

Der Mensch ist auf der Suche nach grundlegenden Warheiten, und auf seiner Suche hat er zeitweilig Gott vergessen. Seid weiterhin geduldig und tolerant mit dem Menschen. Er glaubt heutzutage nicht an euch, aber immer mehr beginnen, eure Existenz zu akzeptieren. Nur die Taten überzeugen. Es liegt nun bei der Menschheit, euch zu überzeugen, daß wir uns sorgen, daß wir die Natur und ihre Reiche respektieren und ehren. Ich bitte euch, seid fair mit uns. Helft uns.« Roc hielt inne und wartete auf die Antwort.

»Wir haben dir zugehört und nehmen an, was du gesprochen hast.«

Roc dachte über seine nächste Frage nach und überlegte, ob er sie stellen dürfte oder nicht. »Darf ich etwas fragen?« wagte er sich schließlich.

»Ich werde antworten, wenn es zulässig ist,« erwiderte der Elfenkönig.

»Könntet ihr die Menschheit vernichten, wenn ihr wolltet?«

Der Elfenkönig saß bewegungslos und blickte Roc ruhig in die Augen. »Leicht,« sagte er.

»Wie?«

»Die vitale Kraft in allem, das wächst, würde schwinden.«

»Das würde das Ende bedeuten!« meinte Roc halb fragend, halb feststellend. – »Ist das in Übereinstimmung mit Gottes Willen?«

»Wenn der Mensch zu weit geht, wird er sich selbst vernichten; dazu braucht er uns nicht. Er hat die Mittel, das zu tun, und er hat den freien Willen. Wir tun, was wir tun müssen, aber wir können nicht gegen kosmische Gesetze handeln, die Gottes Gesetze sind.«

Roc blickte den Elfenkönig an. »Ich glaube nicht, daß das jemals geschieht. Der Mensch wandelt sich innerlich. Immer mehr Menschen suchen zu verstehen. Es wird Zeit brauchen, aber sei gewiß, daß sich alles ändert.«

Ein Lächeln huschte über das Gesicht des Elfenkönigs. Da merkte Roc, daß es dieses Wesen enorme Anstrengungen gekostet hatte, so lange Zeit ernst zu bleiben. Roc waren die Elfen immer mit einer gewissen Würde erschienen, aber nie hatte er sie ohne Heiterkeit oder Humor erlebt. Der Elf vor ihm begann nun über sich selbst zu lachen, wie ein Kind, das geschmollt hatte.

»Gut, wir werden nichts unternehmen, euch weh zu tun. Aber wenn der Mensch eindringt, wo er nicht erwünscht ist, oder weiterhin Zerstörung schafft, dann wundere dich nicht, wenn wir Tricks anwenden ...« Das letzte Wort hatte kaum seine Lippen verlassen, als er schon in die Bodenerhebung zu verschwinden begann. Die Lichter wurden schwächer, die Wesen schienen sich aufzulösen, und Roc sah nur noch die zwei Elfen, die ihn hierher gebracht hatten. Sie tanzten gerade über die Kuppel des Hügels hinweg und verschwanden im Dunkel des Waldes – er stand allein im Mondlicht.

Peter lernte Crombie 1965 kennen, und im Jahr darauf reisten sie durch England, Schottland und Wales. Peter und Roc wurden zur Zwei-Mann-Delegation in die Welt der Naturgeister: Peter als Chauffeur und Steuermann, Roc als diplomatischer Vertreter der Menschen.

Peter machte sich damals der recht bunten Welt der spirituellen Grüppchen Großbritanniens bekannt. In diesen wohlgeordneten, überwiegend gutbürgerlichen Kreis platzte er während einer »New Age«-Konferenz in Attingham Park. Diese Konferenz wurde einberufen, um »zum ersten Male« alle »New Age«-Gruppen unter einem Dach zu versammeln, und um einen Kurs festzulegen durch die rauhe See einer immer kränkeren Gesellschaft. Es war die crème de la crème, eine Auslese von den dreißig Seelen, die in der Branche am meisten »in« waren, gesammelt von Sir George Trevelyan; Peter war nicht eingeladen. Die Tweeds und Chiffons horchten auf, als dieser kecke, sonnengebräunte Gärtner aus dem hohen Norden in ihre wohlgeordnete

Tagung hereinplatzte und über Findhorn und Gottes Führung zu sprechen begann. Fast konnten sie den Schweinemist im Profil seiner Schuhsohlen riechen. Peter sonnte sich in dieser dicken, verkopften »New Age«-Luft.

Der Vorsitzende nahm Vorschläge für eine Charta für das Neue Zeitalter entgegen. Peter war äußerst skeptisch, er bebte vor Empörung. Er schoß von seinem Platz auf und sprach in das Schweigen der versteinerten Gesichter hinein: »Wir praktizieren, worüber hier geredet wird. Wir bauen gerade eine New Age-Gemeinschaft in Findhorn auf. Wir halten keine Reden darüber. Ihr könnt keine Charta für das Neue Zeitalter machen. Für das Neue Zeitalter gibt es keine Blaupausen. Wir haben durch Eileen von Gott gesagt bekommen, wir sollten im Augenblick, im Jetzt leben, und uns von Ihm, von Gott, leiten lassen. Das ist Sein Plan, nicht unserer. Laßt es euch von Ihm offenbaren. Muster entdeckt man nur beim Zurückblicken, nicht beim Vorausschauen!« Damit setzte er sich wieder. Atemlose Stille. Schock.

Dann brach es los: Wer hat diesen Emporkömmling mit seiner Brobdignac-Stimme auf die Tagung gelassen? Generalleutnant Sir Victor Goddard – der zweithöchste Offiziersrang in der Royal Air Force – erhob sich langsam. Er starrte Peter an und fragte ihn dann: »Würden Sie bitte ein paar Worte sagen und uns allen erleuchten, wie Sie Ihre New Age-Gemeinschaft zu finanzieren gedenken?«

Peter zögerte einen Augenblick. Er war mit vierzehn Schilling und einem Gebet zu dieser Konferenz gekommen. Sonst war er völlig blank. Von Findhorn war er mit einem alten Wagen – der Tank nur halbvoll – aufgebrochen und hatte nichts dabei als ein paar belegte Brote. Er wußte nicht einmal, wie er wieder zurück nach Findhorn kommen sollte. Finanzen? Die gab es nicht. – »Das ist ganz einfach, Sir. Man gibt alles auf für Gott. Man stellt Ihn an die erste Stelle, im festen Glauben und der Überzeugung, daß allen Bedürfnissen und Nöten vollkommen begegnet wird aus Seinem Überfluß.« Peter setzte sich wieder. – Mach's gut! Lebewohl! Komm bloß nicht zu uns, wenn du bankrott bist und der Gerichtsvollzieher deinen Wohnwagen abschleppt. – Einige schrieben Peter als einen regelrechten Narren ab.

Als Crombie Peter kennenlernte, konnte er ihn nicht so leicht abschreiben. Naiv war er wohl, ja, aber so einfach war es nicht. Da war etwas so Ernsthaftes und Liebevolles an diesem Mann. Sein Glaube an Eileens Führung war kindlich und ansteckend zugleich. Peter führte buchstabengetreu aus, was er für Gottes Anweisungen hielt – ein vergeistigter RAF-Mann von Kopf bis Fuß!

Als Peter Crombie das erste Mal traf, spürte er: Dies war ein Mann, der völligen Respekt forderte. Vielleicht, weil niemand etwas über ihn wußte? Es war eigentlich nicht sein Alter, das weiße Haar, oder die klare, gebieterische Stimme – aber da war eine Bestimmtheit, die die Leute aufhorchen ließ, und auch Peter mußte aufhorchen. Spirituelle Gruppen drängten sich um seine Mitgliedschaft, aber er trat nie irgendwo bei. Er kam zu Gesprächen, Vorträgen, Treffen, aber er hörte nur zu – nie wurde er Mitglied.

Als die beiden sich trafen, war es wie ein Zusammenstoß eines Jesuiten mit einem fahrenden Ritter. Roc war ruhig, interessiert, betrachtend; er sprach oder bewegte sich kaum. Peter ereiferte sich über Feuermachen, Windmühlen-Besiegen und sagte frevelhafte Dinge über Leute, die »es besser wußten«. Vielleicht sah damals jeder im anderen das, woran es ihm selbst mangelte. Für Roc war es Jugend, Führerschaft und Energie, für Peter war es die Mäßigung des Alters und die tiefe, ausgeprägte Beziehung zur unsichtbaren Welt.

Die Freundschaft zwischen Peter und Roc vertiefte sich. Wenn Peter im Garten abkömmlich war, unternahmen die beiden Touren über die britischen Inseln und besuchten Sehenswürdigkeiten aus Natur und Geschichte. Nach dem Erlebnis in Rosemarkie und vielen anderen ähnlichen begann Roc die Grenzenlosigkeit des – wie er es nannte – Reiches der Naturgeister zu ahnen, und er erkannte, wie tief die Kluft zwischen diesem und dem Menschenreich doch war.

Peter sah nichts, aber er hatte ein sicheres Gespür, Orte zu finden, wo Roc wahrscheinlich Naturgeistern begegnen würde. Die Elementarwesen waren von Ort zu Ort unterschiedlich – eine unendliche Vielfalt von Wesen, deren Farbe, Gestalt und Größe mit dem Terrain und den Jahreszeiten wechselte.

Bis zum heutigen Tage hat Roc keine Erklärung dafür, warum er in diese Welt gestolpert ist, warum er »auserwählt« ist. Aber da der Kontakt einmal hergestellt war, wuchs sein Wissen und Verstehen dieser Welt immer mehr. Er setzte sich in den Wäldern oder manchmal in den Parks von Edinburgh nieder und sprach stundenlang mit diesen Wesen und stellte ihnen Fragen. Alles andere als argwöhnisch, waren sie geradezu entzückt, daß jemand an ihnen Interesse zeigte. Sie kamen in Scharen zu Roc – er war für sie ebenso eine Neuigkeit wie sie für ihn. O, sie hatten schon viele Menschenwesen gesehen, aber sie hatten angenommen, daß die Möglichkeit der Verständigung, des Verstehens zwischen den zwei Reichen schon vor langer Zeit abgeschnitten war, und so hatten sie es aufgegeben zu versuchen – genauso, wie auch wir nicht versuchen, nach ihnen auszuschauen.

In gewissem Sinne ist also, was uns als lebendigen Menschen »Wirklichkeit« ist, für jene ein Märchen. Sie erinnern sich mit Wärme an die Geschichten von einem alten Menschenvolk, das auf der Erde lebte, Menschen, die ohne weiteres ihr Reich betreten konnten, mit ihnen sprachen und zusammenarbeiteten. Wenn wir die Existenz jener Wesen als Legende und Mythos abtun – gut; aber nach dem, was sie sagen, gibt es die »wirklichen Menschen« auch nur in alten Legenden und Mythen. Sie wissen nicht genau, was das für ein Wesen ist, das die Erde heute bevölkert. Eine Art Menschen, bestimmt, aber Menschen, die blind geworden sind. Sie sehen unsere Zivilisation als ein einziges Desaster. Wenn sie erzählen und fragen, zeigen sie, daß sie ihren Schrecken doch mit Humor bewältigen. Kurmos war ganz erstaunt, wenn er die Metallkisten mit Menschen darin beobachtete, die fast andere Menschen umgefahren hätten. Sie sind verwirrt, wenn wir ihnen erzählen, Wissen käme aus Büchern und von Kunstgegenständen. Roc konnte ihnen nicht einmal erklären, was das war, das die Menschen aus Büchern »bekommen«. – Kriege können sie überhaupt nicht begreifen.

Die Naturgeister erklärten Roc, daß ihre Arbeit sich allein auf das Pflanzen- und Mineralreich beschränkt. Sie nehmen hierbei die Energie, die die Devas herunterstrahlen und lassen sie dem Wachstum der Pflanzen zugute kommen. Diese Energie könnten wir »Lebenskraft« nennen.

Roc wird oft nach dem Nutzen der Naturgeister gefragt. Sie mögen wohl existieren – aber brauchen wir sie wirklich? Würden die Pflanzen nicht auch ohne sie wachsen? Nach dem, was Roc gelernt hat, ist das eine mehr qualitative Frage: Die Pflanzen mögen wohl wachsen, aber sie wüchsen nicht gut. Überall stellt Roc fest, daß sich die Naturgeister von den Pflanzen und aus den Gärten zurückziehen; die Folgen sind schon heute spürbar.

Crombie verwendet auch das Bild von Eltern und Kindern. Die Naturgeister sind nicht die Eltern der Pflanzen, haben aber eine ähnliche Aufgabe. Die Pflanzen ziehen sich die Nahrung aus der Erde, aus Luft und Wasser, in einer komplexen Symbiose mit Bakterien, Mikroorganismen und Kleintieren. – Ein kleines Kind erhält seine Nahrung gewöhnlich von seiner Mutter. Man hat beobachtet, daß Kinder, die man von ihren Eltern trennt und in eine Einrichtung mit vielen anderen Kindern zusammen steckt, wo sie »alles bekommen, was sie brauchen« – nämlich Essen, Kleidung und Unterkunft – unter geistiger und emotioneller Verarmung leiden. Sie sind nicht glücklich, werden oft extrem aggressiv oder introvertiert. Ihr Verhalten ist antisozial, und obwohl sie ordentlich zu essen bekommen, werden sie oft auch körperlich schwächlich und krank – als ob ihr Wille zu leben sehr geschwächt wäre. Sie sterben leichter; ihr Beitrag zum großen Ganzen, der Gesellschaft, ist auf ein Minimum reduziert – oft ist es ein destruktiver Beitrag. Ähnlich leidet ein Kind sogar in einem Zuhause, wo Vater und Mutter ihm keine Liebe schenken.

Bleiben wir bei dieser Analogie, so sind unsere Waisenheime in der Natur die Landwirtschaftsfabriken, die mechanisierte und chemisierte Forstwirtschaft, oder jede Situation, wo Pflanzen manipuliert werden, gezwungen und für unsere eigennützigen Zwecke ausgebeutet und mißbraucht werden. Hier haben sich die Naturgeister zurückgezogen, und so sind wir heute Zeugen einer Schwächung des pflanzlichen Lebens, einer immer stärkeren Abtragung des »Lebenswillens« der Pflanzenwelt. Diese Pflanzen werden steril, sie können nur unter idealen Bedingungen wachsen und werden in großem Stil von Schädlingen heimgesucht, gegen die sie keine Widerstandskraft mehr haben.

Die Naturgeister betonen immer wieder: Die Energie, die sie in die Pflanzen kanalisieren, ist eine »vitale Energie«. Mit anderen Worten: Diese Energie ist notwendig für das Leben – lebensnotwendig. Wenn diese Energie langsam von den Pflanzen schwindet, weil die Naturgeister sich immer mehr zurückziehen, dann bekommt auch der Mensch immer weniger. So drücken sie es natürlich nicht aus. Sie sagen es viel einfacher: Wenn es keine harmonische Zusammenarbeit gibt zwischen Menschen und Pflanzen, vernichtet der Mensch sich selbst. Darum sind sie so schockiert über die Handlungsweise des Menschen. – Warum vernichtet der Mensch sich selbst? Ihnen erscheint das so klar und voraussehbar wie irgendetwas anderes. Die Organisation, die Energie und das Geschick, das der Mensch diesem komplexen Akt der Selbstvernichtung widmet, verblüfft sie so. Weiß der Mensch denn nicht? Ist das möglich? Er arbeitet doch so fest und ernsthaft. Er gibt doch all seine Kraft und Energie daran! Sicherlich macht er das mit Absicht! – Aber Roc bleibt bei seinem Nein. Nein, wirklich, sie wissen nicht. Sie haben wirklich nicht die Absicht, das zu tun, was sie in Wahrheit tun. – Diese Antworten trafen bei den Naturgeistern auf das gleiche ungläubige Erstaunen, das wir Rocs Berichten entgegenbringen.

Roc lebt in einer Natur, die »belebter« ist, als die meisten anderen Menschen das wohl zugeben würden; eine Natur, die nach ihrem Willen reagieren kann und nicht nur automatenhaft an vorbestimmte Reaktionsschemata gebunden ist. Das kollektive Bewußte der Natur, das sich in seinem Aspekt der Naturgeister ausdrückt, ist nicht so erdnahe und -verbunden, wie Pflanzen, Tiere und Felsen das sind. Es kann die Erde frei verlassen – und tut dies vielleicht gerade.

Roc sieht die Menschheit die biblische Aufforderung ausführen, sich die Erde untertan zu machen, Herrschaft auszuüben über alles. Herrschaft heißt aber nicht, mit Gewalt zu beherrschen, oder etwas zu zwingen, sich zu verhalten, wie man meint, daß es sich so verhalten *sollte*. Ebenso wenig heißt das aber auch, auf irgendetwas Zwang auszuüben, es auszubeuten oder seine natürlichen Impulse aus Eigennutz durch Manipulation zu verändern. Herrschaft auszuüben heißt, völlig zu verstehen, Sympathie und Liebe entgegenzubringen, in einen Zustand der Ganzheit und vollkommenen Harmonie mit der ganzen Schöpfung einzutreten. Bis zu einem gewissen Grade sind die Naturgeister tolerant, sehr tolerant sogar. Sie werden die abscheulichsten Verbrechen hinnehmen, weil sie näher sind an jener unendlichen Weisheit, die alles versteht, als wir gegenwärtig sind. Anstatt gegen die frevelhaften Exzesse der Menschheit zu revoltieren, neigen sie mehr dazu wegzugleiten – wie das Kind im Waisenheim, das sich seine eigene Welt schafft, in die es entschlüpft. Die Naturgeister ziehen sich einfach zurück. Nach dem Erlebnis in Rosemarkie und vielen anderen wurde Roc ganz klar, wie tief die Kluft zwischen den Menschen und diesen Geistern schon ist. Sie haben sich schon von den Bauernhöfen und aus den meisten Gärten zurückgezogen; heute findet man sie nur noch in ihren tief im Wald verborgenen Schlupfwinkeln, oder in wilden, abgeschiedenen Heide- und Moorlandschaften. Roc meint, sie seien uns schon unwiederbringlich verloren, wo sie ihre Kräfte abgezogen haben.

Roc lernte den Garten von Findhorn kennen und brachte seinen engen Kontakt mit dem Naturreich und Pan mit. Er bat sie um ihre Hilfe, und so wurden die Gärten zu einem Musterbeispiel dessen, was in einer harmonischen Zusammenarbeit von Menschen, Devas und Naturgeistern geschaffen werden kann. Pan teilte ihm mit, daß ein »wildes Gebiet« im Garten eingerichtet werden soll als Heiligtum für die Naturgeister. Hier sollte alles ganz natürlich wachsen dürfen, ohne daß sich jemand darum kümmerte. Bis heute ist dieser Fleck hinter dem ersten Wohnwagen von Stechginster, Krüppelkiefern und Besenginster bedeckt.

Im Garten wurden anfangs hauptsächlich Gemüse angebaut, aber nachdem Roc kam, empfing Eileen die Weisung, daß der Garten auch eine Stätte der Schönheit sein sollte; sie sollten Bäume, Ziersträucher und Blumen pflanzen. So erwarben sie noch 80 Ar Land und zwei Bungalows und begannen diese neue Phase des Gartens. Obwohl der unfruchtbare Boden für völlig ungeeignet für Laubbäume gehalten wurde, bat Roc Pan um Hilfe, der versprach, daß alle Bäume und Sträucher hier gut gedeihen würden.

Ende April – für Neupflanzungen schon sehr spät in der Saison – ging Peter zu einer Gärtnerei, um einige Bäume zu kaufen. »Als ich mich dort so umsah, bekam ich die Inspiration, einen großen Kastanienbaum zu kaufen, dazu noch eine Reihe anderer Bäume und Sträucher. Wir pflanzten sie sorgfältig in den Sandboden, und bekamen in jenem Jahr einen sehr trockenen Sommer. Pan hielt jedoch sein Versprechen. Der Kastanienbaum wuchs durchschnittlich 35 cm – ein erstaunliches Wachstum, wenn man die widrigen Umstände bedenkt. Auch die Blumen und Stauden in den neu angelegten Beeten gediehen prächtig; sie waren in reinen Sand gepflanzt worden, da damals alle Komposterde aufgebraucht war. Ein Rittersporn wurde zweieinhalb Meter hoch und blühte enorm. Die Farben aller Blumen sprühten geradezu. In der Tat erzählten uns viele Besucher, sie hätten in einem Garten noch nie eine solche Konzentration von Superlativen auf jedem Gebiet gesehen; und was den Boden und das nördliche Klima angeht, so konnten sie das gar nicht begreifen. – Das war sicherlich nicht unserer Erfahrung als Gärtner zu verdanken!«

Findhorn war ein Experiment in der Zusammenarbeit dreier Reiche: des Reichs der Menschen – verkörpert durch Peter; der Devas, wie sie sich durch Dorothy meldeten; und der Naturgeister, mit denen Roc verkehrte. Doch auch für dieses Experiment kam bald das erste Unglück.

In der Nähe der »Wildnis«, die sie für die Naturgeister belassen hatten, hatte Peter einen kleinen Obstgarten mit Apfel- und Birnbäumen angelegt. Innerhalb eines Jahres waren die Stechginsterbüsche über ihr Gebiet hinaus gewuchert, und nahmen nun den jungen Obstbäumen die Nahrung weg. Peter wollte sie im Winter zurückschneiden, hatte es dann aber vergessen. Im Frühling bat er einen jungen Mann, der ihm im Garten half, den Stechginster zurückzuschneiden, der damals gerade in voller Blüte stand. Der junge Mann, der viel von den Devas und Naturgeistern gehört hatte, äußerte seine Bedenken, doch Peter bestand darauf. Er meinte, daß alles in Ordnung wäre, wenn er den Naturgeistern klar machte, daß ihr Stechginster das Wachstum der Obstbäume behinderte. Der Ginster wurde zurückgeschnitten. Daraufhin verließ Dorothy fast die Gemeinschaft. Sie sagte, das sei eine Metzelei, die Büsche in voller Blüte zu schneiden. Peter verstand das nicht: Die Leute mähen doch auch den Rasen – ist das auch Metzelei? Ich bin ein Mensch. Ich kann mich nicht einfach faul zurücklehnen und zuschauen, wie die Natur »überhandnimmt«.

Roc war damals gerade in Edinburgh, spürte aber sofort, daß in Findhorn etwas schiefgegangen war. Am nächsten Wochenende kam

er herauf und fragte Peter, was schiefgegangen wäre, was er getan
hätte. Peter antwortete, er hätte überhaupt nichts getan, und brachte
Rocs Besuch nicht einmal mit den Stechginsterbüschen in Verbindung.

Roc ging überall herum, um zu entdecken, was er da »aufgefangen«
hatte. Er verließ den Garten und ging Richtung Strand. Der Weg
führte durch ein Feld von Stechginsterbüschen. Als er sich einmal um-
drehte, sah er, daß ihm eine große Schar von kleinen Elfenwesen folgte.
Sie tobten und schrien herum wie in wahnsinnigem Schmerz und
konnten sich nicht beruhigen. Was macht dieser Mensch? wollten sie
wissen. Warum hat er unsere Wohnungen abgeschnitten? Haben wir
nicht gesagt, es würde nicht funktionieren? Wir können nicht mit dem
Menschen zusammenarbeiten, wenn er so dumme Sachen macht. Jene
Blüten sind unsere Wohnungen. Sie zogen aus dem Garten aus und
würden sich in ihre abgelegenen Gegenden zurückziehen, da könnte
er tun, was er wollte.

Nun wußte Roc also, was geschen war. Der blühende Stechginster
war geschnitten worden. Da Peter es ihm nicht gesagt hatte, hatte er es
nun von den Elfen erfahren müssen. Er setzte sich und begann ihnen
ganz ruhig einiges über den Menschen zu erklären: Ja, war er nicht
dumm? So viel Unwissenheit; aber der Mensch kann auch lernen. Roc
entschuldigte sich für den Vorfall und erklärte ihnen immer wieder,
daß der Mensch erst lernen müßte, mit ihnen zusammenzuarbeiten,
und da gäbe es zwangsläufig auch Pannen. Ob sie das verstehen könnten?

Sie hatten Verständnis und kehrten zum Garten zurück.

Das kommende Jahr unterwarf die Kräfte, die im Garten am Wirken waren, der härtesten Belastungsprobe. Im Winter waren drei
weitere Bungalows gebaut worden, direkt dem Nordwind vor die
Nase, umgeben von Sand und Kies. – Peter fand in der Sonntagszei-
tung eine Annonce einer Gärtnerei im Süden Englands. Sie boten ein
Dutzend Sorten Laubbäume zu einem ungewöhnlich niedrigen Preis
an. Es war ein Wagnis, aber Peter nahm es an und bestellte 600 Stück,
einschließlich einer Reihe junger Buchen, die sie in Form einer Hecke
um das Ganze setzen wollten. Die Bestellung ging ab, und am 16. Mai,
nachdem sie neun Tage unterwegs waren, kamen die Bäume in Findhorn an, völlig ausgetrocknet und welk. Der Klimawechsel von der
Wärme im Süden zu der Kälte des Nordens hatte sie sehr mitgenom-
men. Während eines bitter kalten Nordost-Sturmes wurden sie in den
nackten Sand gesetzt. Dorothy und Roc baten beide um Hilfe und
Zusammenarbeit, denn ohne diese würden die Bäumchen sicherlich

alle sterben. Der Landschafts-Engel gab Dorothy durch, daß sie *alle diese neuen Bäume und Sträucher in einen massiven Strom von Energie stellen würden und mit einer Mauer beschützten, denn sie müßten gekräftigt werden und eingetaucht bleiben in die Lebens-Elemente ...*

Roc konnte sehen, wie die Naturgeister tatsächlich eine Wand von Energie aufbauten, um die Bäumchen zu schützen, besonders um die Wurzeln. Er dankte ihnen für ihre Mühe und Hilfe in diesem besonderen Fall. Langsam kamen die Bäumchen wieder zum Leben. Neue Blätter wuchsen hervor und ersetzten die alten, braun vertrockneten. Nicht einer der neuen Bäume ging ein. Peter hatte einige Liebhaber- und Berufsgärtner nach den Überlebensaussichten dieser Bäumchen gefragt. Alle waren sich einig, daß die Chancen praktisch Null wären – doch das Experiment glückte. Alle im Garten waren sehr erleichtert und freuten sich: Nun wußten sie, daß sie beweisen konnten, daß in Zusammenarbeit und Harmonie mit dem Naturreich Wunder vollbracht werden können.

Der Landschafts-Engel sagte über den neuen Garten: *Eine Welt muß bewahrt werden, und für diesen Zweck werden alle Kräfte gebraucht. Einheit und Zusammenarbeit ist die Hauptsache. Wir sind mit euch, wie ihr mit Gott verbunden seid, und die Kräfte, die wir handhaben, sind für euch absolut lebenswichtig. Eure Körper könnten ohne unsere Arbeit nicht sein. Der Mensch kann diese Welten nicht länger vergewaltigen ... oder das Ganze hört auf zu bestehen. Leben ist ein Ganzes. Harmonie soll das ganze Universum durchschwingen. Der Mensch wird eine einzigartige Rolle spielen, und so mag die Welt denn fortbestehen ... alles. Wir sind Glieder dieser großen Kette. Verbindet ihr mit eurer größeren Reichweite euch mit uns, auf daß Sein Wille geschehe, und reichste Frucht tragen werde auf Erden.*

Lords und Ladies

S ir George Trevelyan, Sohn des adligen Kabinettsministers Sir Charles Trevelyan und Neffe des Historikers G.M. Trevelyan, war in der höchst anregenden Umgebung eines britischen Oberschicht-Haushaltes aufgewachsen, Muster unserer ›Kultur‹, wo man den Nachmittags-Tee in der Bibliothek einnahm und anschließend Gedichte rezitierte. Als gebildeter, hingebungsvoller Pädagoge verließ er Northumbria, die Heimat seiner Familie, und lehrte in Gordonstoun, wo auch Prinz Philip zu seinen Studenten zählte. Später war er einer der Begründer der Erwachsenenbildung in England.

Sir George erinnerte sich gut an den forschen, jugendlichen Peter Caddy, der auf seiner Tagung in Attingham gesprochen hatte und wollte nun selbst herausfinden, ob dieser Mann die Wahrheit gesagt hatte. Als er Findhorn besichtigte, war er von dem Wachstum im Garten geradezu überwältigt. Er wußte, Peter war kein Gärtner, und er sah auch, wie der Boden beschaffen war – aber dann kostete er das üppige Gemüse und bewunderte die leuchtenden Blumen – und es war hier doch erst Frühlingsbeginn! Dahinter mußte irgendetwas stecken. Entschlossen, der Sache auf den Grund zu kommen, bombardierte er Peter mit Fragen über den Garten.

Peter hatte bis zu jener Zeit noch niemandem gegenüber etwas über Devas oder Naturgeister geäußert. Er arbeitete gern mit ihnen zusammen, aber er war sich nicht sicher, wie andere darüber denken würden. Wurde er gefragt, so schrieb er das Phänomen Garten der Kompostierung und biologischen Anbaumethoden zu. Sir George jedoch nahm ihm das nicht ab. Er bestand auf einer Erklärung, bis Peter schließlich kapitulierte und dem aufdringlichen Besucher die wahren Hintergründe erzählte. Sir George, wißbegieriger Rudolf Steiner-Kenner, verstand völlig. Steiner hatte seine ›biologisch-dynamischen‹ Anbau-Methoden ja auf der Grundlage seiner Erforschung ›ätherischer Formen‹ von Kräften entwickelt, und was hier im Norden Schottlands demonstriert wurde, war nicht nur eine bloße Wiederholung von Steiners Theorie, sondern der bewußte Einsatz des Wissens um jene Kräfte.

Nach seinem Besuch schrieb Sir George folgendes:

»Diese Denkschrift stellt ein Phänomen vor, das zu weitergehenden Forschungen aufruft.

An Ostern 1968 war ich bei Peter Caddy, der mit einer kleinen Gruppe von Freunden auf dem Wohnwagen-Platz an der Findhorn-Bay bei Moray, Schottland, lebt. Ihre Caravans sind umgeben von einem zauberhaften Garten. Ich sah Osterglocken und Narzissen, so groß wie nie zuvor, in Beeten, die mit anderen Blumenarten gedrängt voll waren. Ich bekam von den besten Gemüsen zu kosten, die ich je kennengelernt hatte. Eine junge Kastanie von zweieinhalb Metern war die Hauptattraktion, sie sprühte geradezu von Lebenskraft. Obstbäume aller Arten standen in Blüte. Kurz gesagt, dies ist einer der gesündesten und ertragreichsten Kleingärten, die ich je gesehen hatte, in Geschmack von Gemüse und Früchten wie in der Farbenpracht der Blumen nicht zu übertreffen. Viele Arten von Laubbäumen und Sträuchern gedeihen prächtig, obwohl der Platz auf der Landseite einer großen Sanddüne liegt. Der Boden – Sand und Kies – bringt sonst nur hartes Gras hervor. Direkt gegenüber liegt Culbin Sands, wo nach fünfzig Jahren gärtnerischer Bemühungen endlich anspruchslose Koniferen-Gewächse Fuß gefaßt haben und die Dünen zusammenhalten, sodaß zähe Grasarten nun den Sand überziehen können. Andere Caravan-Camper, von dem blühenden Gedeihen um die Wohnwagen ihrer Nachbarn angeregt, pflanzten auch Kohl und Narzissen; miserable, dürftige Pflänzchen nur kamen zum Vorschein. Caddy spricht von einem vierzigpfündigen Kohlkopf, den er geerntet habe!

Stroh und Dung vom Bauernhof bringt er in den Sand ein und kompostiert. Einige Beete sind locker mit Stroh bedeckt, darunter eine dünne Schicht Komposterde; manche scheinen schon mit einem sehr geringen Anteil Humus unter dem staubigen Sand Frucht zu tragen. Als ich in Findhorn war, pflanzte Caddy gerade eine Reihe junger Buchen, um eine Hecke als Windschutz zu erhalten. Buchen wachsen nicht an in einem Boden wie diesem, das gleiche gilt für die meisten Baumarten, die hier dennoch prächtig gedeihen. Hier wurde biologische Landwirtschaft im besten Sinne betrieben, aber die Resultate verblüfften mich zu sehr, um dies als ausreichende Erklärung annehmen zu können. Caddy begann mit diesem Garten 1963; er hatte zuvor in seinem ganzen Leben noch nie auch nur einen Samen ausgesät. Der Blumengarten ist noch nicht ein Jahr alt; die leuchtende Blütenpracht ist seine erste Frühjahrsblüte.

Ich möchte nicht behaupten, Gärtner zu sein, aber als Mitglied der Soil Association mit großem Interesse an biologischen Anbaumethoden habe ich schon genug gesehen, um zu wissen, daß Kompost und eine dünne Strohdecke auf kümmerlichem Sand allein nicht ausreicht, um eine solche Pracht hervorzubringen. Da muß, dachte ich mir, noch ein ›Faktor X‹ sein, der in die Überlegungen mit einbezogen werden müßte. Was war das wohl?

Ich drängte Caddy um eine Erklärung. – Wir müssen nun einen entscheidenden, großen Schritt wagen; was folgt, ist so kontrovers, daß es dem einen sofort einleuchten, dem anderen als nicht zu akzeptierender, barer Unsinn erscheinen mag.

Für Caddy und seine Gruppe ist Gott Mittelpunkt ihres Lebens. Caddys Frau hat täglich Kontakt mit der höchsten geistigen Ebene, von wo sie unmittelbaren Rat und Belehrung empfängt. Auch Dorothy Maclean ist sensitiv. Als sie geheißen wurden, auf diesem nichtsversprechenden Boden mit der Anlage eines Gartens zu beginnen, hatten sie mit vielen Schwierigkeiten wegen ihrer Unerfahrenheit auf diesem Gebiet fertig zu werden. Aber sie baten auf diesem ungewöhnlichen Weg um Rat und Hilfe. Sie wußten von der Welt der Devas, Wesenheiten, die man die Baumeister der Pflanzenwelt nennen könnte. So beschlossen sie, um Hilfe zu bitten, und Dorothy setzte sich einfach in der Meditation mit der Erbsen-Deva in Verbindung.

Natürlich wirken alle Gärtner mit ›grünen Händen‹ durch ihre Liebe zu den Pflanzen in Zusammenarbeit mit der Welt der Naturgeister, wenn auch unbewußt. Das Neue an Findhorn ist, daß wir es hier mit einer Gruppe absoluter Laien zu tun haben, die ganz von vorne mit der Gärtnerei anfingen, wobei sie von Beginn an ganz bewußt ihr Tun auf die Zusammenarbeit mit der Welt der Devas gründeten, mit der sie in unmittelbarem gedanklichen Kontakt stehen.

Ein anderer Freund der Caddys, ein älterer Herr, den sie Roc nennen, steht dem Werk dort sehr nahe; sein Bewußtsein ist der Welt der Elementarwesen geöffnet. Seine Fähigkeit, mit diesen Wesenheiten zu ›sprechen‹, ist daher vergleichbar mit der Möglichkeit Dorothy's, mit den Devas zu kommunizieren, und Eileens Verbindung mit der höchsten Göttlichen Quelle. Diese Gruppe, zusammen mit Caddy selbst, der die praktische Arbeit verrichtet und leitet, bildet ein harmonisches Team, das die Möglichkeit der Zusammenarbeit verschiedener Welten durch die Tat demonstriert.

Sie beweisen buchstäblich, daß auch die Wüste aufblühen kann wie eine Rose. Die erstaunlich kurze Zeitspanne, in der dies erreicht werden kann, wird hier ebenfalls vor Augen geführt. Wenn dies in Findhorn so schnell möglich ist, muß es auch in der Sahara möglich sein. Wenn genügend Menschen bereit wären, diese Kooperation bewußt ·

in der Tat zu nutzen, könnte in den unfruchtbarsten Gebieten unserer Erde Nahrung in Fülle angebaut werden. Denn es gibt im Grunde genommen keine Grenzen mehr, wenn der ›Faktor X‹ vor allen bekannten biologischen Anbaumethoden ins Spiel gebracht wird.

Dieses Phänomen ist so bemerkenswert, daß es nach vorurteilsloser, aufgeschlossener Erforschung verlangt. Die Herausforderung besteht darin – ich wiederhole – daß wir hier mit einem Geschehen konfrontiert sind, das jenseits der Erfahrungen mit normalen Methoden organischer Landwirtschaft zu liegen scheint. Es ist nicht damit getan, dies nur als Resultat des Gebrauchs von gutem Kompost abzutun. Die Qualität und Schönheit von Gemüse und Blumen straft eine solche Argumentation Lügen, und wer glaubt, er könnte solche Ergebnisse mit ›normalen Methoden‹ ebenfalls erzielen, so mag er in der nächsten Sanddüne sein Glück versuchen.«

Diese Notiz ging an Lady Mary und Lady Eve Balfour von der Soil Association. Die beiden Schwestern hatten während des ersten Weltkrieges einen kleinen Landbesitz bebaut, wo sie für Tiere sorgten und Gemüse anbauten. Auf den ersten Blick eine ungewöhnliche Beschäftigung für die Lieblingsnichten des früheren Premierministers, aber beide hatten einen nicht unterdrückbaren Hang zum Land, besonders Lady Eve. Sie hatten sich freiwillig zum Arbeitseinsatz gemeldet, wurden aber zurückgewiesen. Sie wußten, wie wichtig Lebensmittel im Krieg waren, und sahen sich nach einer größeren Farm um. Sie unterstützten so nicht nur ihr Land in der Not eines Krieges, indem sie Lebensmittel zur Verfügung stellten, sondern Lady Eve bemühte sich auch, die Theorien in der Praxis zu erproben, die sie an der landwirtschaftlichen Fakultät der Universität zu Reading gelernt hatte. Bevor sie sich vergrößern konnten, ging der Krieg zu Ende, aber ihr Drang, einen Hof zu bewirtschaften war zu tief verwurzelt, als daß sie ihn aufgeben konnten.

Dann erfuhren sie, daß die Farm ›New Bells‹ in der Nähe von Ipswich zum Verkauf angeboten wurde; sie schien für ihre Bedürfnisse geradezu ideal zu sein. Der Besitzer wollte sie binnen drei Tagen verkaufen, wenn sie nicht sofort mit einem Angebot kämen, und so spannten die Ladies Mary und Eve ihr Pony Maisie vor einen Karren und fuhren wegen des Eisenbahner-Streiks so nach New Bells; unterwegs schliefen sie in Ställen am Wegrand. Entzückt von der Farm kauften sie New Bells im Handumdrehen. In der Weltwirtschaftskrise verloren sie sie beinahe wieder, als sie schwer kämpfen mußten, um die Farm über Wasser zu halten. Damals entdeckte Lady Eve die Bücher über biologische Landwirtschaft und begann mit Kompost zu experimentieren.

1943, nach zehn Jahren Forschung und praktischer Erfahrung, schrieb sie *The Living Soil*, ein Buch, das inzwischen ein Klassiker auf diesem Gebiet geworden ist. Es ist das Ergebnis jahrelanger vergleichender Studien der biologisch erzielten mit den chemisch gedüngten Ernten auf New Bells und anderen Farmen. Das Echo auf dieses Buch war so groß, daß Lady Eve die British Soil Association gründete mit New Bells – später umbenannt in Haughley – als Hauptsitz und Forschungszentrum. Die Soil Association und Lady Eve Balfour wurden zum Inbegriff biologischer Landwirtschaft, und ihre Erfahrungen auf New Bells hat sie zu einer der führenden Autoritäten der Welt gemacht.

Lady Mary jedoch kam zuerst nach Findhorn.

»Mein kurzer Besuch war im Herbst 1968. Das Wetter war allgemein mild, der Himmel grau, und ab und zu regnete es. Doch zurückblickend sehe ich jene Gärten in strahlendem Sonnenschein unter einem wolkenlosen Himmel.

Das kann nur auf die strahlende Leuchtkraft der Blumen zurückzuführen sein – und alle schienen sie in Blüte zu stehen! Die Beete prangten in einer großen Vielfalt von Farben und Formen. Die Wirkung war überwältigend, aber unkrautfrei, frei aber harmonisch. Ich bückte mich, um die Erde in die Hand zu nehmen und zu prüfen: Eine dicke Schicht halbreifen Komposts bedeckte den ziemlich schmutzigen, feinkörnigen Sand. Nach Augenschein und Struktur hielt ich es doch für einen Sand der aussichtslosesten Qualität.

Ohne auch nur ein bißchen Ehrfurcht ging ich nun von Beet zu Beet; geschickt waren sie zwischen und um die Wohnwagen angelegt. Diese waren wie zufällig verstreut und lockerten das Ganze auf. Sie bildeten schattige Ecken, gaben Schutz vor den Seestürmen und boten den Augen vielfältige Abwechslung.

Ich traf den Kustos und wir gingen zusammen zum Nutzgarten. Große, kräftige Pflanzen erwarteten uns hier, wunderbar war alles gewachsen. Himbeeren, Brombeeren und Logan-Beeren waren als Windschutz auf der einen Seite des Gemüsegartens angepflanzt. Auf der anderen Seite war ein Spalier von Obstbäumen, viele hingen über und über voll von Früchten.

Auch die überwiegend chemisch orientierten Gärtner werden zugeben, daß manche Leute eben ›grüne Hände‹ haben – Menschen, die sich nicht an die Regeln halten und dennoch Blumen zum Blühen bringen können. Warum? Wie? – Wie gern wüßten wir das! Vielleicht ist es das, was die Gärtner von Findhorn gerade zu lernen beginnen?«

Die Regeln brechen? Welche Regeln? Peter hatte überhaupt keine Ahnung von Regeln. Er wußte nicht, was man im Garten nicht tun durfte, nicht erreichen konnte. Er war gewillt, alles zu versuchen. So wuchs der Garten bald zu einem botanischen Mustergarten in mancherlei Beziehung; die Menge der Pflanzen und die jährliche Wachstumsrate war so erstaunlich, daß die Zeit von fünf Jahren, die der Garten nun bestand, als Erklärung für dieses Wunder nicht genügen konnte.

Peter kannte nicht nur keine Gärtner-Regeln, genauso unwissend war er auch hinsichtlich dessen, was da geschah. Er stürzte sich so in die Arbeit, daß ihn die phänomenalen Aspekte des Gartens überhaupt nicht überraschten. Da er nichts von den Grenzen des Wachstums wußte, konnte ihn einfach nichts überraschen. Die Pflanzen konnten ihm in ihrer Übergröße nicht bewußt werden, da er nichts hatte, womit er sie hätte vergleichen können. Einmal besuchte Peter das in der Nähe gelegene Cawdor-Schloß und besichtigte dort einen fast vierhundert Jahre alten Gemüsegarten: weiß bestreut mit Kunstdünger; sah er doch ärmlich aus und hätte einem Vergleich mit Findhorn nicht standgehalten. Nachbarn kamen und bestaunten den neuen Garten in den Dünen, aber Peter begriff nicht, worüber sie sich wunderten.

Nach Lady Marys Besuch verbreitete sich die Parole wie ein Lauffeuer unter den Mitgliedern der Soil Association: »Seht euch Findhorn an!« – und so waren es schließlich die Experten, die Peter halfen zu erkennen, daß der Garten wirklich etwas Besonderes war.

Im folgenden Winter kam ein Schotte, um den Garten zu besichtigen. Ein alter Herr mit Schottenrock, aber flink und schnell auf den Beinen, den weißen Haarschopf unter die Schottenmütze gesteckt, stützte er sich auf einen knorrigen Spazierstock. Professor R. Lindsay Robb, Berater der Soil Association, hatte die meisten seiner achtzig und mehr Jahre mit Forschungen und Studien auf der ganzen Welt verbracht. Er hatte bei Regierungsstellen und akademischen Institutionen Ämter innegehabt in England, Neuseeland, Südafrika, Australien, Madagaskar und Libyen; zuletzt war er als Chef der Ernährungs- und Landwirtschafts-Organisation der Vereinten Nationen in Costa Rica gewesen.

Es war nicht gerade die ideale Jahreszeit für einen Besuch des Findhorn-Gartens. Es gab praktisch kaum Blumen, der Gemüsegarten hielt seinen Winterschlaf und die Bäume hatten ihre Blätter verloren. Professor Robb teilte Peter mit, die Erde beziehungsweise der Sand könnte nicht schlechter sein; er enthielte praktisch keine organischen Substanzen – ein staubähnliches Material, das auch kaum imstande

«Der Mensch gewöhnt sich rasch
an die Wunder ...

… die er selber vollbringt», hat François Mauriac bemerkt.

Wer aber jährlich ernten kann, was er umsichtig und mit Bedacht gepflanzt hat, der wird die Freude immer neu erleben – im Findhorn-Garten und auch anderswo.

wäre, Feuchtigkeit zu speichern. Aber er schrieb: »Kraft, Gesundheit und Blühen der Pflanzen in diesem Garten mitten im Winter auf fast unfruchtbarem Sand sind weder zu erklären durch die mäßige Kompost-Bedeckung, noch durch irgendeine andere bekannte biologische Anbau-Methode. Da sind andere Faktoren im Spiele. Grundlegende, lebendige Faktoren.«

Lindsay Robb kehrte zur Soil Association zurück und erklärte dem Geschäftsführer Donald Wilson, dem ›König des Komposts‹, er müßte unbedingt nach Findhorn fahren.

Donald Wilson spannte seinen Wohnwagen an und machte sich auf den Weg. Als er nach Findhorn kam, schaute er sich nicht nur den Garten an, sondern baute schließlich eine 10-Tonnen-Kompostanlage. Nach seinem Besuch schrieb er Peter: »Ich hatte mir törichterweise ein paar ruhige Tage in den Dünen am Meer vorgestellt, mit gelegentlichen Besuchen der Findhorn-Gärten. Wir hatten keine Ahnung, was uns da erwartete. – Wenn wir einen kleinen Beitrag leisten konnten, so war dies nichts verglichen mit dem, was Findhorn uns gab. Ich habe keinen einzigen Brief geschrieben und kein Buch lesen können. Ich war mit keinem Zeh im Meer noch hatte ich auch nur einen einzigen ruhigen Tag. Aber ich bin noch immer ungeheuer glücklich und kann Ihnen nicht genug danken.«

Der Zauber. Ganz gleich wie anständig, wohlerzogen, adlig oder wissenschaftlich der Besucher auch war, Findhorn hatte eine Art, sich lebenslange Freunde zu schaffen. Agnostiker fuhren wieder ab und erkannten die Kraft von Eileens Führung an. Gartenbau-Experten verließen die Gärten verblüfft und nachdenklich. Donald Wilson freute sich auf einen ruhigen Urlaub an der See und fuhr nach zehn Tagen wieder ab, nachdem er eine riesige Kompost-Anlage gebaut hatte, dauernd in Zusammenarbeit mit Mitgliedern der Gemeinschaft, die nur ein Drittel seines Alters hatten.

Wie der Name Findhorn seine Kreise zog, begannen die Berichte auch verschiedene Leute aus der Fassung zu bringen. Da gab es Spott, Gerüchte und offenen Unglauben. Donald Wilson fühlte sich verpflichtet, die Bemerkungen einer ›wohlbekannten Persönlichkeit‹ zu erwidern, die nie in Findhorn gewesen war:

»In Findhorn hat eine Gruppe sehr feiner Menschen nach vielen Widerwärtigkeiten ihren eigenen Willen und Besitz völlig aufgegeben, um ganz und in jeder Lage dem Willen Gottes zu folgen und Ihm zu leben. Ich würde zu gerne einen Weg finden, das gleiche zu tun, aber ich tappe noch im Dunkeln. An vielen Orten habe ich die Wahrheit und den Weg gesucht, aber nie zuvor war ich so sicher gewesen, sie gefunden zu haben. Natürlich mag ich mich auch irren. Die einzige Möglichkeit, das zu ›wissen‹, ist die Antwort in einem selbst. »An ihren Früchten sollt ihr sie erkennen.« Die Früchte sind die, nach denen ich auf der Suche war. Das Verhältnis jener Leute zur Erde ist das richtige; das zu erkennen lehrten mich fünfundzwanzig Jahre in der Soil Association. Auch ihre Beziehung zu anderen Menschen stimmt und auch ihre Maxime ›Liebe, Licht und Leben‹ ... Ich denke, die Gefahr, daß ich mich hier irre, ist gering. Sicher, andere werden andere richtige Wege finden. Für mich ist es dieser.

Sie sagen, daß da zunehmend Energie in diese Welt ströme, und daß viele Menschen auf der ganzen Erde sich dessen bewußt seien, darauf sich vorbereiteten und hinarbeiteten. Ich weiß, daß viele sonderbare Sekten ähnliche Dinge schon vielmals in der Vergangenheit behauptet haben und noch heute behaupten. Ich finde nichts Merkwürdiges, nichts Exklusives an Findhorn. Ich wünsche wirklich, Sie könnten eine Woche dort verbringen und es selbst sehen; das wäre viel besser als alles, was ich schreiben kann.«

Andere überlegten sich, wie sie Findhorn »testen« könnten. Gegen ihren Willen von ihren begeisterten Frauen nach Findhorn gebrachte Ehemänner weigerten sich mit empörtem Gesicht standhaft, die Gärten anzusehen, wenn sie von ihren enthusiastischen Ehegefährten angestoßen wurden, die von den Tugenden der Liebe und Elfen schwärmten.

Einst sah Peter eine Frau, die einen Pfarrer der Anglikanischen Kirche durch die Blumenbeete führte, und ging hinaus, um eventuelle Fragen zu beantworten. Der Geistliche wandte sich zu ihm und sagte, er hielte das Ganze für einen haarsträubenden Unsinn, der ganze Garten sei einfach lächerlich. Gott würde Gärtnern doch nicht so helfen. Als er sich nicht beruhigen konnte, stellte sich heraus, daß er einer der größten Rosen-Kenner Englands war. Peter, der wußte, daß jeder seinen individuellen Beitrag zu Findhorn zu leisten hatte, bat den Mann sofort, einen Rosengarten für das Landstück entlang der Straße zu entwerfen. Der Pfarrer stimmte zu und sandte Peter später einen Plan mit den genauen Namen der Arten und wohin sie gepflanzt werden sollten. Peter bestellte die Stöcke im Süden, und als der Winter kam, wurden sie sauber eingepflanzt. – Als der Pfarrer im folgenden Sommer wieder kam, fand er Rosen über Rosen, die bis über die Straße wuchsen, und rief verwundert aus: »Ich kann das nicht verstehen! Ich habe eigentlich geschwindelt, als ich den Plan entwarf, denn ich nahm Rosen mit darauf, von denen ich sicher wußte, daß sie unmöglich in diesem Klima und Boden wachsen würden – und da sind sie nun und blühen genau so schön, wenn nicht besser, wie die anderen!«

Lady Eve Balfour kam schließlich 1970, um sich Findhorn selbst anzusehen. Du wirst nie einen Menschen finden, der mehr mit der Erde verbunden ist als Lady Eve. Gut in den Siebzigern, schob sie daher mit Elan, gekleidet in Dunkelbraun- und Orange-Töne. Der bebänderte Hut saß keck über einem schwarz verdeckten Auge, das andere wanderte neugierig umher und ließ sich nichts entgehen. Als Oberste Instanz in der Beurteilung von Böden und Kompost, mag sie die führende Expertin auf ihrem Gebiet sein, aber nach ihrer äußeren Erscheinung schien sie direkt von einem Bauernhof zu kommen. Mag der Name Lady Balfour die Vorstellung von Wohlstand, Adel, sozialer Gnade und Kühle bis zur letzten Pore ihres Teints hervorrufen, so ist Lady Eve doch näher an der Inkarnation eines Ackergaules, das graue Haar wie eine Mähne ordentlich nach hinten gesteckt. Dogmen lassen sie unberührt; alles lernt sie von der Natur, völlig hingegeben der Erde und den Pflanzen und Geschöpfen, die sie nährt. Immer arbeitet sie auf dem Acker und macht sich Freunde, wo sie auch geht und steht.

»Ich bin völlig gleicher Meinung mit Lindsay Robb. Ich kann den Garten dort nicht durch die Anwendung von Kompost erklären. Sie haben dort nicht nur armen Kompost daraufgegeben, sondern der Boden war schon sehr arm. Fast ohne Humus, war es die Sorte Boden, wo man normalerweise ungeheure Mengen organischen Materials einbringen muß, und das haben die nicht. Ich habe auch andere Gärten gesehen, auf großen Gütern, seit Hunderten von Jahren von Scharen von Gärtnern gepflegt – aber keinen, der diesen hier überträfe!

Ich habe Gemeinschaften kennengelernt, die auf der gleichen Grundlage, der Theorie von der Allgegenwart einer spirituellen Führung, arbeiten, aber das Außergewöhnliche an Findhorn ist diese Leistungsfähigkeit – nie sieht man, wie sich Räder drehen, und doch ist alles so schön gemacht. Diese sanfte Methode des Arbeitens in Harmonie macht es so entsetzlich überzeugend. Das ist es, was mich dorthin zurückzieht – außer dem Garten. Gewöhnlich sind diese Gruppen ein Durcheinander. Entweder sind sie effizient und es fehlt die Harmonie, oder es ist umgekehrt. Man fühlt sich in Findhorn so wohl und erfrischt – es lädt einen direkt auf. Findhorn ist mein Platz!«

Diese Würdigung des Gartens durch Autoritäten, Experten und die vielfältige Elite kam zu einer Zeit, als er allmählich begann, seine vorherrschende Bedeutung zu verlieren. Findhorn gründete immer auf der Führung, auf Gottes Wort durch Eileen. Abgesehen von dem leicht autoritären Wesen Peters, ging die Kraft nicht von ihm aus, sondern von der Führung. Aber wer nach Findhorn kam, um den Garten zu besuchen, erlebte Peter, nicht die Führung, und die ständig wachsende Zahl junger Freaks, Hippies und ehemaliger Drogenabhängiger fand ihn fast unerträglich. Doch Findhorn war »der Platz, wo du hin mußt«, ein spirituelles Zentrum.

1968 erreichte die Veröffentlichung *God Spoke to Me* von Eileen über Großbritannien hinaus die ganze Welt. Das Buch wurde durch Mundpropaganda bekannt, und die Bestellungen wurden immer mehr. Mit den Buchbestellungen kamen Anfragen von Leuten, die kommen, die bleiben, oder nur diese Frau kennenlernen wollten. Andere kamen einfach. Sie kamen nicht, um den Garten zu sehen; viele von ihnen könnten eine Butterblume nicht von einem Gänseblümchen unterscheiden. Sie kamen, um die ›greifbare‹ Offenbarung mitzuerleben, die Eileen empfing und der Peter die äußere Form gab. Peters Hingabe an Eileens Inspiration hielt ihn beschäftigt; er baute einen Andachtsraum, weitere Bungalows für Gäste und Mitglieder, einen Speisesaal und das Community Center. So entstand eine ganze Reihe von Gebäuden, die der Evolution Findhorns als eines ›Zentrums des Lichts‹ gewidmet sind, eines Zentrums, wo Seelen verwandelt werden können durch die Energien, die in der Gemeinschaft und um sie anwesend sind.

Wer heute nach Findhorn kommt, ist beeindruckt von lächelnden Gesichtern, einer immerwährenden Freude, der Sensitivität, der Entlassung in die Freiheit des kreativen Spiels, in das alle einbezogen sind – aber 1968 sah es eher aus wie ein Requiem für das Alte denn wie die Verkündigung des Neuen. Es war todernst. Peter streifte herum und fand an jedem etwas auszusetzen. Da gab es nichts als endlose Arbeit, von früh morgens bis spät in die Nacht. Da war keine Musik, kein Tanz, keine vergnügten Nächte und keine Picknicks. Dieses Neue Zeitalter war ein ernstes Geschäft, eine Arbeit, die getan werden mußte. Junge Freaks, die ausgebrochen waren aus dem sinnentleerten Leben in London, wurden von Peter regelrecht mit Worten verprügelt bei der geringsten Abwendung von der harten Ordnung und Struktur der Gemeinschaft. Wenigen gelang es, durch die starre, militärische Haltung hindurch einen Blick auf die Seele zu werfen, die dahinter steckt. Sie gingen wieder, andere kamen an ihre Stelle, und trotz aller Uneinigkeiten begannen junge Menschen tatsächlich, sich in Findhorn einzuleben.

Bis zu diesem Zustrom jungen Blutes war es ein Ladenhüter-Kult, der darauf wartete, daß etwas geschah. Vom Himmel, im Weltgeschehen oder von innen heraus – sie warteten auf das Signal, das Zeichen, den unerklärbaren Kern einer neuen ›Wirklichkeit‹, der ihnen sagen würde, daß das Alte wegginge und das New Age nun begänne. Wie auch viele andere in den sechziger Jahren, beherrschte vor allem ›die Bombe‹ und der nukleare Holokaust ihre Sinne. Würde einer den Knopf drücken? Käme das Ende durch Feuer oder grauenvolle Strahlenkrankheiten? Schufen sie nicht eine ländliche Arche? Eine landwirtschaftliche Arche mit eigener Lebensmittelversorgung und Gott als Steuermann? Waren dies nicht die Tage, von denen Matthäus als von den ›Geburtswehen einer neuen Zeit‹ gesprochen hatte? Wie könnte man da lachen? War da nicht genug zu arbeiten? War die Zeit denn nicht kurz? Eileens mitfühlender Gott des Aufgangs wurde ausgeglichen durch Peters Jehova des Untergangs. Die Welt stürzte zusammen, sie war am Untergehen, das Ende nahe. Was vonnöten war, war starke Aktion, Ordnung, Disziplin und positives Denken, um die getreuen Seelen durch das Nadelöhr zu bringen. Peter war der Steuermann, der Kapitän, der Häuptling, der Moses von Nordschottland, und wenn die Leute ihn nicht ertragen konnten, so war es auch gut – dann würden sie eben zurückbleiben.

Aber da war der Zauber. Trotz all der gräßlichen äußerlichen Formen hierarchischen Denkens glaubte man die Ausstrahlung und die Kraft von Peter und Eileen mit den Händen greifen zu können. Über der ganzen Situation lag etwas frustrierend Widersprüchliches. Wer immer ankam – keiner wurde weggeschickt. Alle waren willkommen, solange Platz war; aber kaum waren sie am nächsten Morgen aufgewacht, mußten sie sich dem Häuptling vorstellen. Einige sahen in Peter wie in einem Spiegel ihre eigenen ungeordneten und chaotischen Lebensverhältnisse und gingen, weil sie erkannten, daß sie sich nicht ändern würden. Andere, die sich unterwarfen und sich seiner Autorität unterordneten, wurden mit Einsichten in etwas Neues belohnt: Peters strenge Ordnung schuf ein Bewußtsein der Freiheit, das nur wenige zuvor gekannt hatten, ein Gefühl totalen Gelöstseins. Die völlige Ausrichtung auf Gott war so ausschließlich und umfassend, daß manche auf dem Absatz kehrt machten und am selben Tage die Gemeinschaft wieder verließen. Es war für sie, wie aus unmittelbarer Nähe in einen Suchscheinwerfer blicken zu müssen. Peter war nicht das Licht, er war der Parabolspiegel, der es gerade in deine Pupille wirft. Wen es nicht blendete oder verbrannte, der empfand es als Wohltat; wer aber gebrannt wurde – bei dem war etwas zu läutern. Findhorns Joga war ein strenger Karma-Joga.

Wenn der Garten auch einen großen Teil der Energie empfing, so nahm er allmählich doch eine andere Bedeutung an.

1970 erschien die erste Broschüre über den Garten mit Beiträgen von Peter, Roc und Dorothy. Über Pan, Devas und Naturgeister wurde geschrieben, und die Schrift ging hinaus an die umfangreiche Adressensammlung, die in Findhorn inzwischen zusammen gekommen war. Die Veröffentlichung dieses Buches acht Jahre nach dem Beginn in Findhorn war ein Wendepunkt in der Bedeutung des Gartens. Bis zu diesem Zeitpunkt war er eine ›Demonstration‹ dessen gewesen, was der Mensch tun kann, wenn er mit den Naturkräften zusammen-arbeitete, einschließlich der Devas und Elementarwesen. Er sollte die praktischen und ästhetischen Vorteile der Harmonie und Kommunikation mit diesen höheren Kräften zeigen. Diese Veröffentlichung war die erste in Hunderten von Jahren, die sie erkannte, rühmte und den Weg aufzeigte zu einer neuen Beziehung zwischen Mensch und Natur. Aber leise, und ohne daß jemand dies vorhergesehen hätte, tat der Garten mehr als das. Wichtige Lektionen waren hier zu lernen, Lektionen, die Peter in sieben Sommern eingehämmert wurden und langsam in das allgemeine Bewußtsein der Community übergingen.

Die Pflanzenwelt in Findhorn wurde wiederholt von Experten untersucht, und einer nach dem anderen sagte einfach, die Qualität des Bodens könnte keinesfalls solch üppiges, kraftstrotzendes Wachstum hervorbringen. Was war es dann? Was war wirklich dieser geheimnisvolle ›Faktor X‹? Wenn es nicht der Boden war, der dies bewirkte, was war es dann? Marcel Vogel, ein Forscher von IBM, sagte bei seinem Besuch in der Gemeinschaft einige Jahre später: »Dieser Garten wächst nicht aus dem Boden, nur in dem Boden. Die Pflanzen werden ernährt von dem Bewußtsein der Gemeinschaft, und wenn dies schwankend oder schwächer werden sollte, wenn Disharmonie, Chaos oder Unordnung hereinkämen in die Community, würden sie einfach aufhören zu wachsen oder an Strahlkraft verlieren – sie würden welken und sterben.«

Die Naturgeister sagten nicht zu Peter: Schau, was wir können. – Sie sagten: Sieh, was *du* tun kannst. Wir haben das immer tun können, aber nur wenn der Mensch unser gewahr und bewußt wird, und uns Liebe und Verständnis entgegenbringt, können wir auf diese Weise schaffen. – Mit anderen Worten: Es war die Kraft der Idee, von Peter und anderen auf die Pflanzenwelt projiziert, das den Garten schuf. *Das Weltall sieht allmählich eher wie ein großer Gedanke aus ... wir sollten eher den Geist als den Schöpfer und Beherrscher des Reiches der Materie begrüßen.*

Die Kraft jener Idee stand jedem Mitglied vor Augen, wo immer man auch hinsah. Sie wehte in den sommerlichen Lüftchen und schaute herein durch den Schnee im Winter. Hei! Ich bin eine Pflanze, und ich danke dir; ich bin wie ich bin! – Und so – ohne Vorträge, Seminare oder Schulklassen – drang die Erkenntnis in das Bewußtsein jener Menschen in Findhorn. Denken ist Realität. Wenn es das bei den Pflanzen erreichen kann – großer Gott, welche Auswirkung hat es dann auf den Menschen?

Im Menschen ist potentiell eine weit größere Sensitivität als in einer Pflanze. Gedanken sind real, lebendig und machtvoll – Vorgänger von der Form physischer Realität. Die wunderbare Weise, wie Schwierigkeiten in der Community behoben wurden, wurde eine ständige, immer wiederkehrende Erfahrung, und damit es auch keiner vergaß, erinnerte Peter sie fast täglich daran. Doch zu diesem Gewahrsein der Macht von Gedanken und Vorstellung kam das Erkennen der Rolle, die die Liebe spielt. Man sagte nicht zu einer Pflanze, was sie zu tun hätte, sondern verband sich innerlich mit ihr. In diesem Zustand der Einstimmung wurden beide, Mensch und Pflanze, verwandelt.

Nach acht Jahren war der erste Teil des Experiments vorüber. Der Garten hatte Peter und Eileen tausend Lektionen gelehrt, die sie nie vergessen sollten. Der Zweck Findhorns war nicht nur, ein Garten zu sein. Die Bomben-Angst ging vorüber, die Spannungen in der Welt ließen nach, Überleben allein als Motivation zur Arbeit wurde bedeutungslos. Die Arche hatte geankert, die Reise war zu Ende, die Anfangs-Experimente abgeschlossen.

Die Blumen wuchsen weiterhin, die Bäume grünten, die Gemüse nährten, aber von nun an sollte Findhorn nicht mehr nur ein Garten der Pflanzen, sondern ein Garten des Menschen sein. Die Lektionen aus der Pflanzenwelt galt es nun, auf die Welt der Seele und des Geistes zu übertragen. Als Peter und Eileen das klar erkannten, begannen Menschen-Geister und Seelen aus der ganzen Welt herbei zu strömen. Wenn Peter gedacht hatte, er hätte alle Hände voll zu tun, als er sich mit Reihen und Beeten von Rettichen und Kohlrüben beschäftigte, so lernte er nun, daß achtzehn Stunden täglicher Arbeit mit Gemüse ein Kinderspiel waren, verglichen mit dem Hochpäppeln der Seelen von fast zweihundert Leuten.

Liebende von jenseits der Sterne

I*ch nehme an,« fuhr George fort, »daß Sie die Berichte kennen, die ich dem Psychologen der Insel übergeben habe, sodaß Sie über die Träume Bescheid wissen.«*

»Ja, darüber wissen wir Bescheid.«

»Ich habe nie angenommen, daß sie einfach Phantasien eines Kindes wären. Sie waren so unglaublich, daß sie – ich weiß, das klingt lächerlich – auf irgendeiner Wirklichkeit beruhen mußten.«

Er sah Rashaverak besorgt an und wußte nicht, ob er auf eine Bestätigung oder eine Verneinung hoffen sollte. Der Overlord sagte nichts . . . .

»Wir waren anfangs besorgt, aber nicht wirklich beunruhigt. Jeff erschien völlig normal, wenn er aufwachte, und seine Träume störten ihn offenbar nicht. Und dann eines Nachts –« er zögerte und sah den Overlord beschwörend an. »Ich habe nie an das Übernatürliche geglaubt: Ich bin kein Wissenschaftler, aber ich denke, daß es eine vernünftige Erklärung für alles gibt.«

»Die gibt es,« sagte Rashaverak. »Ich weiß, was Sie gesehen haben: Ich habe es beobachtet.«

»Sie meinen . . .« keuchte er. Seine Stimme versagte, und er mußte neu beginnen. »Was in Gottes Namen sind denn meine Kinder?«

»Das,« sagte Rashaverak ernst, »ist es, was wir versuchen zu entdecken.«

Arthur C. Clarke, *Die letzte Generation*

»Ich hatte mediale Erlebnisse als kleines Kind, noch bevor ich lesen konnte. Ich erinnere mich noch gut, es war wie ein doppeltes Bewußtsein. Ich beobachtete da, wie ein sehr großes Schiff sank; Rettungsboote schwärmten von ihm aus. Ich hatte das intensive Gefühl, irgendetwas tun zu müssen. Ich fühlte, was da für eine Angst und Panik herrschte. Es war Nacht, und die Lichter auf dem Schiff gingen aus, die Boote fuhren in alle Richtungen, und das Schiff ging unter. Ich hatte diesen sehr starken Impuls, Hilfe zu suchen, und erinnere mich ganz genau, wie ich die Augen öffnete und das Kinderbettchen sah, in dem ich lag. Ich war ganz durcheinander, wußte nicht, wer oder wo ich war, was ich in dem Bettchen sollte und wie alt ich war. Ich meinte, ich wäre ein Erwachsener und versuchte zu sprechen. Ich wollte den Leuten im Zimmer, die meine Eltern gewesen sein mußten, erzählen, daß das Schiff gesunken war, aber alles, was aus meinem Mund herauskam, war ein Piepsen und Quietschen, und in wenigen Augenblicken war das Gefühl, ein Erwachsener zu sein, verschwunden, und ich erinnere mich an nichts mehr, was danach war. Ich war damals sehr klein.

Ähnliche Erlebnisse hatte ich durch meine ganze Kindheit. Ich erinnere mich, wie ich mit sieben Jahren einmal aus dem Rückfenster des Wagens schaute. Von einem Moment zum anderen war das Auto und mein Körper und alles um mich in mir, und ich sah darauf herab, aber nicht, als ob ich von oben herunterschaute. Mein ganzes Wesen nahm etwas wahr, das sich in mir befand. Dieser Zustand wechselte zu einem anderen, der über den visuellen Eindrücken stand – ein Gefühl totaler Identität mit allem im ganzen Universum. David Spangler hatte aufgehört zu existieren, ein gänzlich anderes Bewußtsein war an seine Stelle getreten. In jenem Augenblick erkannte ich, wer ich war. Ich hatte ein Gefühl der Ewigkeit meiner Existenz und der Tatsache, daß ich ebenso alles andere war. Da gab es keine Grenzen meiner Identität; die Sterne wie das Gras – alles war ich. Es war eines jener kosmischen Erlebnisse; es hat vielleicht nicht lange gedauert, hatte aber eine ungeheure Wirkung. Ich sprach nicht darüber, aber es hat meine Bezugsmaßstäbe völlig verändert. Es war ein Erlebnis des Aufwachens. Ich konnte es kaum in mein Bewußtsein eines Siebenjährigen übertragen. Von jener Zeit an hatte ich das Gefühl, in zwei verschiedenen Dimensionen gleichzeitig zu sein; in dieser Dimension ... und in einer anderen.«

David nippte langsam an einem großen »Protein-Drink«, den Ex-Mormonin Myrtle Glines, seine geistige Partnerin, als Teil des morgendlichen Rituals hereingebracht hatte. Die Sonne schien hell durch die Fenster; die Hitze und der einlullende Tonfall von Davids Stimme machten mich schläfrig. Binnen Minuten war ich wie übergossen von einer fast den Verstand lähmenden Ruhe und Schläfrigkeit, als ob ich die Nacht zuvor kein Auge zugetan hätte. Mir war bekannt, daß der einschläfernde Effekt von Davids Stimme fast sprichwörtlich ist, aber ich war ihm dennoch zum Opfer gefallen. Alles, was er sagte, war faszinierend, und ich kämpfte gegen mein Gähnen an. Es schien fast wie eine Bestätigung von Davids »zwei Dimensionen«, daß er so aufregende Dinge sagen konnte, und doch auf geheimnisvolle Weise die Wirkung eines starken Schlafmittels zeitigte.

David hatte man schon alles mögliche genannt: den Christus, den Avatar, einen Propheten. Wie reagiert er auf diese Etiketten? – Mit Humor. Humor ist die wirkungsvollste Art, mit solchen Namen und Etiketten umzugehen, die er herausgefunden hatte, und mehr noch, auf diese Weise behandelte er oft sogar die Wirklichkeit, in der er sich befindet. David scheint fest in der einen Wirklichkeit zu stehen, und dabei sanft und humorvoll eine andere Realität zu enthüllen, mit dem leichten Witz, der nur aus absoluter Vertrautheit erwächst. David ist so vertraut mit der unsichtbaren Welt der Wesenheiten, Anwesenheiten, Stimmen und »Führung«, daß er den Medien, die empört und beleidigt reagieren, wenn sie ihre Glaubwürdigkeit in Frage gestellt fühlen, einen großen Schritt voraus ist; er macht einen Witz und lacht über sich selbst.

Als David im Frühsommer 1970 durch die Tore von Findhorn kam, hatte die Gemeinschaft zwei Dutzend ständiger Mitglieder. Pineridge existierte noch nicht – abgesehen von Gillian Lubach's Bungalow neben Wilkie's Woods. Captain Ross Stewart hatte seinen Bungalow gekauft, Joannie Hartnell-Beavis hatte ebenfalls einen und übernahm gerade die Aufgaben des Schatzmeisters. Elsie Dean war schon da, ebenso die Scales und Violet Barker, aber man sah in Findhorn kaum junge Leute.

Bevor sie nach Findhorn kamen, hatten David und Myrtle schon jahrelang in verschiedenen Gruppen in Kalifornien gelebt, sie als Beraterin, und er hielt Hunderte von Vorträgen. In den späten sechziger Jahren scharten sie um sich eine Gruppe von Leuten, die den Traum von einer »Community« teilten, von einem Lehr-Zentrum, das hauptsächlich auf Davids und Myrtle's Lehren begründet wäre. David hatte erkannt, wie Menschen, die bereit waren, 2 $ zu bezahlen, um einen Vortrag über das spirituelle Leben zu hören, offensichtlich nicht bereit waren, die gehörten Prinzipien anzuwenden. Oder auf Spanglerisch: »Die höhere Bestimmung und Möglichkeiten des Menschen waren etwas, von dem man träumen, worauf man sich freuen durfte, nicht irgendwie aktiver Teil des Hier und Jetzt, der unsere kreative Aufmerksamkeit und Mithilfe erforderte für die Realisierung und Manifestation.«

Bevor sie ankamen, wußte David nicht viel über Findhorn, obwohl Anthony Brooke ihm Jahre zuvor ein Exemplar von *The Findhorn Garden* gegeben hatte, und David sofort dessen Bedeutung als lebendige Demonstration der Tatsache erkannte, daß spirituelle Prinzipien nicht bloß leere Abstraktionen sind, sondern machtvolle, schöpferische Wirklichkeit. David hatte New Age-Kommunen und Gemeinschaften sich entwickeln und auseinanderbrechen sehen überall in den Vereinigten Staaten. Sie schienen zu sehr in »Old Age«-Eigenschaften zu leben: Egoismus, Wettbewerb, Visionslosigkeit und Mangel an Disziplin und Glauben. Findhorn war anders.

Als er im Juni 1970 in Findhorn ankam, begann sich der Caravan Park gerade mit Urlaubsgästen zu füllen; ihre leuchtend bunten Zelte gaben dem alten Platz das Aussehen eines mittelalterlichen Heerlagers. David hatte schon im voraus an Peter geschrieben, ohne zu ahnen, daß sein Büchlein über die Christus-Erfahrung im Neuen Zeitalter ihm schon drei Jahre zuvorgekommen war, und daß Peter und Eileen all die Zeit nur darauf gewartet hatten, daß er eines Tages nachkäme. Er hatte einen kurzen, fünftägigen Besuch geplant, aber schon in den ersten Stunden wurden David und Myrtle der machtvollen, schöpferischen Schwingungen, der neuen Ausrichtung dieser Gemeinschaft gewahr. Hier war die lebendige Verwirklichung der Lehren, die sie für essentiell für eine lebensfähige, spirituelle Gemeinschaft hielten, eine Stätte, wo Gott gegenwärtig und lebendig war, die führende Realität, die sich in einer schöpferischen Partnerschaft mit dem Menschen verband, um den Himmel auf die Erde herunter zu bringen. Aus fünf Tagen wurden drei Jahre.

In den sechs Monaten nach Davids Ankunft verdoppelte sich die Mitgliederzahl der Community auf fünfundvierzig; immer mehr junge Leute strömten herbei, bis sie die anderen an Zahl übertrafen. Die Lightstone-Schwestern kamen durch die Schallmauer und sangen, was die Lungen hergaben. Jewels Manchester wurde Peters »Assistentin« und ihre Schwester Merrily und ihr Mann Jim Bronson, frisch von der Fachschule, übernahmen die Foto- und Freilicht-Aktivitäten. Freya Conga übernahm mit Merrily die Küche von Eileen und Joannie; eine Schar von Künstlern kam herein; sie eröffneten ein Webstudio, eine Töpferei, eine Kerzenzieherei und eine Graphik-Abteilung. Alexis Maxcy zog eine Theater-Gruppe auf, während David, zusammen mit Milenko Matanovic, einem jugoslawischen Künstler, und dem amerikanischen Sänger Lark Batteau eine Gesangsgruppe startete, die New Troubadors. David begann dann mit seiner Vortragstätigkeit in der Community; mehrmals wöchentlich sprach er im »Park«, einem Haus neben dem Wohnwagenplatz. Aus diesen Vorträgen entwickelte sich das »College«, das David und Myrtle organisierten. Bald gingen Davids Vorträge in Druck und auf Tonbändern hinaus. Die Troubadors schrieben vierzig Lieder und nahmen sie auf für den Versand. Jim Bronson und seine Gruppe präsentierten vollständige audiovisuelle Informationspakete über Findhorn, die Elementar-Welt und verschiedene andere Themen. Victor Bailev setzte mit seinem Vater Arthur die Druckerpresse instand, und viele neue Bücher kamen heraus: ein weiteres von Eileens Führung; ein neues von David; *The Findhorn News; Revelation, The Birth of a New Age;* und eine erweiterte Ausgabe von *The Findhorn Garden.* Töpferwaren, Schals, Ponchos, Kerzen und Drucke verließen die Werkstätten und wurden in ganz Schottland verkauft.

Findhorn wuchs unaufhaltsam, nichts konnte dieses Wachstum hemmen. Bis Ende 1972 war die Mitgliederzahl wieder verdreifacht, auf über 120 angestiegen. Natürlich entstanden allmählich neue organisatorische Aufgaben und persönliche Konflikte. Dann trat Myrtle still ein und konnte in endlosen Sitzungen ruhigen Beratens und weiser Ratschläge den jüngeren Mitgliedern helfen, deren Enthusiasmus das Ungleichgewicht geschaffen hatte, das das Schiff fast zum Kentern gebracht hätte. Die meisten Kollisionen gab es zwischen den jüngeren Leuten und Peter; und Myrtle, mit Peter gleichaltrig, konnte die Kluft überbrücken, und den beiden Beteiligten ein klareres Verständnis für die wechselseitigen Beziehungen im Organismus der Gruppe nahebringen. Als Puffer zwischen Peter und den schöpferischen Mitgliedern der Community hielt sie so die Gruppe wie ein Klebestoff zusammen.

Damals ging Findhorn fast in die Brüche, aber aus den Spalten der alten ging eine neue Struktur hervor, unbefrachtet, mit dem Bewußtsein der Gruppe als gemeinsamen Schwerpunkt. Die Abteilungen wurden zu Gruppen, die Abteilungsleiter wurden »Focalizer« – Leute, deren Aufgabe es war, als Sammellinse innerhalb der Gruppe zu fungieren, um die in der Gruppe erzeugten Energien auf den Brennpunkt zu »fokussieren«. Einheit erlangte man durch »Einstimmung« in der Gruppe – quasi eine Kelle Maoismus gut gemischt mit einer Beinahe-Quäker-Ethik, im Ofen von Findhorn gebacken, bis es gut durch war. Der Ausbruch von Kreativität riß Findhorn fast weg, aber als der Staub sich wieder legte, war da eine phantastische Gemeinschaft mit zwölf Gärtnern statt zwei, mit 170 Mitgliedern statt vierzehn, einer riesigen internationalen Adressenliste von Interessierten – und wie es nicht zu vermeiden war: man hängte an den Pinnwänden der Medien. BBC filmte vier Mal; der Höhepunkt war im Frühjahr 1973 eine einstündige Sendung in Farbe zur Hauptsendezeit – live übertragen vom Community Center in Findhorn.

Daraufhin kamen Berge von Briefen und Anfragen, und Besucher aus der ganzen Welt, die zu jeder Tages- und Nachtzeit um Einlaß baten. Die Unterbringungsmöglichkeiten barsten; zeitweise mußten sieben Leute einen Wohnwagen teilen; Zelte sproßten zwischen den Stechginsterbüschen hervor. Findhorn war nun auf der Landkarte! Peter Tompkins kam, um Informationen für sein Buch *The Secret Life of Plants (Das geheime Leben der Pflanzen)* zu sammeln, und als Auszüge davon in *Harper's Magazine* vorabgedruckt wurden, begann sich die Welt im Kreise zu drehen. William Irwin Thompson machte Findhorn zur letzten Station seiner planetaren Pilgerreise, wurde durch Davids Vortrag »The Politics of Mysticism« verwandelt, und kehrte heim, um in Amerika ein Schwester-Zentrum namens Lindisfarne zu gründen.

Wie Tompkins widmete er das letzte Kapitel seines Buches *Passages About Earth* Findhorn und besonders David Spangler, dem geheimnisvollen, rotblonden, 28jährigen jungen Mann, der in der Community herumtollte wie ein Kind und Vorträge hielt, die Leben verwandelten.

Es ist nicht leicht zu fassen, was das ist, das David zum Katalysator für die Verwandlung des Lebens sowohl Einzelner als auch ganzer Gruppen macht. Wenn du ihn fragst, wird er dir antworten, das sei überhaupt nicht er, sondern eine höhere Kraft. Was immer es ist, der Schlüssel ist Ganzheit. Wenn David spricht, scheint er immer ein Bild vor Augen zu haben, das weit größer ist, als du es dir vorstellen kannst. Und diese Ganzheit des Ausdrucks ist wirksam in seiner ausgeglichenen Art zu sprechen, die Worte zu wählen, eine Geschichte auf den Zuhörer zu beziehen. Wenn Spiritualisten über höhere Kräfte sprechen, über Wesenheiten »über uns«, und alle möglichen »Fachbegriffe« verwenden, um diesen Seelenzustand zu beschreiben, wo sie mit höheren Bewußtseinsebenen in Berührung sind, dann scheint immer ein Hauch von Unwirklichkeit und Gefühlsduselei ihre Aussagen Lügen zu strafen. Wenn David über die unsichtbare Welt spricht, von seinen Kontakten mit Wesen namens »John« oder »Grenzenlose Liebe und Wahrheit«, oder Pan, dann ist er so vertraut mit jener Realität, daß man das Gefühl hat, er spricht über gute Freunde. So bringt er den Menschen mit Leichtigkeit Themen nahe, die viele kaum akzeptieren können.

Davids Eigenschaften fielen schon recht früh auf, und bald nannte ihn eine Gruppe den Christus, in der Hoffnung, er würde ihre Ziele mit seinen Energien und seiner Fähigkeit, spirituelle Wahrheiten auszudrücken, fördern. David lehnte alle Angebote ab, alle, die ihm irgendwie Macht, Berühmtheit oder finanzielle Vorteile versprachen. Und so blieb er ohne Aufkleber, Etiketten, Fans oder Jünger. David Spangler darfst du ihn nennen, sonst nichts. Aber wer ist David Spangler? Kein Mensch, den du anbeten würdest. Wenn er nicht gerade als Kanal für kosmische Wesenheiten dient, liest er Comics über sie, futtert Schokoladekuchen, meditiert unter einer Heizdecke oder spielt einfach Hanswurst. Sein Lieblingszeitvertreib sind oft Kindereien. Das doppelte Bewußtsein, das seinerzeit im Kinderbettchen begann, ist nie zu eins verschmolzen; auf manche Weise ist er noch heute das Kind. Aber das Wesen in ihm, oder vielmehr das Wesen in dem er ist, ist aufregend, unheimlich gewachsen, denkt man heute an den Passagier des untergehenden Schiffes in der anderen Dimension vor siebenundzwanzig Jahren zurück. Er ist reif und weise, aber allezeit in der Lage, mitten in einen Vortrag ein schreckliches Wortspiel einzuflechten, und dabei absolut die Fassung zu behalten. Seine schöpferische Leistungsfähigkeit ist phantastisch: Vorträge, Schriften, Lieder, Singen, Dramen, Theaterstücke; sein Witz kennt kein Ende, Positivität und Liebe hat er im Überfluß. Was die persönliche Offenbarung und die Prinzipien des Neuen Zeitalters angeht, so verkörpert David alles, worüber er spricht.

Schließlich verließ David Findhorn wieder, weil er das Gefühl hatte, eine Fortsetzung seines Aufenthaltes dort könnte zu »Verehrungs-Ritualen« führen, was in niemandes Interesse läge. Im Frühjahr 1973 kehrte er zurück nach Kalifornien, um mit Myrtle und einigen Ex-Findhornianern die Lorian Association zu gründen, wo sie die Lehren des New Age vermitteln und ausbreiten wollten. Dort blieb er, abgesehen von einigen Stipvisiten in Findhorn. Als ich ihn traf, sprach er voller Liebe, aber mit etwas Abstand von Findhorn, wie um klar zu machen, daß Findhorn Findhorn war und David Spangler David Spangler, und man diese zwei nicht verwechseln sollte. Er identifiziert sich nicht mit Findhorn allein, sondern sieht es eher als Teil eines größeren Netzes von Zentren, die in der ganzen Welt emporwachsen, besonders in Amerika.

David sieht die Bedeutung Findhorns in der Demonstration, daß die Menschen das Geschick der Welt in die Hand nehmen können – Menschen, die ihr Schicksal nicht so eng sehen, Menschen, die sich nicht als hineingeworfen betrachten in die feindliche Welt, verloren im weiten Raum, sondern als göttliche Wesen, die sich mit dem höheren Bewußtsein verbinden können und einstimmen auf den Willen Gottes. Mit anderen Worten: Findhorn ist ein Ort, wo Menschen eher eins mit dem Plan werden, ihn mit Leben erfüllen, als daß sie ihn in mosaischer Tradition vom Berggipfel religiöser Bürokratie empfangen. Dieses Bewußtsein würde David planetarisches Bewußtsein nennen, im Unterschied zum internationalen Bewußtsein, einem Bewußtsein von Teilung, Trennung, kulturellen, geographischen und politischen Grenzen. Planetarisches Bewußtsein steht über den kulturellen, nationalen und rassischen Denksystemen, es ist die Verschmelzung mit dem Gewahrsein des Größeren, des Planeten. Es kennt keine Beschränkung in Raum oder Zeit, sondern erwächst aus dem überaus wichtigen Teil unserer Menschheit, der sich als integraler Bestandteil des größeren Ganzen, dieses Planeten sieht. Dieses Bewußtsein kommt in Findhorn und in ähnlichen Zentren rund um die Welt empor, und Findhorns Rolle ist, zu zeigen, daß es funktionieren kann, daß es nicht nur eine neue, hübsche Idee ist. Findhorn ist für David nicht nur eine Gemeinschaft von Menschen, die zusammen leben und arbeiten, sondern »ein arbeitender Organismus, der zu vollbringen sucht, was in der Geschichte der Menschheit bis jetzt noch keine Gruppe vollbracht hat.«

Was Findhorn zu vollbringen sucht, was es eigentlich immer zu vollbringen gesucht hatte, und was nun vollbracht ist: den ersten Ton erklingen zu lassen, den ersten Ton von dem, was einst eine »Massen-Initiation auf planetarischer Ebene« sein wird. Zivilisation, wie wir sie kennen, läuft einzig und allein kraft der Energien ihres eigenen Schwunges, der eigenen Trägheit. Im wesentlichen, eigentlichen Sinne verhält sich die heutige Gesellschaft linear und deshalb gemäß dem Gesetz der Entropie. Nach Davids Überzeugung ist Findhorn die erste Gemeinschaft, die »Energien einer völlig neuen *Art* zur festen Grundlage hat, nicht Energien einer neuen Quelle, sondern einer neuen Schwingung.« Es wird nicht behauptet, daß Findhorn die einzige Gemeinschaft ist, wo diese Energien aufgenommen werden. Im Gegenteil, der ganze Planet ist geradezu überspült, eingetaucht in das Licht eines Neuen Zeitalters. Jedes kulturelle Phänomen von Bedeutung ist heute irgendwie Anzeichen dafür. Neue Gruppen, die mit neuen Energien arbeiten, reflektieren gänzlich neue Denkweisen. Alte Gedankenschablonen und überlieferte kulturelle Vorurteile werden mit einer Geschwindigkeit und Gründlichkeit weggeschwemmt, daß die Welt in Gefahr ist, mit einem sehr angeschlagenen Nervenkostüm auf der Strecke zu bleiben. Obgleich diese Muster destruktiv und sogar gewaltsam wirken können, reflektieren sie ein grundlegendes Prinzip: Das Alte muß weichen, bevor das Neue aufgehen kann.

Die Unfähigkeit, die Quelle und Bedeutung dieser »neuen Energien« ganz zu erkennen und zu begreifen, schafft Chaos und Verwirrung. Wir sehen gesellschaftliche Gegebenheiten grundsätzlich unter dem Aspekt von Ursache und Wirkung und stoßen so auf kulturelle Strömungen, die tief in der Geschichte, sogar im Bewußtsein der Rassen verankert sind. Ohne die Gültigkeit jener Zusammenhänge abzustreiten, sehen und fühlen David und Hunderttausende andere, daß das ganze Schwingungsfeld, das diesen Planeten einhüllt und überzieht, einem Prozeß tiefgreifender Veränderungen unterworfen ist. Diese Veränderungen, die liebgewonnene Ideale und alte Gedankenmuster entwurzeln und auf den Kopf stellen können, lassen ein tiefes Gefühl von Unbehagen und Konflikt in denen entstehen, die ihm Widerstand leisten. Sie können aber auch das überwältigende Gefühl von Harmonie und Frieden in denen erwachsen lassen, die sich den neuen Energien öffnen. Diese starke Polarisierung, dieses Divergieren in der Welt, ihre Konflikte und Spaltungen – sie seien nun religiöser, politischer, wirtschaftlicher, gesellschaftlicher oder persönlicher Art – kann man als die Manifestation einer einzigen Ursache sehen: Neue Energien – Energien, wie die Erde sie noch nicht gekannt hat.

In gewissem Sinne bedeutet das New Age eine Epoche, weil wir von einer Zeitperiode in eine andere übergehen, vom Fische- in das Wassermann-Zeitalter. Wir wissen, daß die Erde durch einen 26000 Jahre-Zyklus des Vorrückens der Tagundnachtgleiche geht. Aus unserer Perspektive wird dies verursacht durch die Rückwärtsbewegung des Äquinoktialpunktes durch die Tierkreiszeichen; so ergeben sich Zeitalter von ungefähr 2100 Jahren. Diese Zeitperioden sind dann gewissermaßen die Äquinoktialmonate, und da vor 2100 Jahren der Äquinoktialpunkt vom Zeichen des Widders in das Zeichen der Fische überging, kommen wir nun wieder an einen solchen Übergang. Manche sagen, die Planeten und Konstellationen bewirken die Veränderungen in den irdischen Energien, andere meinen, sie seien nur das sichtbare Anzeichen weitaus größerer Veränderungen in den grenzenlosen Tiefen des Raumes. Wir leben in einem universalen Fluß, und selbst der verbissenste Anhänger des Determinismus würde zugeben, daß Erdenwesen möglicherweise durch Kräfte aus dem All beeinflußt werden.

Was geschieht, wenn wir unsere Richtung leicht veränderten? Die Magnetpole unserer Erde verlagern sich etwas; der Korken tanzt im Strom und rollt langsam auf die Seite. Was würde geschehen? Aus den Gesetzen der Himmelsmechanik können wir die Verlagerung des Planeten abschätzen, »das Taumeln« berechnen, aber es gibt keine wissenschaftliche Disziplin, die sich mit dem Effekt auf spiritueller Ebene beschäftigte.

Prophezeiungen der Alten haben angedeutet, ausgesprochen und manchmal sogar hinausgeschrien, was im letzten Teil dieses Jahrhunderts geschehen würde. Der Markt wurde von Büchern geradezu überflutet, die Weisheit und Wissen alter Kulturen, die Prophezeiungen sogenannter primitiver Stämme und die Weisheit der amerikanischen Ureinwohner enthüllten. Man ist sich zwar nicht ganz einig, ob die Veränderungen, denen der Planet unterworfen sein wird, von Katastrophen und Zerstörung begleitet sein werden oder nicht; was jedoch die Realität der eigentlichen umwälzenden Veränderung angeht, gibt es immer weniger Zweifel.

Nur wenige können der Versuchung widerstehen, an diesem apokalyptischen Wendepunkt in der Evolution der Menschheit dem Pessimismus und der Hoffnungslosigkeit zu verfallen. Was Davids Philosophie so ungewöhnlich macht, ist nicht zuletzt der Umstand, daß sie nicht irgendwelche Verhaltensmuster oder Denkweisen der Vergangenheit als falsch ansieht, als Irrtümer oder gar Rückschritte. Ebenso wenig ist da ein »Messias«, der aufsteht, um die Welt zu retten. So ist, was David entwirft und was Findhorn aufzeigt, in gewissem Sinne ein

»Mythos«. Ein neuer Mythos für den Menschen, entworfen für das kollektive Bewußtsein, das eines Tages Realität werden wird. Sowohl die moderne Physik als auch Don Juan demonstrieren, daß »Realität« letztlich unbeschreibbar ist. Der Gedanke, der Form annimmt, wird Realität, je mehr die Kausalgesetze der alten Wissenschaft in unserem Leben an Gültigkeit verlieren. Der Mythos von Findhorn ist der Mythos der Schöpfung, einer Wiedergeburt des Menschen, der emporwächst in ein völlig neues Bewußtsein. Der Mythos bedeutet nicht, daß einige wenige Individuen zu einem höheren Verständnis der spirituellen und kosmischen Prinzipien gelangen, die hinter dem Leben und der Schöpfung wirken, sondern eine Zeitperiode, in der der Planet als Ganzes alte Persönlichkeitsmuster abzustreifen beginnt, alte Gedankenformen, Vorurteile und Neurosen, die die kollektive Psyche entstellen. Dann ist der Weg geebnet zur Enthüllung der wahren, göttlichen Natur des Planeten. Wie beim Einzelnen wird bei dieser Erkenntnis ein großer Schub von Energie und Lebenskraft frei, die dem planetarischen Organismus zugute kommt, Energie, die das Alte weiter wegschwemmt und alles an die Oberfläche bringt, das der Durchläuterung und Reinigung bedarf.

Der Mythos von der wiedergeborenen Erde also – er setzt den Gegenpol und Ausgleich zum Mythos der Zerstörung, der in unserem Denken Fuß zu fassen und jeden Moment unseres Bewußtseins zu übernehmen droht. Die Asymptoten auf den Schaubildern der Statistiker dieser Welt zeigen auf Destruktion und Massenflucht. Alte Weltbilder werden abgelöst, weil sie als Funktionsmodell eines neuen Planeten nicht mehr dienen können. Sie sind außerstande, die Veränderungen zu erklären, die jetzt jeden Tag geschehen. Die Institutionen der alten Welt sind wie vertrocknete Blätter und tote Äste, während der Baum stehen bleibt, entblößt bis auf den Stamm, nur scheinbar schlafend, während er aus der Tiefe sich selbst erneuert. Das Alte fällt ab, verrottet und wird Humus, Erde für neues Wachstum.

Die Energien ziehen sich zurück von der alten Welt, den Institutionen der alten Kultur, den alten gesellschaftlichen Strukturen; zugleich erhält sich eine gewisse Festigungsmentalität bei denen, die hinten bleiben werden, die alles schützen und verteidigen, was ihnen »heilig« ist. Der daraus erwachsende Konflikt gleicht einem Manne, der gegen seinen eigenen Schatten kämpft. Die Unausweichlichkeit des Zusammenbruchs der alten Welt wird noch verschärft durch das bittere Drama der Selbstvernichtung. Die machtvollen Armeen, die bizarren Unternehmen, die als »Multinationale« bezeichnet werden, die harten, doktrinären Regierungen propagieren einen Planeten, auf dem kein Platz ist für Gott, einen Organismus, der am Krebs eingehen wird, der sich selbst zerstört. Wir sind bis zu den Zähnen bewaffnet auf einer Ebene des Bewußtseins, bereit, den rapiden Veränderungen zu widerstehen, die uns in das New Age führen werden. Wir sind wie das alte Ehepaar, das – zu Recht oder nicht – beschließt, sich lieber mit allen Mitteln der Vertreibung zur Wehr zu setzen, als sein baufälliges Häuschen zu verlassen. Wir werden kämpfen bis aufs Letzte, bevor wir loslassen von unseren Ideen, den niederbrechenden Häusern der Erinnerungen an die alte Welt.

Was David von anderen Propheten unterscheidet, ist nicht seine Fähigkeit, die Anzeichen und Richtung der dramatischen Veränderungen wahrzunehmen – denn das können viele – sondern sein »Schema« bewußter Entwicklung, das sich von den anderen unterscheidet. Er empfängt seine Information aus den höheren Bereichen, von Wesen, die äußerst kraftvoll und mächtig sind. Die Persönlichkeit, die zu David am klarsten und machtvollsten über Offenbarung und das Neue Zeitalter spricht, nennt sich »Grenzenlose Liebe und Wahrheit«.

»Bin Ich Gott? Bin Ich ein Christus? Bin Ich ein Wesen, das von dort zu euch kommt, wo das Unendliche wohnt? Ich Bin all dies, aber noch mehr. Ich Bin Offenbarung. (Ich Bin) die Wesenheit, die vor Anbeginn der Erde war ... Die Erde ... ist Mein Leib. Ich Bin das Leben, aus dem alle Form kommt. Ich Bin der Schoß, und alle müssen durch Mich eintreten. Ich Bin nicht ein Wesen. Ich enthalte alle Wesen. Ich Bin jetzt das Leben eines neuen Himmels und einer neuen Erde.

Ich bewege Mich unaufhaltsam auf die Vollendung Meiner Offenbarung zu. Denn Ich ziehe jetzt Liebende zu Mir, die jenseits der Sterne wohnen, auf daß sie sich mit Mir vereinigen und ihren Samen in die Erde gießen und diese verwandeln. Ich rufe und beschwöre Wesen aus dem Jenseits, die Mich mit Kräften und Energien durchdringen, denn diese Bin Ich selbst jenseits dieses Systems. (Diese Wesen und Ich) bilden den Körper eines neuen Himmels und ... einer neuen Erde. (Ich ziehe) die Elemente an, die den neuen Himmel und die neue Erde bilden werden, und diese Bewegung schreitet ... ihrer vollendeten Offenbarung zu. Eure Welt wird ... zwei Welten werden. Ich Bin der Körper der einen, und Ich Bin der Hirte der anderen. Es gibt zwei Welten: die des Alten und die des Neuen. Hört nicht auf die Stimmen, die zum Alten reden, sondern wisset, Ich Bin in euch, denn Ich verkündige euch, was von jenseits kommt. Damit sollt ihr euch vereinigen, das soll euch durchdringen, so wie Ich in euch Bin, und aus Meinem größeren Sein jenseits des Planeten sollt ihr empfangen.«

Nach David sind die zwei Welten schon Wirklichkeit. Der Körper der alten ist voll zersetzender Kräfte, und die davon trinken, erleben an jeder Ecke die Macht des Zerfalls, des Niedergangs, die Macht von Degeneration und Zusammenbruch. Die die neuen Energien verkörpern, den Samen empfangen von den »Liebenden von jenseits der Sterne«, schaffen eine neue Welt, geben den Energien Gestalt, die die kommende Zeit der Weltkrise überleben und dauern wird. Je mehr die neue Welt auf diesem Planeten hervorkommt, desto deutlicher wird der Kontrast zwischen den beiden Polen werden, sodaß der Einzelne seine bewußte oder unbewußte Ausrichtung immer klarer erkennen kann.

Obwohl David eine These von Alt und Neu aufgestellt hat, von zwei sich trennenden Welten, geht er weiter, über die äußere Form hinaus und enthüllt, daß das wahre Wesen des Neuen Zeitalters im Bewußtsein jedes Einzelnen ist. Findhorn ist in diesem Zusammenhang ein Garten, der das Wachstum dieses Bewußtseins fördert, ein Ort, wo alte Denkweisen in tiefen Kellern des Unterbewußtseins aufgelöst werden, um zum »Kompost« der Zeiten zu werden, Humus, aus dem eine neue Sicht, eine innere Ganzheit erwachsen kann.

Findhorn demonstriert in der Praxis die Realität des New Age-Bewußtseins. Bemerkenswert sind nicht so sehr die Formen, als vielmehr das Bewußtsein, das diese Formen schuf. Als eine lebendige Demonstration sieht sich Findhorn als ein »Mutterzentrum«, dessen Lektionen gelehrt und vorgeführt werden, um dann von anderen Zentren übernommen und angewendet zu werden. Mit anderen Worten: Findhorn macht von diesen Energien Gebrauch, gerade jetzt, jeden Tag, und zeigt so praktisch, daß das Neue jetzt ist, und das Alte da, wo dein Sinn verweilt. Denen, die auf ein Startzeichen des Neuen Zeitalters warten – auf eine Katastrophe, die Landverschiebungen, die Edgar Cayce angekündigt hat, einen Kontinent Atlantis, der dampfend aus den Tiefen des Meeres aufsteigt – würde David sagen, daß das Neue Zeitalter einem Samen gleicht, der im Bewußtsein des Einzelnen schlummert, und die Erforschung des Neuen beginnt, wann immer man will. Durch die Konzentration auf die Form beweist Findhorn paradoxerweise, daß das Neue Zeitalter keine bestimmte Form ist, daß Form nur insofern nützlich ist, als sie eine Reflexion des Bewußtsein darstellt. Die Versuchung, auszuschauen und das New Age in Begriffen von Ort oder Stellen zu suchen, ist illusorisch. In gewissen Sinne ist Findhorn eines der hervorragendsten Beispiele einer New Age-Community, aber es nur in diesem Licht zu sehen, hieße, der alten Denkschablone zu verfallen, die Orte über das dort sich manifestierende Bewußtsein stellt, die Materie von Geist trennt, und den Körper von der Seele.

Einige neigen dazu, in Findhorn Stabilität zu suchen, und sicherlich ist einer der Faktoren, die die Menschen sich in Findhorn von Anfang an wohlfühlen lassen, die teilweise Wiederherstellung verlorener Sicherheit. Aber laut David hat Findhorn etwas ganz anderes zu geben. Es gibt der Persönlichkeit den Antrieb loszulassen, woran immer sie hängt. Mit anderen Worten: Wirkliche Sicherheit kann man erst finden, wenn die Persönlichkeitsebene re-orientiert ist auf die Seele, in gewissem Sinne aufgegeben, und die einzige wirkliche Konstante ist dann die Beständigkeit der Veränderung selbst.

Das bedeutet nicht, daß es in Findhorn keine organisatorische Strukturierung gäbe; in mancher Beziehung gibt es hier sogar mehr Organisation, als man es von anderswo gewohnt sein mag. Aber sie hat ihre Grundlage auf biologischen Anschauungen, die die Prinzipien von Veränderung und Wachstum mit einbeziehen, sowohl beim Einzelnen wie auch im größeren Ganzen, der Gruppe. Während die Organisation der Vergangenheit weitgehend auf hierarchischen Herrschaftssystemen und Pyramiden-Schemata von Führung und Führerschaft basierte, hält Findhorn an der Anerkennung der Göttlichkeit in allem fest, und schafft so ein neues »Muster«, ein Prinzip, das David »Synergie« genannt hat.

Synergie bedeutet ein gesellschaftlicher Zustand, in dem das Ganze größer ist als die Summe seiner Teile. Mit anderen Worten: Synergie beschreibt einen Status, in dem das Individuum als Teil einer Gruppe größer ist als allein, mit weiterreichendem Gewahrsein und kreativem Potential. Synergie ist das Gegenteil der aufopferungsvollen Bräuche des Alten, die vom Individuum verlangten, sich zu läutern in Richtung auf das »höchste Gut«. Synergie sieht das höchste Gut nicht jenseits des Individuums, sondern das Individuum als Verkörperung des höchsten Gutes, das in dieser Verkörperung in das größere Ganze hereingebracht wird; so wird sowohl das Individuum wie das größere Ganze, dessen Teil es ist, erhoben.

Synergie ist ein Seinszustand, ein sozialer Zustand, ein energetischer Zustand, in dem die verschiedenen Einheiten oder Elemente, die die komplexen Lebensformen bilden, alle solcherart in Wechselbeziehung stehen, daß keine Einheit sich über eine andere durch- oder hinwegsetzt, und kein Element zurückbleibt, sondern jeder gewinnt. Als Resultat wird das Ganze stärker, effizienter, besser organisiert, und erfüllender, lebendiger als sonst.

Soziale Synergie erfordert eine Ebene des Gewahrseins, die das einzelne Individuum nicht kennt. Dies ist eine Einstimmung auf eine Energie, die das größere Ganze umfaßt, ein Verständnis, daß wenn zwei zusammenkommen, sie mehr sind als zwei Individuen. Schließlich wird nicht nur das Potential der Schaffung einer größeren Einheit durch

Vereinigung der individuellen Talente und Fähigkeiten repräsentiert, sondern auch das Potential des Himmels, der auf die Erde gebracht wird, daß vollbracht ist, was »in der Geschichte der Menschheit bis jetzt noch keine Gruppe vollbracht hat.«

Dies erfordert eine ständige Überprüfung der persönlichen Motivation, des Gewahrseins und der Einstimmung. Die Gesundheit des Organismus hängt nicht ab von destruktivem Kritizismus, sondern eher von tiefer innerer Reflexion und Verwirklichung jener höheren Gesetze, die dem Menschen vor Urzeiten gegeben worden sind. In dieser Beziehung ist Findhorn überhaupt nicht neu. Man könnte es »christlich« nennen. Wenn es aber christlich ist, dann handelt es sich hier um die Christlichkeit, von der Chesterton sagte: »Da ist nichts falsch am Christentum, nur hat es bis heute noch keiner damit versucht!« Findhorn versucht es. Seine Rolle in der planetarischen Umwandlung wird darin bestehen, ihren Mitgliedern die innewohnende Göttlichkeit aufzuzeigen, nicht durch bestimmte Techniken, sondern dadurch, daß jeder Einzelne »Mein Name« ist. Der Zauber ist in uns, immer, allezeit. Es gibt nichts in Findhorn, das nicht jedermann in sich hätte. Die Freude der Leute von Findhorn ist nicht die überlegene Freude des »Wir können es besser!«, sondern die Freude zu wissen, daß das was sie tun, absolut universal ist, daß jede Gruppe es tun kann, überall in der heutigen Welt.

Aber wie? – David gibt Antwort: »Erkenne wieder. Lerne neu kennen. Da bedarf es dieser Offenheit des Bewußtseins, wenn wir die Wirklichkeit eines »New Age« erfüllen sollen ...

Das Bewußtsein des Menschen – von dem Augenblick an, als er das erste Mal als Individuum erwachte und mit seiner Umgebung in Beziehung trat – strebte danach, sich zu identifizieren mit den Göttlichen Prozessen, die in ihm am Wirken waren, sodaß es frei sein konnte, frei, der Prozeß zu sein, und nicht ein Produkt des Prozesses. Das ist alles, was es mit dem »Neuen Zeitalter« auf sich hat: Der Mensch lernt, im Bewußtsein in jedem Augenblick der lebendige Prozeß des Göttlichen, von sich, und von dem, was er ist zu sein, und anderen das Gleiche zu gestatten. Wie er dessen gewahr wird, was er ist, und was andere sind, wie dies miteinander verschmilzt, werden die Formen klar erkennbar. Es ist kaum ein Unterschied, ob er ein Theater baut, einen Kochtopf oder ein Klo. Was immer er macht: Es ist das Bewußtsein, die Eigenschaft des Bewußtseins, worauf es ankommt. Die Form ist nicht so wichtig, außer vielleicht einfach als eine Übung, in der das Bewußtsein sich entwickeln kann und lernen, sich selbst auszudrücken.

So ist das Neue Zeitalter kein bißchen wichtiger als jedes andere Zeitalter. Man sollte nicht zu ihm aufsehen, als wäre es die letzte Antwort auf alle Probleme und Fragen des Menschen, denn das Zeitalter selbst hat damit nichts zu tun. Der Mensch ist die letzte Antwort auf all seine Probleme; er ist es immer gewesen und wird es immer sein. Was der Mensch tut, in und durch sein eigenes Wesen, das zählt: sein Bewußtsein, seine Offenheit dem Leben gegenüber. Also: Fort mit dem Neuen Zeitalter, fort mit dem alten Zeitalter, fort mit allen Zeitaltern, und herbei mit der Zeitlosigkeit, der persönlichen wie der kollektiven und der Zeitlosigkeit in unserem Bewußtsein. Nur dann finden wir den wahren Geist und das Wesen dessen, was das Neue Zeitalter bringen soll. Es ist eine Zeit, in der der Mensch wieder heimkommt zu seinem Geist, und von da her Krone und Thron annimmt als der Verwalter des Lebens und der König des Lebens, der König seines eigenen Lebens, und seinen Platz einnimmt als schöpferischer Partner Gottes. Dann kann er einen neuen Zyklus eingehen, die Schwungkraft wird stärker, und die Veränderung wird tatsächlich geschwind kommen, Veränderung auf Veränderung, bis das einzige, das Bestand hat, die Stabilität ist, die wir in uns selbst geschaffen haben ... Dann werden wir entdecken, daß alles stabil ist, und daß es so etwas wie Veränderung nicht gibt, nur die Entfaltung dessen, was in uns ist, und die Reorganisation der Materie, um den Weg frei zu machen für jene Entfaltung, um ihr zu erlauben, daß sie sich ausdrückt in Vollkommenheit.«

Und das Licht erreicht dich doch

Als die Education Conference und mein Aufenthalt sich ihrem Ende näherten, teilte sich die Gemeinschaft in sechs Gruppen von je zwanzig Leuten zur »internen Konferenz«, wie man es nannte. Der Leiter unserer Gruppe war Craig Gibsone, ein gutaussehender, rauher Australier, der schon zwei Jahre in Findhorn verbracht hatte. Stellt man sich Craig als spirituellen Menschen vor, dann müßte so etwas wie Robin Hood auf einer höheren Ebene herauskommen, denn seine Funktion in Findhorn als Peters Assistent schien die Neuverteilung von Energie zu sein. Er war Teil jeder Gruppe; aus jedem Einzelnen und jeder Gruppe schien Craig Vitalität und einen Funken Energie zu ziehen. Den Stillen und Verschlossenen strömte er Liebe und Energie zu, bis sie sich mit ihrer neugefundenen Offenheit und Kontaktfreude selbst nicht wiedererkannten. Aus den aufdringlich Fordernden und Herrschsüchtigen lockte er heraus, was sie durch ihre Herrschsucht wirklich auszudrücken versuchten. Kurz – er war ein Meister der Gruppendynamik.

Die Diskussion ging leicht. Viele Themen wurden gestreift, aber immer wieder kamen wir zu dem Zentralthema zurück: dem Gefühl des Selbst, der Persönlichkeit im heutigen Sinne verlustig gegangen zu sein; dem neuen Sinn der »Sublimierung« der Individualität zugunsten des größeren Ganzen; der »Einstimmung« auf Menschen, die man sonst wohl kaum kennengelernt hätte. Obgleich es den Anschein haben mag, daß es zwar billig ist, über solche Fragen zu reden, bestand in unserer Gruppe doch ein weit größeres »Einssein« als reine Lippenbekenntnisse es ausdrücken könnten. Der Zauber von Findhorn ist das echte, fühlbare Erlebnis, wie das eigene Bewußtsein mit dem der Gruppe verschmilzt. Diskussionen, Gespräche sind hier nicht bloße philosophische Debatten oder Exkurse, sondern mehr: Einer nach dem anderen trägt bei, beschreibt seine Erfahrung mit dem Einssein, seine Freude, die ihm dieses neu entfaltete Bewußtsein schenkt und die Erleichterung, wenn die Bürde, »jemand zu sein«, abgeworfen ist und der Freudentanz, einfach »eins« zu sein, beginnt.

Der Raum war sehr gefühlsgeladen. Ein junges irisches Mädchen, das am Tage zuvor, als wir uns trafen, nichts gesprochen hatte, redete nun. Ihre Worte waren einfach, aber sie zitterte am ganzen Körper; jedes Wort schien wie eine große Befreiung von etwas, das sie lange Zeit in sich zurückgehalten hatte. Sie erzählte, daß sie anfangs nicht sprechen konnte, weil sie so getroffen war, Menschen wie diese hier kennenzulernen, daß sie nicht geglaubt hätte, Menschen könnten sich »einander öffnen« und ihr wahres Wesen so leicht und liebevoll mit-teilen; nun wollte sie jedem erzählen, wie dankbar sie im Innersten sei. Sie wollte noch mehr sagen, brachte aber kein Wort mehr heraus, beugte den Kopf und weinte.

Einer verglich das mit dem »Zeugnis-Geben«, wenn Menschen von ihrem Erlebnis mit dem »Christus-Bewußtsein« berichteten, von ihrer Erfahrung, als sie sich Jesus ganz übergaben. Hier wird Jesus als menschliche Verkörperung der Christus-Energie gesehen, nicht als jemand, der ans Kreuz genagelt worden ist. Mit anderen Worten: Er ist ein freudevoller Bote Gottes, eine Person, die die Verwandlung verkörpert und verkündet. Schmerz und Leiden haben keinen Platz in der Findhorn-Theologie.

Obwohl die Gemeinschaft der Verwandlung des Bewußtseins förderlich ist, gibt es hier keine Techniken, Meditationsübungen, Dogmen, oder körperliche Übungen, die sie hervorbringen sollen – ganz zu schweigen von wie immer gearteten Gurus oder väterlichen heiligen Figuren, die ihr mildes Licht verbreiten und trübe gewordene Seelen aufpolieren. Alle, mit denen ich sprach, sagten, sie hätten sich hier viel freier gefühlt als irgendwo sonst.

Und doch ist da eine hübsche Zahl von unsichtbaren Lehrern, und die leichte, vertraute Beziehung zur unsichtbaren Welt ist geradezu entnervend. Nicht allen hier ist die geistige Welt so geläufig, aber sie machen nicht viel Aufhebens davon und fühlen sich recht wohl und entspannt dabei; diese Einstellung ist wohl in buddhistischen Ländern mehr verbreitet. Die geistigen Lehrer in Findhorn sind wirklich »geistig«, sie sind alle Geist: Devas, Pater Andreas, David's »Kontaktperson« John, der Erzengel Michael, Saint-Germain usw. Es ist eine sehr umfangreiche Liste, eine Quelle, die Findhorn durch die verschiedensten Menschen erschlossen wird. Ich hörte auch bald Hinweise auf die Brüder im Weltraum, Wesen, die diesen Planeten überstrahlten. Spätestens hier brach meine Vorstellung von der morgenländischen Ahnen-Verehrung in irgendeiner Form in Stücke, und ich merkte, daß Findhorn eben doch unmöglich journalistisch irgendwie einzuordnen war. Ich war immer noch damit beschäftigt, mir über den Garten und die Gemeinschaft an sich klar zu werden – und nun kamen die Brüder aus dem All noch hinzu.

Aber das ist eigentlich charakteristisch für Findhorn: Mit beiden Augen im Himmel und mit beiden Füßen auf dem Boden. – »Bringt den Himmel herunter auf die Erde!«–diesen Satz bekommt man immer wieder in der Community zu hören, aber in der Praxis stellen sich doch oft Schwierigkeiten bei der Verwirklichung ein, und viele schaffen bei ihren Versuchen die Umwälzung auch im Sinne von Durcheinander. Das lebendige, mächtige Energiefeld, das in Findhorn wirksam ist, verwandelt jeden, der dort hinkommt. Wenn diese Energie in die Menschen fließt, kommen noch andere Dinge zum Vorschein. Es ist, wie wenn man einen kräftigen Schub Wasser durch ein lang ausgetrocknetes Rohr schickt: War der Weg nicht frei und rein, so wird er es nun. Menschen können hier eine so plötzliche und überraschende Verwandlung ihres ganzen Wesens und Charakters erleben, eine Verwandlung, die so schnell geschieht, daß sie zuerst verwirrt sind in dem Gefühl, den Boden unter den Füßen weggerissen bekommen zu haben. Ich war früher schon Zeuge religiöser »Umkehr« gewesen, aber hier ist kein Druck, irgendetwas zu sein, außer als was man sich wohlfühlt – und der Erfolg ist überwältigend. Das ist, was Peter den Treibhaus-Effekt nennt. Die Menschen lassen sich nieder im Treibhaus, handeln und verhalten sich ganz gewöhnlich, töpfern, jäten im Salatbeet, kochen das Mittagessen – bis sie sich wie an innerlichen Bohnenstangen emporgezogen fühlen, die sie vorher nicht gekannt hatten, ein Gefühl, für das ihnen die Begriffe fehlen. Diese rapide innere Verwandlung, dieses Wachstum bringt die Leute zu ekstatischen Ausbrüchen – in Lachen oder Tränen.

Eileen hatte das wieder und wieder gesehen, und ihre Führung hatte ihr diesen Prozeß beschrieben: »*Sei im Frieden. Es ist die Öffnung des Herz-Zentrums, das dich alles so tief erleben läßt. Du meinst, die Tränen fließen so leicht? Es sind die Tränen der Freude, laß sie fließen. Es sind die Tränen des Erkennens der Wahrheit und der Göttlichen Liebe. Das bringt dieses Gefühl mit sich, das Gefühl des Erhobenseins, der Dankbarkeit, das neue, tiefere Verstehen. Es ist, als ob du geschlafen hättest und nun erwacht bist in einer neuen Welt. Alles sieht anders und schön aus, als ob du im Winter schlafen gegangen wärst, als alles brachlag und ruhte, und wieder erwachst im Frühling und seiner Herrlichkeit.*«

Die Frage, die mich immer noch bewegte, war nicht, was Findhorn für den Menschen tat – denn das konnte ich deutlich genug überall sehen – sondern was dieser Zauber war, was die umwandelnde Kraft war, was in diesem spirituellen Treibhaus am Wirken war, warum hier so machtvolle Energien nur so um die Wohnwagen und Beete zu wirbeln schienen. Jeder, mit dem ich sprach, erzählte mir eine Geschichte von enormem Wachstum, das er persönlich hier in der Community erlebt hätte. Nicht ein einziger war hierher gekommen, ohne eine Verwandlung erfahren zu haben – manche schon in dem Augenblick, als sie durchs Tor kamen. Das Fehlen eines starken geistigen Führers mag in der Tat die ganze Umgebung für Wachstum und Verwandlung förderlicher machen, aber es erklärte nicht, was nun die Ursache der Verwandlung war. Peter wies die Vorstellung strikt von sich, daß er es wäre, und Eileen schien eher eine besinnliche und pflichtgetreue Ehefrau zu sein, deren Zeit zwischen Meditation und Gastgeber-Pflichten aufgeteilt wurde. Fragte man sie nach Religion oder esoterischen Dingen, winkte sie ab und sagte: »Ich weiß kein bißchen von all dem.«

Was immer es ist, es ist überall. Es scheint in allem zu sein, selbst in der Materie, in jedem Gegenstand hier. Gehst du die Straße zur Bucht entlang, ist es nicht gerade so spürbar. Es ist schön, dort an der Bucht zu stehen, aber das intensive Energiefeld von Findhorn ist nicht dort. Jeder sprach davon, wußte davon und bezog sich auf »die Energien«, doch wenn ich jemanden fragte, was denn diese umwandelnde Kraft sei, da gab jeder eine andere Antwort. Einige sagten, es wäre »Liebe«, andere, es wären »Christus-Energien«; wieder andere meinten, die Ursache läge in Veränderungen im »ätherischen Netz des Planeten«.

Diese Antworten konnten mich nur wenig zufriedenstellen – besonders, weil ich es allmählich selbst anfing zu fühlen. Alle Versuche, objektiv zu beobachten, objektiv Bericht zu erstatten, wurden quasi den Abfluß hinuntergespült, denn immer intensiver stellte sich das Gefühl ein, hier »zuhause zu sein«. Dies war der erste Ort in meinem Leben, wo ich mich in einer großen Gruppe solch unterschiedlicher Menschen wohlfühlte. Als jemand, der sein Leben lang Einzelgänger gewesen war, der in und aus allen Situationen immer durch die Hintertür glitt, immer zuschaute und beobachtete, fand ich mich geradezu hineingezogen in diese berauschende Atmosphäre von – man könnte es reine, unverfälschte, echte Freude nennen.

Als ich die Staaten verließ, um nach Findhorn zu fahren, war die Community – so lange übersehen, weil sie nicht irgendwo in Indien lag – schon Gesprächsthema in der Untergrund-Gerüchteküche. Freunde schrieben und fragten an, ob »da etwas los wäre«. Ganz bestimmt ist dort etwas los, nur konnte ich in der ganzen Gemeinschaft niemanden finden, der es mir angemessen hätte erklären können. Wenn du jemals einen Raum besucht hast, wo ein heiliger oder heiligmäßiger Mensch gelebt und meditiert hatte, dann kennst du dieses Gefühl: Es ist etwas im Raum, deutlich fühlbar – aber es spottet jeder Analyse. In Findhorn ist das ganz intensiv und stark; jeder kann es fühlen. Das scheint ein Ort zu sein, an dem Göttliche Energie Anker gefaßt hat, eine Energie, die durch alles fließt, von den Blumen und Kindern bis hin zu den alten

Menschen von über achtzig Jahren. Wer dies nicht annehmen kann, geht. Das Problem ist nicht, die Leute zum Weggehen zu bewegen, sondern eher, was man mit denen anfangen soll, die bleiben wollen, denn es ist einfach nicht genug Platz.

Am Nachmittag nach der Konferenz, als ich für meine Abreise packte, die am nächsten Tag sein sollte, kam Peter noch mit einem großen Stapel Material herein. »Nimm das und lies es durch – vielleicht ist es dir irgendwie nützlich. Das sind unveröffentlichte Sachen, Durchgaben von Saint-Germain, Sir Francis Bacon und ein privater Bericht über Iona von David Spangler. Es wird dir helfen, die Bedeutung Findhorns für Britannien und den Planeten zu sehen.« Und wie immer geballte Energie verbreitend lächelte er und hob ab.

Ich schaute das Material durch. Vieles davon war »durch« David gekommen, darunter eine ziemlich harte, ernstzunehmende Durchgabe von einem Meister Rakoczi:

Ihr seid hier, um die Realität der geistigen Natur des Menschen zu demonstrieren, sowie die Möglichkeiten und Potentiale, die ein bestimmtes Bewußtsein freisetzen kann und das Handeln, das von Intuition gelenkt, von Liebe und Weisheit bestimmt ist. Eine sehr starke, zielgerichtete Kraft fließt durch dieses Zentrum; sie wird zur Vollendung aller Ziele führen, für die das Zentrum gegründet wurde. Das ist nicht abhängig von irgendeinem Individuum. Die Individuen mögen sich darauf einstimmen, ihr eigenes Leben vergrößert finden, ihren Beitrag zum Ganzen leisten und dafür an Ganzheit gewinnen. Sind sie nicht in der Lage, sich darauf einzustimmen, werden sie nicht in der Lage sein zu bleiben.

Der Einsatz ist hoch und die Zeit wird immer kürzer. Wie die Zeit kürzer wird, so nimmt auch die Freiheit ab, in der wir arbeiten und gewisse Gegebenheiten des menschlichen Bewußtseins verwandeln können; gleichzeitig wächst die Wahrscheinlichkeit, daß gewisse Dinge eintreten. Denn jeder Augenblick, den sich die Erde dreht, in dem Kräfte emotionalen Ungleichgewichts, Unstabilität, Negativität und Haß Blüten treiben und sich manifestieren, bringt eure Welt näher an einen Punkt des Gerichts und des Zusammenbruchs. Es ist eine Zeit gegeben im letzten Viertel dieses Jahrhunderts, die nicht offenbart werden kann, zu der ihr als Planet konfrontiert sein werdet mit einer größeren Krise; kleinere werden ihr vorausgehen, sie einleiten. Wie die Menschheit da hindurchkommen wird, hängt davon ab, was jetzt getan wird, um neue Leitbilder aufzustellen, denn es liegt in der Struktur dieses Lichts begründet, das aufkommen wird und gerade jetzt emporkommt, daß ihr und wir die Freiheit haben werden zu wirken und die menschlichen Geschehnisse zu beeinflussen ... Die Ausbreitung der neuen Gesellschaft, die ihr in diesen Monaten und Jahren entwickelt, wird bestimmen, wie kritisch und wie zerstörerisch aus menschlicher Sicht die Jahre sein werden, die vor euch liegen.

Peter vertraute mir echt. Wußte er denn nicht, daß ich – ganz offen gesagt – skeptisch bin gegenüber solchem Zeug? Aber irgendwie gefiel es mir, trotz meiner Zweifel. Als nächstes fesselte der *Iona Report* meine Aufmerksamkeit.

Er war skizzenhaft geschrieben, mit Gliederung und bezifferten Untertiteln. Der erste Teil war überschrieben: »Einführung. Kraftpunkte, das ätherische Netz und die Bedeutung von Iona«. In diesem Bericht brachte David Spangler eine Theorie, die John Michell's *View Over Atlantis* glich: Großbritannien gesprenkelt mit »Kraftpunkten«, die untereinander verbunden waren durch »Feldlinien«, die alle Teile oder Ausläufer eines »ätherischen Netzes« waren, das den ganzen Erdball überzog. Dieses »ätherische Netz« ist vergleichbar der Vitalenergie des menschlichen Körpers, die im Fernen Osten Ch'i genannt wird und durch die Akupunktur beeinflußt werden kann. Diese ätherische Energie ist gewissermaßen die Matrix, von der die Formen in dichtere Seinsebenen ausgehen. Das Netz ist von verschiedenen Sehern und Hellsichtigen beschrieben worden, die diese Energiefelder gleich Tausenden sich verbindenden goldenen Fäden sehen können. Wie der menschliche Körper bestimmte Zentren hat – Chakren und Druckpunkte, wo diese Energie konzentriert ist – so ist die Erde gesprenkelt mit Kraftpunkten, an denen die ätherische Energie von Menschen eingesetzt und umgewandelt werden kann in vitale Energien für Wachstum und Entwicklung. Diese Zentren stehen in Wechselbeziehung mit verschiedenartigen Manifestationen ätherischer Energie mit unterschiedlichen Funktionen.

An diesen Kraftpunkten treffen sich zwei Dimensionen. Dort, wo der Schleier am dünnsten ist, kann der Mensch am leichtesten den Kontakt mit anderen Formen des Bewußtseins erreichen. Wenn die Energien eines Kraftpunkts sauber verankert und stabilisiert sind, können sie eingesetzt werden, um das Leben auf diesem Planeten zu beeinflußen, besonders in der unmittelbaren Umgebung.

Was David jetzt beobachtet, ist die Freisetzung neuer Energie von dem ätherischen Netz in die Erde, besonders in neue Zentren wie Findhorn, die genau für diesen Zweck gegründet worden sind.

Wenn man ein Haus von Kohle- auf elektrische Energie umstellt, muß man die Anschlüsse und Geräte auswechseln, die diese neue Energie-Art aufnehmen sollen. Ähnlich muß auch das menschliche Bewußtsein geändert werden, um voll aufnahmefähig zu sein für die Energien des Neuen Zeitalters. Das mag die offensichtliche Kluft erklären zwischen denen, die sich auf diese Energien einstimmen und in Haltung und Tun Liebe, Frieden und Harmonie ausdrücken und den Menschen, die sich nicht vorstellen können, worüber jene sprechen. Das erklärt auch, daß jemand den ganzen Tag ein »normaler« Büro-Angestellter war und dann auf einmal Erlebnisse haben kann, die seine ganze Einstellung völlig verwandeln. Was geschieht da? Ist es möglich, daß diese Menschen einfach durch die richtige Bedienung der Wählscheibe ihres Bewußtseins einen neuen Kanal entdecken?

Viele Gäste in Findhorn haben erfolgreiche Karrieren hinter sich und kommen aus angesehenen Berufen. Die Drop-out-Bewegung der sechziger Jahre scheint inzwischen auch ältere Generationen ergriffen zu haben. In der Community leben beispielsweise der Reverend und Oberstleutnant Stephen Field, Flieger-Hauptmann Richard Barton, Ross Stewart, Kapitän der Royal Navy und Friedensrichter, und John Hilton, ein früherer Bank-Manager. Weiterhin Geistliche, Architekten, Klempner, Fernseh-Autoren, Krankenschwestern, Elektriker, ein Arzt, ehemalige Drogenabhängige, ein Fußballstar und ein Biologe.

Was ist geschehen? Die Menschen kommen nicht nach Findhorn, um Gloxinien anzubauen oder für einen kurzen Tauchgang in die Esoterik, die Peter anzubieten hat. Sie sind gekommen, um Gott zu erleben; und wie ihre Geschwister auf dem ganzen Erdball, die alte Techniken der Bewußtseins-Veränderung ausgegraben haben, suchen auch sie jenen Punkt, an dem sie ihr erdgebundenes Bewußtsien los- und hinter sich lassen können, um zu verschmelzen mit einem Größeren, das die ganze Erde einschließt, mit dem Bewußtsein Gottes.

Wirst du Mitglied, so wirst du Teil des Organismus; dieser nämlich sucht das neue Bewußtsein zu erleben. Du wirst ein Teil von etwas Größerem als du selbst, und die Gottes-Erfahrung geschieht innerhalb dieses größeren Ganzen. Das schließt persönliche Offenbarung nicht aus, sondern gerade ein. In dem Treibhaus Findhorn ist eine Atmosphäre, die Wachstum und Entfaltung im Innern sehr beschleunigt. Die Liebe und Aufmerksamkeit, die man dem Garten schenkt, wird weit übertroffen von der Liebe und Aufmerksamkeit, die jeder hier mit dem anderen teilt. – Findhorn ist als Gruppe vergleichbar mit einer spirituellen Petri-Schale, in deren Schutz ein neues Bewußtsein heranwächst.

Tröstlich ist, daß man selbst hier nicht so ganz versteht, was da geschieht. Alles ist durchdrungen von einem Zug von Offenheit und Spontaneität, der geradezu erfrischend, stärkend ist. Hier gibt es keinen altüberlieferten Kodex, der die Jugend an schwere Ketten und Gesetze fesselt, noch gibt es hier einen Spielplan oder überhaupt einen riesigen Plan, der erfüllt werden muß. Der feste, vertrauende Glauben ist hier so stark, daß er selbst dem Ungläubigen willkommen ist. Ängstliche Mütter und Väter, die von den Staaten herüber geflogen sind, um sich die neueste Dummheit ihrer Tochter genauer anzusehen, wurden innerhalb von Stunden verwandelt und waren nach Wochen, als sie gemeinsam heimfuhren, noch hingegebener als ihr Nachwuchs. Hingegeben wem? Liebe? Findhorn? Devas? – Allem oder nichts davon, denn was man von Findhorn mitnimmt, ist eine neue Art zu sehen; man kann hier nicht lange bleiben und sich nicht füllen lassen mit neuer Hoffnung für die Menschheit.

Es steckt eine gewisse Kraft dahinter, wenn in Findhorn jemand von »dem Neuen« spricht, denn dieser Mensch verkörpert unausweichlich sowohl innerlich wie äußerlich das Neue, das, wovon er spricht. Man muß in gewissem Sinne von vorne beginnen, um sich auf diese neue Schwingung völlig einzustimmen. Man ist nicht einfach einem Weg oder Pfad gefolgt, den ein anderer gezeigt hat, sondern hat eher auf jene Stimme in sich selbst gelauscht und ist ihr gefolgt – einige davon gehorsam, andere stolperten und strauchelten auf dem ganzen Weg. In jedem Menschen hier ist das Wissen, jenes ganz bestimmte Verstehen, das jeden einzelnen hierher in den Norden Schottlands geführt hat. Dieses Wissen ist die Saat, aus der die Harmonie der Gruppe wächst, die die Schranken überwindet, die die Menschen trennen.

Findhorn ist – so David – ein Kraftzentrum. Obgleich es den Kraftpunkten der Alten ähnelt, ist es nicht ein Teil des »antiken« ätherischen Netzes, denn hier ankern Energien einer ganz und gar neuen Schwingung, eine Energie, die nicht durch eine Hierarchie von Priestern und Königen vermittelt ist – und es gibt keine Untertanen, Nachfolger oder Jünger.

David sieht noch einen anderen grundsätzlichen Unterschied zwischen Findhorn und den Kraftzentren der alten Welt: »Der Wert der New Age-Zentren liegt darin, daß sie um sich herum Menschen und Plätze schaffen, die relativ unverseucht sind von Gedankenkräften, Energien und Gewohnheiten der Vergangenheit. Sie sind nicht Teil des alten Netzes von Kraftlinien und Einflüssen, und so brauchen diese neuen Zentren auch nicht die Trägheit und die unklaren Energien aus vergangenen Denk- und Verhaltensweisen zu überwinden. So wird eine neue Welt geboren; eine alte, antike Welt von Energien und Kräften stirbt ab.«

Es war vier Uhr nachmittags, als ich den *Iona Report* beendete, und ich beschloß, noch etwas zu laufen und schwimmen zu gehen. Ich lief die Straße hinauf durch die Community und Pineridge, um Wilkie's Woods, bis zur Heidekraut- und Stechginsterbewachsenen Kiesstrandlinie. Die Sonne war von mächtigen Wolken verdeckt, die sich am Himmel zusammenballten. Für Oktober war es ein ungewöhnlich warmer

Nachmittag, und als ich am Strand ankam und keine Menschenseele weit und breit sah, zog ich die Kleider aus und lief hinein.

Nachdem ich mich wieder angezogen hatte, ging ich zurück Richtung Wilkie's Woods. Langsam stieg ich über eine Sandbank hinab in den Grund der Senke dahinter. Hier war eine tiefe Stille – als ob ich in einem Walddickicht stände. Das Gras leuchtete grün, Moosflecken waren verstreut wie glühende Asche über den sandigen Boden. Licht spielte auf dem Sand, und jedes Körnchen brach die Sonne wie ein Kristall in funkelndes Weiß und Gold und streute Lichtstrahlen umher. Diese Lichtfäden hielten mich gefesselt; ich war wie verzaubert von der Schönheit dieses Platzes, der früher ödes Brachland gewesen war.

Das Licht strahlte in mein inneres Auge. Ich sah andere Lichtpunkte sich rund um die Erde bilden. Das erste Licht, das ich gesehen hatte, wurde der Mittelpunkt eines Rades, um den sich die anderen Lichter drehten. Langsam verwandelte sich das Erdenrad in einen durchscheinenden Körper, in dem sich das Rad weiter drehte; die Lichter wurden Chakren und Energiepunkte auf diesem Körper. Das Bild wechselte wieder; die Lichter wurden schwächer und schienen wegzufliegen in den Kosmos hinaus. Jedes nahm seinen Platz ein in den Sternbildern im Dunkel. Das sternübersäte Firmament wurde langsam wieder zu den funkelnden Kristallen der Sandkörner, die die Strahlen der schon tiefer am Horizont stehenden Sonne brachen.

Die Lichtpunkte auf dem Erdball waren wie Samen; jeder einzelne repräsentierte einen anderen Aspekt des Bewußtseins. Jeder war der Same für ein neues Leben, eine neue Geburt, ein neues Menschengeschlecht. Das eigene Erleben stellte Findhorn jenseits der Welt der Sekten, Lehrer und Grüppchen, und in jenem Augenblick erkannte ich die wahre Natur dessen, was hier geschah.

Es schien, daß Findhorn eine Mutation war, daß die ganze Gemeinschaft einem Organismus glich, der trotz vieler äußerlicher Hindernisse auf diesem Planeten ins Leben gekommen ist. Wie das primitive Leben, das vor Milliarden von Jahren aus dem Urmeer entstand, stellt Findhorn einen neu heraufkommenden Aspekt der Evolution des Bewußtseins auf diesem Planeten dar. Weit weg von den Städten, der Verschmutzung, den seltsamen Schwingungen und Kulturformen der heutigen Gesellschaft, in gewisser Weise verloren, lag Findhorn dort, wo Luft, Wasser und Land rein sind und – wie David sagte – auch die Äther rein sind. Als das Neue, das hier gesprochen und gelehrt wird, Menschen wie Peter, David und Eileen – sie alle scheinen natürlich gewachsene Manifestationen des Ganzen zu sein. Ich wußte, daß sie nicht entschieden haben, daß sie nichts aufgebaut haben, sondern daß sie mitgebaut haben. Mit der klaren Vision vor Augen handelten sie, eins mit dem wachsenden Organismus, um das Ganze zum Leben und Fruchttragen zu bringen.

Die Pflanzenwelt brachte die Welt des Geistes in eine Dimension, wo sie begreifbar wurde. Ich sehe in all den seltsamen Begriffen nur unangemessene Versuche, etwas weit Größeres auszudrücken. Ich habe gesehen, wie Menschen abwinkten, wenn sie etwas von okkulten oder New Age-Lehren hörten – aber in Findhorn, besonders in jenem Augenblick, wurde aus Unwirklichem Wirklichkeit, das Außergewöhnliche gewöhnlich. Schließlich fiel der Groschen. Es waren zwar immer noch tausend Fragen in meinem Gehirn, aber ich war zumindest einen entscheidenden Schritt weitergekommen auf dem Wege zum Wesen dieser verwandelnden Energie. Nachdem ich es selbst gefühlt hatte, verstand ich, warum niemand mir das beschreiben oder erklären konnte. Peters Worte »Du kannst Findhorn nicht beschreiben, du mußt es erleben!« kamen mir sehr lebendig in den Sinn. Mir mußte es geschehen, daß es mir nicht mehr wichtig war, ob ich etwas nun objektiv beschrieb oder nicht. – Jedenfalls, es war da. Menschen kommen und gehen, teilen und wachsen miteinander, und Findhorn breitet sich aus, gesund und natürlich.

Ich hatte mich gefragt, warum es in Findhorn absolut keine Dogmen oder Bekehrungseifer gab. Dann wurde mir der Grund klar: Hier war nichts zu predigen, nichts zu verteidigen, nichts, worauf man unbedingt bestehen mußte. In Findhorn spricht man über den Dienst am Planeten, doch hier wird er auch demonstriert, im täglichen Leben: Man leert Papierkörbe beispielsweise oder verkauft Karten im Laden. Es ist nicht, was sie hier tun, sondern wie, mit welcher Einstellung es getan wird. Es ist diese außerordentliche Sorge, Liebe und Hingabe, die du bei Don beobachten kannst, wenn er im Laden einen Kunden bedient oder bei Richard, wenn er eine Zementplatte gießt oder bei Joannie, wenn sie die Laken und Handtücher zählt oder bei all den Leuten, die hier ihr ganz alltägliches Leben leben und dem Ganzen dienen in dem Wissen, daß Gott und sie eins sind.

Am folgenden Tag mußte noch eine Menge erledigt und von neuen Freunden Abschied genommen werden. Am Nachmittag fragte Craig, ob ich noch eine kurze Fahrt mitmachen würde. Es ging Richtung Forres, wo wir auf eine Nebenstraße einbogen, die sich durch einen dichten Wald wand. Craig parkte den Wagen im Matsch unter einer großen Buche und verriet mir unser Ziel: der »Kraftpunkt« von Cluny Hill. Als wir langsam den baumüberwachsenen Prozessionsweg der alten Druiden hinaufgingen, war ich sehr gespannt, was ich wohl dort erleben würde. Was passiert an einem Kraftpunkt? Wir ließen die tropfenden Bäume und wilden Brombeersträucher hinter uns und stiegen schweigend weiter, bis wir einen ziemlich matschigen Flecken an der Flanke des Hügels erreichten. Ich konnte weit über das Land sehen, bis zu den Cairngorms; von weit her kamen die schwachen Rufe der Golfspieler unten auf dem Golfplatz von Forres. Ich schloß die Augen, weil ich das für angemessen hielt, und wir standen schweigend. Als ich die Augen wieder öffnete, sah Craig mich an, mit dem gleichen Ausdruck im Blick wie damals im Speisesaal am Abend meiner Ankunft. Ich hatte nichts erlebt, nur eben den tiefen, stillen Frieden der Wälder und Hügel. Ich schloß die Augen wieder und sank zurück in die Stille. Wenige Minuten später gingen wir wieder den Hügel hinunter; Craig sprach oder fragte nichts, und ich fragte mich, ob ich wieder etwas versäumt hätte.

Als wir nach Findhorn zurückkamen, wartete Peter auf uns, und wir hatten gerade noch Zeit, zurückzufahren zum Bahnhof in Forres. Wir stiegen in den Wagen, nachdem ich meine Tasche geholt und noch schnell ein Dutzend Leute umarmt und geküßt hatte und fuhren los; es waren nur noch wenige Minuten Zeit. Peter fuhr unbekümmert mit 120 km/h durch den nebligen Regen. Craig und er lachten und plauderten auf den Vordersitzen wie zwei Brüder, während ich mich hinten immer noch fragte, ob ich dort auf dem Hügel etwas versäumt hatte.

Wenige Minuten, bevor der Zug ankam, der mich nach Inverness bringen sollte, erreichten wir den Bahnhof. So blieben uns nur ein paar wenige, kostbare Augenblicke, Wiedersehen zu sagen – aber das war ganz gut so, denn ich fühlte mich nicht wohl dabei und wußte nicht, was ich sagen sollte. Ich wollte wirklich nicht von Findhorn wegfahren, von den neuen Freunden, und das machte den Abschied noch viel schrecklicher und schwerer. Ich wünschte plötzlich, ich wäre ein Mitglied der Community; ich konnte mich bei dem Gedanken an die Reise zurück in den amerikanischen Großstadt-Winter nicht recht freuen. Ich überlegte fieberhaft, wie ich Peter das sagen sollte, als die Trillerpfeife ertönte und ich einsteigen mußte. Craig und Peter warteten noch, so öffnete ich das Fenster und streckte den Kopf hinaus. Peter grinste und sagte: »Wir warten auf dich. Du kommst wieder.« Er winkte; langsam traten sie zurück, als der Zug anfuhr. Ich sah nach ihnen, bis eine Kurve mir die Sicht nahm.

Ich war aus Versehen in den 1. Klasse-Wagen gestiegen, er war leer. Der Lokführer war zwei Reihen vor mir hinter einer Glas-Trennwand. Er lehnte über der Fußballseite der *Daily Mail* und hatte eine schlecht gerollte Zigarette im Mund. Er erinnerte mich an jenen Kleinbauern, der inmitten seiner brennenden Felder stand – die gleichen eingefallenen

Wangen, tiefliegenden Augen und der harte Gesichtsausdruck unter farblosem Haar. Auf der Titelseite der Zeitung stand ein großes Wort: KRISE.

Ich blickte aus dem Fenster zu dem Turm auf Cluny Hill, die Gedanken an die Schlagzeile flossen zusammen mit dem Frieden und der Stille, die ich dort erlebt hatte. Da erkannte ich, daß die »Kraft« von Cluny Hill jene tiefe Stille war, die mich im innersten Wesen berührt hatte; der Namen hatte meine Erwartungen fehlgeleitet, die dann nach außerordentlichen Erlebnissen und Offenbarungen suchten. Die Offenbarung, die Kraft war der Frieden, den ich in mir fand – in einer Welt, wo Krise zum Alltäglichen geworden ist, schien dies das kostbarste Geschenk von allen zu sein.

Anmerkungen

Meine Schilderung der schottischen Landschaft im ersten Kapitel beruhte auf den Eindrücken, die ich müde und erschöpft auf meiner Anreise gewann. Seit jener Zeit bin ich noch zweimal nach Schottland gekommen und habe es als ein Land von seltener, ja einzigartiger Schönheit kennengelernt. Deshalb möchte ich meine schottischen Vorfahren hiermit bitten, mir jene Schilderung am Anfang dieses Buches nachzusehen.

Platz, Kontinuität der Handlung und Zeit verhinderten eine eingehendere Beschäftigung mit vielen anderen – früheren und gegenwärtigen – Aspekten der Community. Nach wie vor ist das Ganze ein riesiger Komplex, den ich nur von einigen Seiten kurz berühren konnte.

Eine entscheidende und sehr wichtige Rolle in der Entwicklung Findhorns spielt auch die Beziehung zwischen Peter und David, ein Verhältnis, das – so wurde mir erzählt – tiefstes Vertrauen und Liebe zum Ausdruck brachte. Es konnte der Eindruck entstehen, daß die Begegnung dieser beiden höchst unterschiedlichen Persönlichkeiten der Schlüssel war zu dem rapiden Wachstum der Findhorn Community in den siebziger Jahren. Da David nicht mehr in der Gemeinschaft war, als ich hinkam, konnte ich diese Beziehung weder beobachten noch miterleben; ihre Auswirkungen und Beiträge zum Ganzen sind jedoch überall in Findhorn spürbar.

Sheena Govan war nicht die Frau, wie sie im vierten Kapitel skizziert wurde; Eileen würde da als erste zustimmen. Der Leser möge sich vor Augen führen, daß die Beschreibung von Mrs Govan und die Schilderung der Insel Mull den inneren Aufruhr widerspiegeln soll, unter dem Eileen seinerzeit litt. Nachdem sie Christopher zurückgegeben hatte, sah Sheena die Caddys nicht mehr oft. Im Jahr darauf wurde sie der verhängnisvollen Auszeichnung für würdig befunden, von der Sensationspresse Schottlands und Englands wegen ihrer unorthodoxen spirituellen Ansichten mit Aufmerksamkeit bedacht zu werden. Dies und die immer häufigeren Migräne-Anfälle nötigten sie, sich als Musiklehrerin mehr zurückzuziehen. Einige Jahre später starb sie an einer Gehirnblutung. Arm und weithin in Vergessenheit geraten, wird ihr von denen in Findhorn noch immer ehrend gedacht, deren Leben sie so tief berührte.

Für Kapitel 3 bot mir Fosco Maraini's Buch *Secret Tibet* (»Geheimnis Tibet«) eine reiche Beschreibung des Weges zwischen Kalimpong und Gyantse, die mir die Eindrücke, die Peter mir mitteilte, noch lebendiger werden ließ. Das kursiv gedruckte Zitat auf Seite 57 ist von Milarepa und stammt aus dem Buch von Herrn Maraini. Das großgedruckte Zitat auf Seite 59 ist aus dem Buch von Dyzan in *Isis Unveiled* (»Isis entschleiert«) von Madame Blavatsky; das Zitat auf Seite 63 ist aus der Übertragung des *»Tibetanischen Totenbuches«* von Walter Yeeling Evans-Wentz. Die kursiven Abschnitte auf den Seiten 66/67 und 72 stammen aus Interviews mit Peter Caddy. Der kursiv hervorgehobene Abschnitt auf Seite 59 jedoch ist von mir.

Alle kursiv gedruckten Abschnitte und Zitate in Kapitel 4 sind rekonstruiert nach umfassenden Gesprächen mit Eileen Caddy über ihre Erlebnisse auf Mull, außer der Durchgabe, die ihrem Buch *God Spoke to Me* entnommen ist.

Kursiv gedruckte Passagen in Kapitel 6 auf den Seiten 114, 115/116 und 119 (Mitte) stammen aus dem Manuskript eines Buches, das Dorothy Maclean über ihre Erlebnisse mit der Welt der Devas schreibt. Alle anderen kursiven Abschnitte sind Original-Texte der Deva-Durchgaben direkt von Dorothy's Niederschriften.

Das Gedicht, das ich über das Kapitel 7 gestellt habe, ist aus R. R. Tolkien's *The Tree and the Leaf*. Obwohl er keine Quellenangabe macht, ist eine Reihe von Schotten überzeugt, daß es sich hierbei um eine alte Ballade ihres Landes handelt. Die übrigen Zitate in Kapitel 7 stammen aus dem Kapitel, das Roc für *The Findhorn Garden* geschrieben hat, außer Teilen des Textes auf Seite 124 bis 142, Ergänzungen, die mir Roc in Gesprächen gab.

Die Zitate in Kapitel 9 von Sir George Trevelyan, Lady Mary Balfourt und Sir Lindsay Robb sind ebenfalls aus The Findhorn Garden entnommen. Die Zitate von Donald Wilson auf Seite 175/176 sind aus Briefen, die mir Peter zur Einsichtnahme überließ. Mit Lady Eve Balfour sprach ich an der Universität zu Reading. Marcel Vogel's Angaben stammen aus einem Interview, das er während seines ersten Aufenthaltes in der Gemeinschaft 1974 gab.

Die Zitate David Spangler's auf Seite 185/186 schließlich stammen aus Interviews, die er bei sich zu Hause, in San Carlos, Kalifornien, gab. Auf Seite 195 wird aus seinem Buch *Revelation: The Birth of a New Age* (»New Age – die Geburt eines Neuen Zeitalters«) zitiert. Das letzte Zitat auf Seite 198/199 stammt aus einem Vortrag, den David während seines ersten Aufenthaltes in der Gemeinschaft im Winter 1973 hielt: *Growth, Authority, and Power.*

Nachwort zur deutschen Ausgabe

F indhorn 1962–1970–1975 – der mit der Führung höheren Bewußtseins geplante und gelenkte Garten hat seit den Anfängen, in denen
Peter und Eileen Caddy Gemüse für sich und ihre Kinder anpflanzten,
um zu überleben, viele Wandlungen erfahren. *Faces of Findhorn,* der
Titel eines im Herbst 1980 erscheinenden Buches, der die vielen Facetten
und die Komplexität der heutigen Gemeinschaft widerspiegelt, könnte auch symbolisch für die zahlreichen Entwicklungsphasen stehen,
die der Garten seit seiner Gründung durchlaufen hat.

An den Idealen bzw. der Grundkonzeption hat sich seit dem Jahre
1975, als Paul Hawken Findhorn besuchte, kaum etwas geändert. Die
Gedanken der Zusammenarbeit von Menschen- und Naturreich und
die »Lichtbringer«-Funktion an der Schwelle zu einem neuen Zeitalter sind fest im Boden von Findhorn verankert. Dieser Findhorn-
Geist war und ist es, der die Community zum Magnetpunkt für Tausende von Suchern und Skeptikern werden ließ. Trotzdem ist der Caravan-
Park von 1970/75 nicht mehr mit dem identisch, was der Besucher im
Jahre 1980 als *Findhorn-experience* mit nach Hause nimmt. 1975 noch 50,
zählt die Gemeinschaft 5 Jahre später bereits über 200 ständig dort
lebende Mitglieder. Diesem schnellen Wachstum mußte die Organi-
sationsform Rechnung tragen. War eine Gruppe von 30–50 Menschen
noch von einem einzelnen zu überblicken und zu leiten, so werden die
Geschicke Findhorns heute von einer *core-group (Kern-Gruppe),* sowie
von Teams mit bestimmten Zuständigkeitsbereichen (Finanzen, Ver-
lag-Druckerei, Garten, Küche, Instandhaltung u.a.) gelenkt.

Das New Age Zentrum Findhorn ist heute nicht mehr nur auf den ursprünglichen Garten beschränkt. Vier große Anwesen im Umkreis
von 5 km wurden hinzugekauft oder gepachtet. Die wichtigste Erweiterung war wohl der Erwerb des vormaligen 4-Sterne-Hotels, das Peter Caddy so erfolgreich geleitet hatte, das aber nach seiner Entlassung
innerhalb kurzer Zeit heruntergewirtschaftet war und daher Mitte
der siebziger Jahre zum Verkauf angeboten wurde. Dieses wundervoll
gelegene Haus ist heute zum zweiten Zentrum neben dem Caravan-
Park geworden. *Cluny Hill College* ist auch der Anlaufpunkt für Tausende
von Gästen, die während der letzten Jahre zu Besuch kamen. Um dem
Interesse dieser vielen Besucher zu entsprechen, wurden Programme

entwickelt. Jedem, der mindestens eine Woche bleibt, kann man die Teilnahme am *Findhorn-experience-program* wärmstens empfehlen. Es besteht je zur Hälfte aus Aktivitäten innerhalb der Besuchergruppe (Tanz, Spiele, Selbsterfahrung, Vorträge, u.a.) und Arbeit in verschiedenen Sektionen (Garten, Küche, »net-working« usw.) je nach Bedarf und Neigung. Außer diesem Programm laufen das ganze Jahr über einwöchige Seminare in verschiedensten esoterischen- und Alternativ-Disziplinen – Astrologie, Tarot, Psychodrama, organischer Gartenbau, um nur einige zu nennen. Vorraussetzung für die Teilnahme sind gute Englischkenntnisse. Wer einen Aufenthalt plant, sollte sich an folgende Adresse wenden:

Cluny Hill College
The Findhorn Foundation
Accomodations Secretary
The Park
Forres, IV 36, OTZ
Schottland

Findhorn ist – 18 Jahre alt – eines der wenigen Alternativprojekte, die Kindheit und Pubertät entwachsen sind. Wie jede Übergangsperiode, so bringt auch diese Schwierigkeiten mit sich. Mutter Erde entläßt die Gemeinschaft langsam aus ihrer direkten Obhut, was bedeutet, daß sie selbständiger werden muß. Vor allem in finanzieller Hinsicht müssen Anstrengungen unternommen und viele neue Möglichkeiten erprobt werden, um zu überleben. Aber die dem Platz und der Gruppe inhärenten Qualitäten lassen kaum Zweifel daran, daß auch diese Herausforderungen gemeistert werden. Was sind diese Qualitäten, und was macht Findhorn als Experiment einer Gruppe von Menschen so wichtig? Es sind 2 Seiten einer Medaille. Die eine Seite ist gut sichtbar: ein möglichst großes Maß persönlicher Freiheit und Toleranz jedes einzelnen. Hier wird keiner gezwungen etwas zu glauben oder zu tun. Man kann hier als Yogi, Buddhist, Christ oder Atheist leben und keiner stört sich daran. Die Form wird zu Gunsten des Inhalts vernachlässigt. Das kann aber nur praktikabel sein, wenn auch die 2. Seite der Medaille entsprechend gelebt wird, und das ist: Verantwortungsbewußtsein und ›good will‹ jedes einzelnen. Diese Tugenden bringen straffe Organisation, Genauigkeit, Gründlichkeit, Streben nach dem Optimum und – praktizierte Liebe mit sich.

Ich bin sicher, diese Gemeinschaft wird weiter wachsen und gedeihen; denn sie hat Lichtbringer-Funktion und somit archetypischen Charakter für das kommende Zeitalter.

im Mai 1980 *Gerhard Riemann*